9급 공무원 시험대비

박문각 공무원 문제집

괜찮아, 잘될거야! 쉬운 영어, 장DAY영어

[문법] 영단어로 문법 포인트 발견 / 일반화로 밑줄 문법의 체화

[구문] 좌에서 우로 읽기

[독해] 두 문장의 연결관계 파악 / 불필요한 정보 지우기 / 중요 유형 총정리

장대영 편저

장대영 영어
트로이 목마
★★★★★
문법/구문/독해

동영상 강의 www.pmg.co.kr

PREFACE 이 책의 머리말

문법

많은 수험생들이 문법 공부법과 관련된 대표적인 두 질문이 있습니다.

첫째, '문법 개념은 아는데, 문제에서 안 보여요...'
문법책의 회독 수만 늘린 잘못된 문법 공부법의 문제점,
나열식의 문법 공부법의 문제점,
바로 여기에서 이 교재와 강의의 구상이 시작되었습니다.
즉, 이 교재와 강의에서 지향하는 바가 어떤 <u>특정 단어를 봤을 때, 문법 포인트가 뭉쳐서 머릿속에 떠오르도록</u> 정리하는 것입니다.

둘째, '단원별로 구성되어 있는 문제는 잘 풀리는데, random식 구성의 문법 문제에서는 적용이 안 돼요...'
단원별 문제풀이의 장점은 특정 문법 내용을 머리에 각인시키는 효과입니다.
반대로, 단점은 정답을 발견하는 것이 아니라 찾아가게 되어 있다는 함정입니다.
즉, <u>문법 문제를 풀 때 가장 중요한 것이 포인트를 발견하는 것인데</u>, 이 단원별 문제풀이를 하다 보면 답을 찾아가게 되죠, 그러하니 동형과 같은 random식 구성의 문제에서 발견을 못하게 되는 것입니다.
이 두 번째 이유도 이 교재와 강의의 구상을 하게 된 중요한 계기였습니다.

이 책의 문법 구성은 바뀐 출제기조에 맞추어 크게 **2가지 챕터로 구성**이 되어 있습니다.

A 영어 단어

ex) hardly
1 hardly A when/before B 'A하자마자, B하다'
2 이중 부정 금지
3 hard와의 구별

B 일반화

ex) – ing
1 V?
2 p.p?
3 to V?
4 having p.p?

구문

구문에서는 학생들이 문장을 해석할 때 '우리말 어순 읽기 vs 좌에서 우로 읽기'로 갈등을 많이 합니다. 이 갈등에 대한 저의 대답은 '좌에서 우로 읽는 것을 원칙으로 하되, 이해가 안 되는 문장만 우리말 어순으로 읽어야 한다'입니다.

그래서 이 교재와 강의에서 좌에서 우로 읽는 방법을 제시하는 '그런데 그것은 ~'을 다루게 됩니다.

독해

많은 수험생들이 독해 공부법과 관련된 대표적인 두 질문이 있습니다.

첫째, '글을 읽어 가다가, 앞 내용을 잊어버려요'

이러한 현상의 원인들은
1. 단어의 뜻을 모르거나, 문장구조를 볼 수 없어서, 해석이 안 되기 때문입니다.
2. 문장구조에만 집중해서 글의 흐름을 놓치기 때문입니다.
3. 글을 읽는 방법을 모르기 때문입니다.

이 3가지를 한꺼번에 해결해 줄 수 있는 방법은 없습니다.
다만, 공통으로 대응할 수 있는 방법 중 하나가 '두 문장 간의 연결 관계를 파악하는 훈련입니다'

둘째, '문법 요약 교재와 강의는 많은데, 짧은 시간에 독해 중요 유형을 정리할 수 있는 교재와 강의가 필요해요'

이러한 수험생들의 needs에 맞게 이 교재와 강의에서 우리 공시 영어에 나오는 중요 유형별 접근을 기출문제와 비기출문제를 통하여 다시 정리해 볼 수 있도록 구성하였습니다.

이 책의 독해 파트는 **3가지 챕터로 구성**되어 있습니다.

> 1. 두 문장 간의 관계를 파악하는 '두 문장 (두 부분)의 연결고리'
> 2. 불필요한 정보를 지우는 '순삭(순간삭제)'
> 3. 중요 유형(대의 파악/빈칸 추론/순서 배열/문장 삽입/문장 제거) 총정리

아무쪼록, 이 교재와 강의가 여러분의 합격이라는 목표에 조금이라도 도움이 되었으면 하는 간절함을 담아 짧은 글을 마무리하겠습니다.

'괜찮아 잘 될거야, 장대영이 있잖아' – 박문각 공무원 *장대영*

STRUCTURE
이 책의 구성과 특징

문법

1 영어 단어

단어에 관한 OX문제로 약점을 점검하고, 그 단어에 대한 문법 포인트를 정리하여 특정 단어를 봤을 때 머릿속에 그 단어에 대한 문법적 용법을 떠올릴 수 있도록 구성하였다.

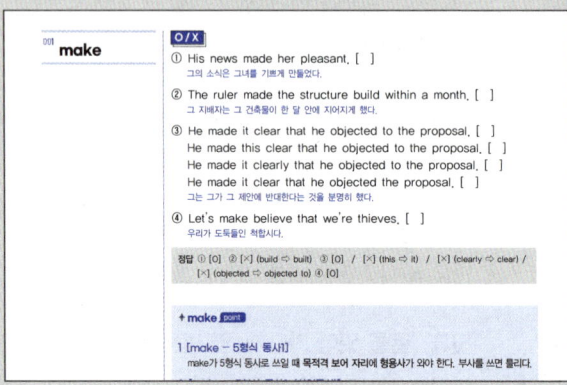

2 일반화

어떤 문법 문제에서라도 문법 포인트를 쉽게 발견하는 연습을 하기 위해 특정 문법의 개념의 일반화를 바로 적용해서 풀어볼 수 있는 OX문제와 함께 단원별이 아닌 random식으로 구성하였다.

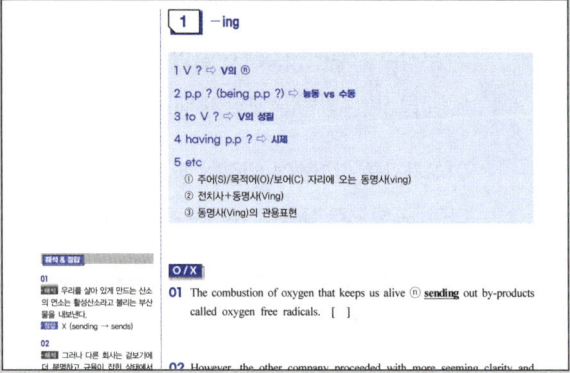

구문

1 좌에서 우로 읽기

문장 구조를 한눈에 볼 수 있도록 이미지 노트를 구성하였고, 이를 통해 좌에서 우로 읽는 방법을 제시하였다.

독해

1. 문장의 연결고리

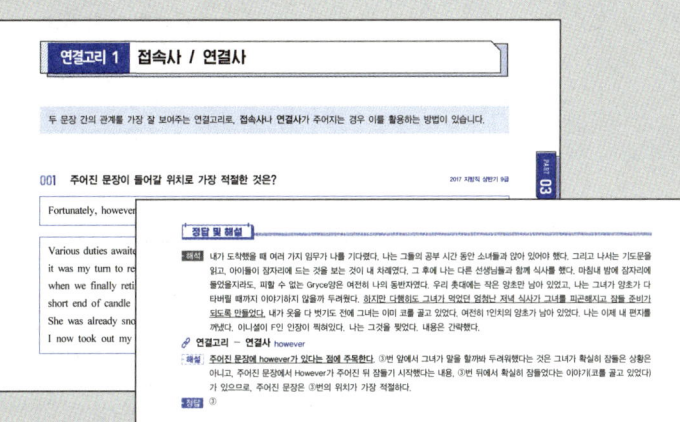

두 문장 간의 관계를 파악하여 풀수 있는 공무원 시험 문제들이 많기 때문에 5가지의 연결고리를 제시하여 이를 활용하여 정답을 골라낼 수 있는 기출문제들을 수록하였다.

2. 순삭(순간삭제)

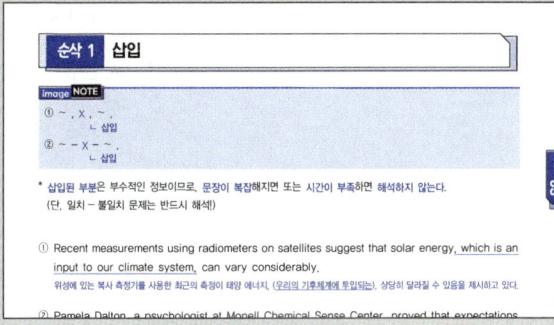

복잡하고 긴 문장을 단순화하여 핵심정보를 빠르게 파악하는 10가지 방법을 이미지 노트와 함께 제시하였다.

3. 독해 유형 총정리

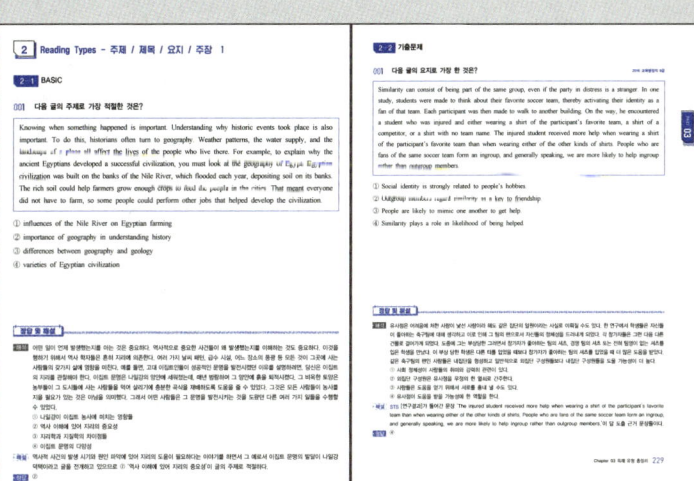

독해의 중요 유형인 대의 파악, 빈칸 추론, 순서 배열, 문장 삽입, 문상 제거 유형을 총정리하여 비기출문제와 기출문제를 함께 구성하였다.

CONTENTS 이 책의 차례

Part 1 문법

Chapter 1 영어 단어 — 10

Chapter 2 일반화 — 94

Part 2 구문

Chapter 1 좌에서 우로 읽기 — 128

01 문장 앞 Series — 128
02 who/which/when/where — 131
03 N who/which/when/where/why that — 133
04 N whose N' — 136
05 전치사 + whom/which — 136
06 접 + S V -, S' V' -. ⇨ S V -. S' V' -. — 138
07 -ing/p.p. -, S' V' -. ⇨ V -. S' V' -.
　 S V -, -ing/p.p. -. ⇨ S V -. V' -. — 139
08 N ~ -ing/p.p., S' V' -. ⇨ S[N] V -. S' V' -. — 140
09 with + N + -ing/p.p. - ⇨ S V -. — 140
10 접속사 + -ing/p.p. ⇨ 접속사 + V — 141
11 가주어 / 진주어 — 142
12 가목적어 / 진목적어 — 143
13 It ... for ● to V — 144
14 숨은 그림 — 145

Part 3 독해

Chapter 1 5가지 문장의 연결고리 — 150

연결고리 1 접속사 / 연결사 — 151

연결고리 2 지시사 — 168

연결고리 3 + vs − — 178

연결고리 4 앞, 뒤 부정어 — 186

연결고리 5 only A — 187

Chapter 2 순삭(순간삭제) — 188

순삭 1 삽입 — 189

순삭 2 양보절 — 190

순삭 3 A 정보 — 192

순삭 4 원인 — 194

순삭 5 and / or 앞, 뒤 둘 중 하나 — 195

순삭 6 that절 유도 표현 — 197

순삭 7 이중 부정 — 200

순삭 8 than ~ / as ~ — 201

순삭 9 문장 속 예시 — 202

순삭 10 부사절 접속사 — 203

Chapter 3 독해 유형 총정리 — 204

01 STS, MDTS — 204

02 Types — 267

장대영 영어
트로이 목마 문법/구문/독해

Part 01

문법

Chapter 01 영어 단어

Chapter 02 일반화

Chapter 01 영어 단어

001 make

O / X

① His news made her pleasant. [ ]
그의 소식은 그녀를 기쁘게 만들었다.

② The ruler made the structure build within a month. [ ]
그 지배자는 그 건축물이 한 달 안에 지어지게 했다.

③ He made it clear that he objected to the proposal. [ ]
He made this clear that he objected to the proposal. [ ]
He made it clearly that he objected to the proposal. [ ]
He made it clear that he objected the proposal. [ ]
그는 그가 그 제안에 반대한다는 것을 분명히 했다.

④ Let's make believe that we're thieves. [ ]
우리가 도둑들인 척합시다.

정답 ① [O] ② [×] (build ⇨ built) ③ [O] / [×] (this ⇨ it) / [×] (clearly ⇨ clear) / [×] (objected ⇨ objected to) ④ [O]

✦ make point

1 [make – 5형식 동사1]
make가 5형식 동사로 쓰일 때 **목적격 보어 자리**에 **형용사**가 와야 한다. 부사를 쓰면 틀리다.

2 [make – 5형식 동사2 (사역동사)]
make가 5형식 동사(사역동사)로 쓰일 때 **목적격 보어 자리**에 '**동사원형**'이나 '**과거분사**'를 쓰는데, 목적어와의 관계가 능동일 때 목적격 보어 자리에 '<u>동사원형</u>'을, 목적어와의 관계가 수동일 때 목적격 보어 자리에 '<u>과거분사</u>'를 쓴다.

3 [make – '가목적어 / 진목적어' 유도]
make가 5형식 동사로 쓰일 때, 가목적어 'it'과 진목적어를 유도할 수 있다.
• 가목적어 자리에는 'it'만 쓴다.
• 가목적어 뒤에 **목적격 보어 자리**에는 '**형용사**'를 써야지, '**부사**'를 쓰면 틀리다.

4 [make – 표현들]
① make believe '~인 체하다'
② make sense '이치에 맞다'
③ make sense of '~을 이해하다'
④ make it '성공하다, 시간에 맞추다'
⑤ make it a rule to V '~을 규칙적으로 하다'
⑥ make it a point of ving '~을 규칙적으로 하다' '~을 반드시 하다'

002 who(m)

O / X

① I know the girl in that accident which was wounded then. [ ]
나는 그때 그 사고에서 부상당한 그 여자아이를 안다.

② I have a friend who husband is Japanese. [ ]
나는 남편이 일본사람인 친구 한 명이 있다.

③ He is the man whom stole my watch yesterday. [ ]
그는 어제 나의 시계를 훔쳤던 그 사람이다.

④ The man whom I had loved was actually my brother born of a different mother. [ ]
내가 사랑하였던 그 남자가 실제로는 이복 오빠였다.

⑤ The company has five employees, and all of whom are computer experts. [ ]
그 회사는 다섯 명의 직원들이 있다. 그런데 그들 모두가 컴퓨터 전문가들이다.

⑥ Do you know who is that man? [ ]
당신은 그 사람이 누구인지를 아십니까?

정답 ① [×] (which ⇨ who) ② [×] (who ⇨ whose) ③ [×] (whom ⇨ who) ④ [O]
⑤ [×] (whom ⇨ them) ⑥ [×] (who is that man ⇨ who that man is)

✦ who(m) point

1 관계대명사 who
① 선행사
관계대명사 who는 **선행사 자리에 '사람'**이 온다.
② +불완전절
관계대명사 who 뒤에는 **불완전절**이 온다.
③ 주격
선행사가 사람인 **주격** 관계대명사절에서는 관계대명사 who를 쓴다.
④ 목적격
선행사가 사람인 **목적격** 관계대명사절에서는 관계대명사 who나 whom을 쓴다.
⑤ 부분 of whom
항상 '**부분 of them**'과 비교를 한다. ('동사의 개수' 문제)

2 간접의문문 - who
의문사 who로 시작하는 간접의문문은 '**의문사(who)+주어+동사**'의 어순을 지킨다.

003 hardly

O / X

① Hardly he had begun to study than the light went out. [ ]
그가 공부를 시작하자마자, 불이 꺼졌다.

② The moon was hard visible through the clouds. [ ]
구름 사이로 달이 거의 보이지 않았다.

③ He has not hardly any sense of humor. [ ]
그는 유머 감각이 거의 없다.

정답 ① [✗] (he had begun ⇨ had he begun / than ⇨ when, before) ② [✗] (hard ⇨ hardly)
③ [✗] (not hardly ⇨ hardly)

✦ hardly point

1 [A하자마자 B하다]
'A하자마자 B하다' ⇒ Hardly / Scarcely A when / before B
(A자리는 'had S p.p' / B자리는 'S V과거')
(A자리 - Hardly와 Scarcely가 부정어이므로 **도치**)

2 [hard와 hardly의 구별]
hardly - '거의 ~않다'라는 부정어 / hard - 어려운, 딱딱한, 열심히

3 [이중 부정 금지]
hardly는 부정어이므로, 또 다른 부정어가 있으면 틀린 문장이 된다.

004 unless

O / X

① I'll not give you the allowance unless you will finish your homework in time. [ ]
네가 제 때에 너의 숙제를 끝마치지 않는다면 나는 너에게 용돈을 주지 않을 거야.

② You'll miss the train unless you don't run to the station quickly. [ ]
네가 빨리 역으로 달려가지 않는다면, 너는 그 기차를 놓치게 될 것이다.

정답 ① [✗] (will finish ⇨ finish) ② [✗] (don't run ⇨ run)

✦ unless point

1 '조건의 부사절' 접속사 ⇒ 미래의 내용이지만, **현재** 시제를 쓴다.

2 이중 부정 금지 ⇒ 'unless = if+not'으로 부정어를 포함하고 있으므로, 뒤에 부정어를 한 번 더 쓰면 틀린다.

005 let

O / X

① He let me to submit my report by Friday. [ ]
그는 내가 레포트를 금요일까지 제출하도록 해주었다.

② Don't let me distracted by the music you listen to. [ ]
네가 듣는 음악 때문에 내 집중력을 잃게 하지마라.

정답 ① [X] (to submit ⇨ submit) ② [X] (distracted ⇨ be distracted)

✦ **let** point

1. 5형식 동사 let ⇒ S+let+O+O.C (동사원형)
2. let이 유도하는 5형식 문장에서 O와의 관계가 수동일 때 O.C자리
   ⇒ be p.p [O] / p.p [X]

006 what

O / X

① This is the house what I have long wanted. [ ]
이것은 - 내가 오랫동안 원했던 집이다.

② Some star players believe what their role is a role model for young people. [ ]
몇몇의 인기 선수들은 그들의 역할이 젊은이들의 롤모델이라고 믿는다.

③ Do you know what is his name? [ ]
당신의 그의 이름이 무엇인지 알고 있어요?

④ What cups are you talking about? [ ]
넌 무슨 컵들에 대해서 말하는 거야?

Give me what money you have. [ ]
내게 네가 가지고 있는 돈을 주어라.

⑤ What a cute girl she is! [ ]
어찌나 귀여운 여자인지!

⑥ My mother made me what I am. [ ]
나의 어머니가 나를 오늘날의 나로 만들어 주셨다.

정답 ① [X] (what ⇨ which) ② [X] (what ⇨ that)
③ [X] (what is his name ⇨ what his name is) ④ [O] / [O] ⑤ [O] ⑥ [O]

✦ **what** point

1 [관계대명사 what 1]
수식을 받는 선행사인 명사가 없다.

2 [관계대명사 what 2]
관계대명사 뒤에는 불완전절이 위치한다.

3 [간접의문문에 쓰인 what]
간접의문문의 어순 '의문사(what)＋주어＋동사'를 확인한다.

4 [what＋명사]
'의문 형용사 what'이나 '관계 형용사 what' 뒤에는 명사가 위치한다.

5 [감탄문을 이끄는 what]
What으로 시작하는 감탄문의 어순 'What＋a＋형용사＋명사＋주어＋동사'를 확인한다.

6 [관계대명사 what의 관용표현]
① what＋주어＋be동사 '주어의 상태, 상황'
② what is worse '설상가상으로'
   I had no money with me. What is worse I had a bad cold.
   나는 돈이 없었다. 설상가상으로 감기까지 걸렸다.
③ what we call ＝ what is called '소위, 이른바'
   The man is what we call a tough guy.
   그는 소위 터프가이이다.
④ **A be to B what C be to D** 'A와 B와의 관계는 C와 D와의 관계와 같다'
   A camel is to the desert what a ship is to the sea.
   낙타와 사막과의 관계는 배와 바다와의 관계와 같다.

007 keep

O / X

① We kept quite calmly during prayers. [　]
우리는 기도하는 동안 아주 침착했다.

② Keep your room orderly in writing the manuscript. [　]
원고를 쓸 때 너의 방을 질서 있게 만들어라.

③ He kept me from climbing the mountain. [　]
그는 내가 산에 올라가는 것을 막았다.

He kept me climbing the mountain. [　]
그는 내가 계속해서 산을 오르게 했다.

He kept (on) climbing the mountain. [　]
그는 계속해서 산을 올라갔다.

Keep it in mind that your father passed away in that accident. [　]
당신의 아버지가 그 사고로 돌아가셨다는 것을 명심해라.

정답 ① [×] (calmly ⇨ calm)　② [O]　③ [O] / [O] / [O] / [O]

✦ keep point

1 [keep - 2형식 동사]
keep이 '2형식 동사[상태] / ~이다, (~한 상태로) 있다'로 쓰일 때 **주격 보어 자리**에 **형용사**가 와야 한다. 부사를 쓰면 틀리다.

2 [keep - 5형식 동사]
keep이 5형식 동사로 쓰일 때 **목적격 보어 자리**에 **형용사**가 와야 한다. 부사를 쓰면 틀리다.

3 [Keep - 표현들]
S keep A from ~ing 'S는 A가 ~하는 것을 막다, 방해하다'의 표현이다.
/ S keep A ~ing는 'S는 A가 계속해서 ~하게 하다'의 표현이다. (5형식)
/ S keep A (on) ~ing는 'S가 계속해서 ~하다'의 표현이다.
/ S keep (it) in mind that은 'S는 ~을 명심하다'의 표현이다.

008 get

O / X

① As time went on, she got more and more sadly. [　]
시간이 지나면서 그녀는 점점 더 슬퍼졌다.

② Leaders get people to reach common goals. [　]
리더들은 사람들이 공동의 목표물에 도달하도록 만든다.

정답 ① [×] (sadly ⇨ sad)　② [O]

✦ get point

1 [get - 2형식 동사]
get이 '2형식 동사[상태변화] / ~이 되다'로 쓰일 때 **주격 보어 자리**에 **형용사**가 와야 한다. 부사를 쓰면 틀리다.

2 [get - 5형식 동사]
get이 5형식 동사로 쓰일 때, **목적격 보어 자리**에 'to 부정사'나 '과거분사'를 쓰는데, 목적어와의 관계가 <u>능동</u>일 때 목적격 보어 자리에 '<u>to 부정사</u>'를, 목적어와의 관계가 <u>수동</u>일 때 목적격 보어 자리에 '<u>과거분사</u>'를 쓴다.

009 during

O/X

① During we were out, this robber was in our house. [ ]
우리가 나가 있는 동안, 이 강도는 우리 집안에 있었다.

② He has been sick during three weeks. [ ]
그는 3주 동안 아팠다.

정답 ① [×] (During ⇨ while) ② [×] (during ⇨ for)

✦ during point

1 [during vs while]
during은 전치사이기 때문에 during 뒤에 '주어+동사'관계가 오면 안 된다. 같은 '~하는 동안'의 뜻으로 뒤에 '주어+동사'관계를 취할 수 있는 것은 접속사 while이다.

2 [during vs for]
같은 '~하는 동안'이라는 의미이지만, during은 'When'으로 시작하는 의문문에 대한 답변일 때 사용하고, for는 'How long'으로 시작하는 의문문에 대한 답변일 때 사용한다.

010 ask

O/X

① My teacher asked us completing a questionnaire. [ ]
나의 선생님은 우리에게 설문지를 완성해달라고 요청했다.

② He asked the students their names. [ ]
그는 그 학생들에게 그들의 이름을 물어 보았다.

③ The repairman asked that we not remove the cover. [ ]
그 수리공은 우리가 그 덮개를 제거해서는 안 된다고 요구했다.

정답 ① [×] (completing ⇨ to complete) ② [O] ③ [O]

✦ ask point

1 S ask A B
⇨ B — to V
⇨ ask : 부탁하다, 요청하다
⇨ S가 A에게 to V해달라고 부탁하다, 요청하다 (5형식)

2 S ask A B
⇨ B - to V [×]
⇨ ask : 질문하다, 물어보다
⇨ S가 A에게 B를 질문하다, 물어보다 (4형식)
= S ask B <u>of</u> A (3형식)
↳ to (X), for (X)

3 S ask that ⓢ ⓥ
⇨ ask : 요구하다, 요청하다
⇨ that ⓢ (should) ⓥ - 의무, 당위의 해석이 적용되는 경우 (3형식)

011 have

O/X

① He had the man to repair the radio. [ ]
그는 그 사람에게 라디오를 수리하게 시켰다.

② The company which make teddy bears have undergone some serious problems. [ ]
테디베어를 만드는 그 회사가 약간의 심각한 문제를 겪었다.

정답 ① [×] (to repair ⇨ repair) ② [×] (make ⇨ makes / have ⇨ has)

✦ have point

1 5형식 (사역동사)
S+have+O+O.C(동사원형)
S+have+O+O.C(과거분사)

2 수일치 - 주어와 동사의 수일치

012 as

O/X

① We are as dependent on water to drink as we are on air to breathe. [ ]
우리가 숨 쉴 공기에 의존하고 있는 만큼 우리는 마실 물에 의존하고 있다.

② His novels have as a good chance of surviving as my poems. [ ]
그의 소설은 나의 시만큼 생존할 가능성이 크다.

③ Today's styles are not as attractive as that of a generation ago.
오늘날의 스타일은 한 세대 이전의 스타일만큼 매력적이지는 않다. [ ]

④ She is as beautiful than my ex-girlfriend. [ ]
그녀는 나의 전 여자친구만큼 아름답다.

⑤ He works as a teacher. [ ]
그는 교사로서 일을 한다.

⑥ As she was poor, she couldn't afford to buy a car. [ ]
그녀가 가난했기 때문에, 그녀는 자동차를 살 여유가 없었다.

⑦ Cute as she is, I don't like her. [ ]
비록 그녀가 귀엽다고 할지라도, 나는 그녀가 싫다.

정답 ① [O] ② [×] (as a good chance ⇨ as good a chance) ③ [×] (that ⇨ those)
     ④ [×] (than ⇨ as) ⑤ [O] ⑥ [O] ⑦ [O]

✦ as point

1 as 원급 as
   ① – as 형용사 vs 부사 as ~
   ② – as 형용사+a(n)+명사 as ~
   ③ 비교의 대상 – 병렬
   ④ 원급 모양+비교급 모양 (X)

2 전치사 as

3 접속사 as
   + 도치 (– as .... as V S)

4 양보의 부사절 유도 as
   (As) 형용사 / 부사 / 명사 as   S V
                        though

013 which

O/X

① There are several tools with my friends which I have never seen.
내가 한 번도 본 적이 없던 여러 개의 도구들이 나의 친구들에게 있었다. [ ]

② Chopsticks are small sticks of wood or ivory which we lift food to our mouths. [ ]
젓가락은 우리가 음식을 우리의 입으로 들어 올리는 나무나 상아로 만들어진 작은 막대기이다.

③ My teacher lent me two books, neither of them I've read. [　]
나의 선생님은 나에게 두 권의 책을 빌려 주셨다. 그것들 중 어느 것도 나는 읽지 않았다.

④ I eat too many things, which often make my mom angry. [　]
나는 너무 많은 것을 먹는다. 그것이 자주 나의 엄마를 화나게 만든다.

⑤ Which chair is yours? [　]
어떤 의자가 너의 것이니?

⑥ She refused my proposal, which fact made me gloomy. [　]
그녀는 나의 제안을 거부했다, 그런데 그 사실이 나를 우울하게 만들었다.

⑦ Which do you want to drink? [　]
너는 어떤 것을 마시기를 원하니?

정답 ① [O]　② [X] (which ⇨ with which)　③ [X] (them ⇨ which)　④ [X] (make ⇨ makes)
　　　⑤ [O]　⑥ [O]　⑦ [O]

✦ **which** point

1 관계대명사 which
　① 선행사
　　관계대명사 which는 **선행사 자리에 '사물'**이 온다.
　② +불완전절
　　관계대명사 which뒤에는 **불완전절**이 온다.
　③ 부분 of which
　　항상 '**부분 of them**'과 비교를 한다. ('동사의 개수' 문제)
　④ , which
　　　, which Ⓥ
　　　　　↳ 수일치

2 관계형용사 which
　which+N / 절+절

3 의문형용사 which
　which+N / 의문문
　+ 의문사 which

014 until

O/X

① I'm not jumping to any conclusions until I hear his opinion. [ ]
나는 그의 의견을 듣고 나서야 어떤 결론을 내린다.

② It was not until the Sunday service was held that she showed up.
그녀가 나타난 것은 바로 주일 예배가 열렸을 때였다. [ ]

③ Not until yesterday did I know the fact. [ ]
어제가 돼서야 비로소 나는 그 사실을 알았다.

④ Not until he takes a shower he drinks something. [ ]
그는 샤워를 하고 나서야, 무엇인가를 마신다.

⑤ I have to submit this until 5 o'clock. [ ]
나는 이것을 5시까지 제출해야 한다.

⑥ We'll wait until the rain will stop. [ ]
우리는 비가 멈출 때까지 기다릴 것이다.

정답 ① [O] ② [O] ③ [O] ④ [×] (he drinks ⇨ does he drink) ⑤ [×] (until ⇨ by)
⑥ [×] (the rain will stop ⇨ the rain stops)

✦ until point

1 not A until B
① B할 때까지 A하지 않다
② B하고 나서야 A하다

2 not until ~
① 해석 : ~가 돼서야 (비로소)
② It be V not until ~ that s v [It ~ that '강조 구문']
③ Not until ~+V S
　Not until s v V S

3 until vs by (~까지)
until+지속 / 반복
by+기한 / 완성 / 마지노선

4 시간의 부사절 접속사 'until'
until+주어+동사(현재시제)

015 however

O/X

① However the item is cheap, it is significant to me. [ ]
그 물건이 아무리 싸다고 할지라도, 그것은 그에게 중요한 것이다.

② However swift you will go there, you will not catch the train. [ ]
네가 아무리 재빠르게 그곳에 갈지라도, 너는 그 기차를 잡을 수 없을 것이다.

③ However clever a child he is, he will be unable to solve the problem. [ ]
그가 아무리 영리한 아이일지라도, 그는 그 문제를 해결할 수 없을 것이다.

정답 ① [×] (However the item is cheap ⇨ However cheap the item is)
② [×] (swift ⇨ swiftly)   ③ [O]

✦ however point

1 however 형용사 / 부사 ⓢ ⓥ
문장 내 동사 뒤에 있던 '형용사, 부사'가 접속사 역할을 하는 however를 만나면 동사 뒤에 있던 '형용사, 부사'가 however뒤에 위치한다.
(어순 - however ⓢ ⓥ 형용사, 부사 [×])

2 however '형용사 vs 부사' ⓢ ⓥ
however뒤에 있는 '형용사 vs 부사'를 ⓥ뒤로 빼서 생각한다.
(however 형용사 vs 부사 ⓢ ⓥ ⇨ however ⓢ ⓥ 형용사 vs 부사)

3 'however+형용사+a(n)+명사' 어순
- however도 how처럼 'however+형용사+a(n)+명사'의 어순을 지켜야 한다.
(however+a(n)+형용사+명사 [×])

016 approach

O/X

① When the hunter approached to the birds, they flew away in a hurry. [ ]
사냥꾼이 새들에게 다가갔을 때, 그 새들은 급히 날아가 버렸다.

② His approach to life is definitely naive. [ ]
삶에 대한 그의 접근은 명백하게 순진무구하다.

정답 ① [×] (approached to ⇨ approached)   ② [O]

✦ **approach** point

1 approach가 '동사(접근하다)'로 쓰일 때, approach는 **완전 타동사**이므로 approach뒤에 to나 into와 같은 전치사를 쓰면 안 된다.
2 approach가 '명사(접근)'로 쓰였는데, 뒤에 명사가 뒤따라오는 경우 approach 뒤에 to 와 같은 전치사를 써야 한다.

017 take

O / X

① It took him three days to complete the project. [ ]
그는 그 프로젝트를 완성하는 데 3일이 걸렸다.

② The police took him of a robber. [ ]
경찰은 그를 강도로 오해했다.

정답 ① [O] ② [X] (of ⇨ for)

✦ **take** point

1 It takes (took) (사람) 시간/노력/비용 to V
 (사람이) to V하는 데 시간/노력/비용이 들다/필요하다.
2 take A for B
 = mistake A for B A를 B로 착각하다/오해하다.

018 if

O / X

① If you will do it or not is up to you. [ ]
네가 그것을 할 것인지 안 할 것인지는 너에게 달려있다.

② I want to know if or not he has signed the contract. [ ]
나는 그가 그 계약에 서명을 했는지를 알기를 원한다.

③ There is no question about if I should give him another chance or not. [ ]
내가 그에게 또 한 번의 기회를 주어야 하는지 말아야 하는지에 대해서는 의문의 여지가 없다.

④ I don't know if to go there. [ ]
나는 그 곳에 가야할지 말아야 할지 모르겠다.

⑤ The detective didn't know if the murder had occurred in their office. [ ]
그 탐정은 그 살인사건이 그들의 사무실에서 일어났는지 여부를 모르고 있었다.

⑥ If I had enough money, I could buy the latest laptop. [ ]
만약 내가 충분한 돈이 있다면, 나는 최신 노트북을 살 텐데.

⑦ If she had studied hard, she could have passed the test. [ ]
그녀가 열심히 공부했었더라면, 시험에 합격했을 텐데.

⑧ If he had taken the physician's advice last year, he could be healthy now. [ ]
그가 작년에 그 (내과)의사의 충고를 받아들였었다면, 그는 지금 건강할 텐데.

⑨ If I were to be born again, I'd like to be an actor. [ ]
내가 다시 태어난다면, 배우가 되고 싶다.

⑩ If it will be nice weather tomorrow, I will finish the work. [ ]
내일 날씨가 좋으면 그 일을 끝낼 것이다.

⑪ If he is a little over-confident, he is a good driver. [ ]
그가 약간 지나친 자신감이 있다고 할지라도, 그는 훌륭한 운전사이다.

> 정답 ① [×] (If you will do it or not ⇨ Whether you will do it or not)
> ② [×] (if or not he has signed the contract ⇨ whether or not he has signed the contract)
> ③ [×] (if I should give him another chance or not ⇨ whether I should give him another chance or not)
> ④ [×] (if to go ⇨ whether to go)　⑤ [O]　⑥ [O]　⑦ [O]　⑧ [O]　⑨ [O]
> ⑩ [×] (If it will be nice weather tomorrow ⇨ If it is nice weather tomorrow)　⑪ [O]

✦ **if** point

1 if (X)
① S자리
② if or not Ⓢ Ⓥ
③ 전치사+if Ⓢ Ⓥ
④ if to V
　CF S+V3+if Ⓢ Ⓥ [O]

2 가정법
① 가정법 과거
　If+S+V의 과거형(be V 경우-were) -, S+w/s/c/m+동사원형
② 가정법 과거완료
　If+S+had p.p -, S+w/s/c/m+have p.p
③ 혼합 가정법
　If+S+had p.p -, S+w/s/c/m+동사원형
④ 가정법 미래
　If+S+should (were to)+동사원형 -, S+w/s/c/m+동사원형

3 조건의 부사절 접속사 if
조건의 부사절에서는 <u>미래의 내용</u>이지만, **현재시제**를 쓴다.

4 양보의 부사절 접속사 if
if가 '~일지라도'의 해석이 나오더라도, 당황하지 않는다.

019 as if (as though)

O / X

① As though my mom is sick, she always smiles. [ ]
설령 나의 엄마가 아프다고 할지라도, 그녀는 항상 웃는다.

② He speaks English fluently as if he were an American. [ ]
그는 마치 자신이 미국 사람인 것처럼 유창하게 영어를 말한다.

③ He drives car as though he didn't have a serious car accident 2 years ago. [ ]
그는 마치 2년 전에 심각한 교통사고를 당하지 않았던 것처럼 차를 운전한다.

④ You looks as if you are sad. [ ]
너는 슬퍼 보인다.

정답 ① [×] (As though ⇨ Even though) ② [O] ③ [×] (didn't have ⇨ had not have)
④ [O]

✦ as if (as though) point

1 해석 – even if (even though)와의 구별
as if (as though) + 주어 + 동사 '마치~처럼'
even if (even though) + 주어 + 동사 '설령~일지라도'

2 as if (as though) 가정법
① as if (as though) + 주어 + V과거형 (were)
   ⇨ 문장의 동사와 같은 시제
② as if (as though) + 주어 + had p.p
   ⇨ 문장의 동사보다 이전 시제

3 주격 보어 자리
주어 + 감각동사(look/sound/smell/taste/feel) + 주격 보어(형용사/like + 명사/ as if S V)

020 lie

O/X

① My strong point laid in my persuasion skills. [　]
나의 장점은 나의 설득력에 있었다.

② The father lies his baby down gently on the couch. [　]
그 아버지는 그의 아기를 긴 의자에 부드럽게 눕힌다.

정답 ① [X] (laid ➡ lay)　② [X] (lies ➡ lays)

✦ lie point

<구별>

1 lie – lied – lied – lying (V자) 거짓말하다
2 lie – lay – lain – lying (V자) 눕다, 놓여 있다
3 lay – laid – laid – laying (V타) 눕히다, 놓다, (알을)낳다

021 attend

O/X

① 80% of shareholders attended at the meeting. [　]
80%의 주주들이 그 회의에 참석했다.

② She endeavored to attend on the sick. [　]
그녀는 환자들을 시중들기 위해 노력했다.

③ He is the expert who attends to sanitation. [　]
그는 위생에 주의를 기울이는 전문가이다.

정답 ① [X] (attended at ➡ attended)　② [O]　③ [O]

✦ attend point

1 attend가 '~에 참석하다'의 뜻으로 쓰일 때, attend는 완전 타동사이므로 attend 뒤에 at과 같은 전치사를 쓰면 안 된다.
2 attend on은 '~를 시중들다'의 의미로 쓰인다.
3 attend to는 '~에 주의를 기울이다'의 의미로 쓰인다.

022 too

O / X

① We are very busy to have a long holiday. [ ]
우리는 너무 바빠서 긴 휴가를 가질 수 없었다.

② This is too a difficult question. [ ]
이것은 너무 어려운 문제이다.

③ I cannot stress too much about the idea of learning. [ ]
학습에 대한 생각은 아무리 강조해도 지나치지 않다.

④ He ate some bread, and I ate some, either. [ ]
그는 약간의 빵을 먹었고, 나도 또한 약간의 빵을 먹었다.

정답 ① [✗] (very ⇨ too) ② [✗] (too a difficult question ⇨ too difficult a question) ③ [O]
④ [✗] (either ⇨ too)

✦ too point

1 [too ... to V]
'to V하기에 너무 ...' '너무 ... 해서 to V할 수 없다'의 표현 'too ... to V'에서 too 자리에 'so'나 'very'와 같은 다른 부사가 오면 틀린다.
CF so – 정도와 양을 강조 / too – so보다는 적정선을 넘어감

2 [too-어순]
'too 형용사+a(n)+명사'의 어순을 따른다.

3 [cannot too ~]
'cannot too ~'는 '아무리 ~해도 지나치지 않다'라는 표현이다.

4 [긍정문+too - '~도 또한']
긍정문+too – '~도 또한'
/ 부정문+either – '~도 또한'

023 should

O/X

① He demanded that the money should be promptly deposited into the his account. [ ]
그는 그 돈이 즉시 그의 계좌에 입금되어야 한다고 요구했다.

② Studies suggest that uncontrollable noise undermine people's performance. [ ]
연구들이 통제할 수 없는 소음이 사람들의 성과를 훼손한다고 제시한다.

③ The recommendation that she be promoted to president met with a great deal of resistance from the board. [ ]
그녀가 회장으로 승진해야 한다는 그 추천은 이사회로부터 매우 많은 저항에 마주쳤다.

④ It is natural that seeking profits should involve risks. [ ]
이익을 추구하는 것은 위험을 수반한다는 것이 당연한 일이다.

⑤ Be careful lest you should fall from the roof. [ ]
지붕에서 떨어지지 않도록 조심해.

⑥ It's high time you should do something instead of just talking. [ ]
당신은 단순히 말하는 대신에 무엇인가를 행동에 옮겨야 할 때이다.

⑦ We should keep the Earth clean for our offspring. [ ]
우리는 우리의 자손을 위해서 지구를 깨끗한 상태로 유지해야 한다.

⑧ Naturally, people should be driven to "forget" undesirable events. [ ]
자연스럽게, 사람들은 아마도 바람직하지 않은 사건들을 "망각"하도록 되어 있다.

⑨ The child cut his right hand. Susan may not have given the child scissors to play with. [ ]
그 아이는 오른 손을 베었다. Susan은 그 아이에게 가지고 놀 가위를 주지 말았어야 했다.

⑩ You should be more considerate yesterday. [ ]
너는 어제 더 사려 깊어야 했다.

⑪ If the world should stop revolving, I would(will) spend the end with you. [ ]
세상이 공전하는 것을 멈춘다면[세상이 멸망한다면], 나는 마지막을 너와 함께 할 거야.

정답 ① [O] ② [✗] (undermine ⇨ undermines) ③ [O] ④ [O] ⑤ [O] ⑥ [O] ⑦ [O]
⑧ [O] ⑨ [✗] (may not have given ⇨ should not have given)
⑩ [✗] (should be ⇨ should have been) ⑪ [O]

✦ should point

1 should 유도
① 주장 / 명령 / 요구 / 충고 / 제안 / 소망 / 추천 V+that절
  CF) 1) 주장 / 명령 / 요구 / 충고 / 제안 / 소망 / 추천 V
    insist, argue, claim, urge
    order, command, decree, direct
    request, ask, demand, require, desire, lobby, beg
    advise
    suggest, propose
    wish, desire
    recommend
  CF) 2) 주장 / 명령 / 요구 / 충고 / 제안 / 소망 / 추천 V의 명사형
    recommendation, request, requirement, suggestion, order, desire ...
② It+be V+이성, 감정의 형용사+that절
  CF) 이성, 감정의 형용사
    strange, natural, wonderful, doubtful, pitiful, necessary, important,
    surprising, right, good, wrong ....
③ 부사절 접속사 lest '~하지 않도록'
  lest+주어+(should)+동사원형
  = for fear+주어+(should)+동사원형

★ should 생략 3가지 모양
1 S+be
2 S-3인칭 단수+V원형
3 S+not+V원형

---

④ It is (high / about) time that절 '~해야 할 때이다'

2 조동사 should 의미
① (의무) ~해야 한다.
② (추측) 아마~일 것이다.

3 should have p.p '~했어야 했다'
  CF) should not have p.p '~하지 말았어야 했다'
    ① (바꿔치기) [ex] vs must have p.p
    ② (시제) vs should 동사원형

4 가정법
① (가정법 미래) If+주어+should+동사원형, 주어+w/s/c/m+동사원형.
② (가정법의 주절 - 조동사의 과거형) should

024 I wish

O/X

① I wish you didn't need to go school today. [ ]
오늘 네가 수업하러 갈 필요가 없다면 좋을 텐데.

② I wish you were at the meeting last Monday. [ ]
당신이 지난 주 월요일 회의에 있었다면 좋을 텐데.

정답 ① [O] ② [×] (were ⇨ had been)

✦ I wish point

1 I wish 가정법
① I wish+주어+V과거형 (were)
   ⇨ 문장의 동사와 **같은 시제**
② I wish+주어+had p.p
   ⇨ 문장의 동사보다 **이전 시제**

025 both

O/X

① Both health and longevity is important concern to most people.
건강과 장수는 대부분의 사람들에게 중요하다.

② The results of that study are both alarming and impression.
그 연구의 결과들은 놀랍고 인상적이다.

③ Both his mother or his daughter will attend the meeting.
그의 어머니와 그의 딸 둘 다 그 회의에 참석할 것이다.

정답 ① [×] (is ⇨ are, concern ⇨ concerns) ② [×] (impression ⇨ impressive)
③ [×] (or ⇨ and)

✦ both point

1 both A and B
① Both A and B (주어 자리)+V (복수동사) → **수일치**
② both A and B → A, B **병렬**
③ both A **and** B
   ↳ or [×], nor [×] 바꿔치기

2 both Ns
both가 나올 때, 항상 'both A and B' 구조만 나오는 것은 아니다.
'both+복수명사'의 형태로도 나온다.

026 wait

O / X

① The train for Incheon will arrive shortly. [　]
인천행 기차가 곧 도착할 것이다.

② People are waiting the train for Incheon in a queue. [　]
사람들은 줄을 서서 인천행 기차를 기다리고 있는 중이다.

③ We must await for her decision. [　]
우리는 그녀의 결정을 기다려야 한다.

정답 ① [O]　② [×] (are waiting ⇨ are waiting for)　③ [×] (await for ⇨ await)

✦ wait point

wait는 **자동사**이다. 따라서, '~을 기다리다'의 의미로 뒤에 목적어가 올 때는 wait 뒤에 전치사 for를 써서, 'wait for+목적어'로 쓰인다.
(CF) wait for = await

027 how

O / X

① He knew how she ran rapidly. [　]
그는 그녀가 얼마나 빠르게 달렸는지를 알았다.

② How a beautiful sunset it is. [　]
너무나 아름다운 일몰이다.

③ I want to know how can you play the tool. [　]
나는 네가 그 악기를 어떻게 연주할 수 있는지를 알고 싶다.

④ I like the way how he looks at me. [　]
나는 그가 나를 바라보는 그 방식이 좋아.

⑤ How old you are, there's always something to look forward to.
네가 아무리 나이가 들었다고 할지라도, 항상 기대할 무엇인가는 존재한다. [　]

⑥ I don't care how you look like. [　]
나는 네가 어떻게 보이느냐는 신경 쓰지 않는다.

정답 ① [×] (how she ran rapidly ⇨ how rapidly she ran)
　　② [×] (How a beautiful sunset it is ⇨ How beautiful a sunset it is)

③ [×] (how can you play the tool ⇨ how you can play the tool)
④ [×] (the way how ⇨ the way / how)
⑤ [×] (How old you are ⇨ However old you are)
⑥ [×] (how you look like ⇨ what you look like / how you look)

✦ **how** point

1 how 어순
how＋형용사/부사＋(a＋명)＋주어＋동사

2 간접의문문 － how
의문사 how로 시작하는 간접의문문은 'how＋주어＋동사'의 어순을 지킨다.

3 the way how ⓢ ⓥ
'the way how ⓢ ⓥ의 형태'는 **틀린 문장**이다.

4 how vs however
how － 어떻게, 얼마나, ~하는 방법
however － 아무리 ~일지라도

5 what － like ＝ how
what － like : like의 목적어가 없는 불완전절
how : 완전절

＋ how /however 형용사 vs 부사

---

028 **see (saw, seen)**

O / X

① She saw the boy crossing the street. [　]
그녀는 그 소년이 길을 건너는 것을 보았다.

② She saw the boy wounding by the car accident. [　]
그녀는 그 소년이 차 사고로 부상당한 것을 보았다.

③ Over the last decade, many Korean companies were seen enter overseas markets. [　]
지난 10년간, 많은 한국 기업들이 해외시장에 진출하는 것을 보았다.

④ In Korea, some people see a cat as a mystical creature. [　]
한국에서 어떤 사람들은 고양이를 신비로운 동물로 여긴다.

⑤ His associate was seen a fool by him. [　]
그는 그의 동료를 바보라고 간주했다.

정답 ① [O]　② [X] (wounding ⇨ wounded)　③ [X] (enter ⇨ to enter)　④ [O]
　　　⑤ [X] (was seen ⇨ was seen as)

✦ see point

1 see – 5형식 동사 (지각동사) + 목적격 보어 자리
주어＋지각동사(see)＋목적어＋<u>목적격 보어</u>
　　　　　　　　　　　　　　동사원형 / -ing (능동)
　　　　　　　　　　　　　　과거분사 (수동)

2 주어＋be seen＋to V
사역동사, 지각동사가 목적격 보어 자리에 '**동사원형**'인 경우,
수동태로 바꾸면 'S＋be＋p.p (사역, 지각동사)＋to V'가 된다.

3 see A as B 'A를 B로 간주하다'
① [동의어] regard / view / look upon / think of / count　A as B
② 수동태로 바꾼 형태에서, '**전치사 as**'를 빼면 안 된다.
　A be seen as B

029 since

O/X

① Since the war, there have been many changes. [ ]
그 전쟁 이후로, 많은 변화가 있어왔다.

② He has moved house six times since he came here. [ ]
그가 여기에 왔기 때문에, 그는 여섯 번을 이사했다.

③ Since he is under nineteen, he can't watch the movie. [ ]
그가 19살 미만이었기 때문에, 그는 그 영화를 볼 수 없었다.

정답 ① [O]　② [O]　③ [O]

✦ since point

1 전치사
since가 전치사로 쓰일 때, '**～이후로, 이래로**'라는 의미로 쓰인다.

2 접속사
since가 접속사로 쓰일 때,
① ～이후로, 이래로
② ～이기 때문에
라는 2가지 의미로 쓰인다.

CF since S V과거, S＋완료시제 – since '～이후로, 이래로'!

030 when

O/X

① I'll call you when I will finish the project. [ ]
내가 그 프로젝트를 끝마칠 때, 너한테 전화할게.

② Do you remember the time when he visited us last time? [ ]
너는 그가 우리를 마지막으로 방문했던 때가 기억나니?

③ Do you remember when he visited us last time? [ ]
너는 그가 우리를 언제 마지막으로 방문했는지가 기억나니?

④ When have you visited him? [ ]
너는 그를 언제 방문했어?

정답 ① [X] (will finish ⇨ finish) ② [O] ③ [O] ④ [X] (have you visited ⇨ did you visit)

✦ when point

1 관계부사 when
+ 완전절
- 관계부사 when 뒤에는 완전절이 온다.

2 시간의 부사절 접속사 when
시간의 부사절에서는 미래의 내용이지만, **현재시제**를 쓴다.

3 명사절 접속사 when (feat 간접의문문)
명사절 접속사 when 뒤에는 관계부사 when처럼 **완전절**이 온다.
명사절 자리(문장의 주어, 목적어, 보어 자리)에 오는 when절은 간접의문문의 어순 '**의문사(when)+주어+동사**'의 어순을 지킨다.

4 의문사 when
when으로 시작하는 의문문의 시제는 **현재완료**는 쓸 수 없다.

+ Hardly / Scarcely A when / before B

031 consist

O/X

① The beauty of the city consists in its superb natural landscape.
그 도시의 아름다움은 훌륭한 자연경관에 놓여 있다. [ ]

② This movie is consisted of six 20-minute episodes. [ ]
이 영화는 20분짜리의 에피소드들이 6편으로 구성되어 있다.

③ His argument does not consist with the evidence. [ ]
그의 주장은 그 증거와 일치하지 않는다.

정답 ① [O] ② [×] (is consisted of ⇨ consists of) ③ [O]

✦ consist point

1 consist of – '~로 구성되다'의 의미로 **수동금지** 표현이다. (be consisted of [×])
2 consist in – '~에 (놓여)있다'의 의미이다.
3 consist with – '~와 일치하다'의 의미이다.

032 either

O/X

① You must be either for nor against the idea. [ ]
당신은 그 생각에 찬성하거나 반대해야 합니다.

② You can either raise their wage or lowering it. [ ]
당신이 그들의 급여를 올리거나 낮출 수 있습니다.

③ Either you or Tom have to pay the bill. [ ]
당신과 Tom 둘 중에 그 청구서에 돈을 내야 합니다.

④ He can't speak Chinese and I can't speak Chinese, too. [ ]
그는 중국어를 할 수 없습니다. 그리고 나도 또한 그렇습니다.

⑤ Either of them will give me a call. [ ]
그들 중 어떤 사람이 나에게 전화를 할 것이다.

정답 ① [×] (nor ⇨ or) ② [×] (lowering ⇨ lower) ③ [×] (have ⇨ has) ④ [×] (too ⇨ either)
⑤ [O]

✦ either point

1 either A or B – 짝꿍
  CF both A and B / neither A nor B

2 either A or B – 병렬
  – A와 B가 **병렬**이어야 한다.

3 either A or B – 수일치
  – either A or B가 주어 자리에 온 경우, 동사의 **수일치**는 B에 맞춘다.

4 부정문, either
'~또한, 역시'라는 의미로 쓸 때, 부정문 뒤에 either를 사용하여 표현한다.
CF 긍정문, too

5 대명사 either
either는 대명사로 쓰일 수 있다.

033 think

O/X

① I thought the show interestingly. [ ]
나는 그 쇼가 흥미롭다고 생각했다.

② She thinks it good to say nothing about the matter. [ ]
그녀는 그 문제에 대해서 아무 말도 하지 않는 것이 좋다고 생각한다.

③ He thinks it sadly to go there with his mother. [ ]
그는 그곳에 그의 엄마와 함께 가는 것이 슬프다고 생각한다.

④ Eric thinks of himself as an intelligent man. [ ]
Eric은 자신이 지적인 사람이라고 생각한다.

⑤ He is thought of a protector of the girl. [ ]
그는 그 여자아이의 보호자라고 생각되어진다.

정답 ① [X] (interestingly ⇨ interesting) ② [O] ③ [X] (sadly ⇨ sad) ④ [O]
⑤ [X] (is thought of ⇨ is thought of as)

✦ think point

1 S+think+O+O.C
　　　　　　　↳ (to be) 형용사
　　　　　　　　부사 (X)
think가 5형식을 취할 때, 목적격 '보어 자리'에 형용사를 써야지, 부사를 쓰면 틀리다.

2 think – '가목적어 / 진목적어' 유도
S+think+<u>it</u>+형용사+to V / that ⓢ ⓥ
　　　　↳ 가목적어 자리로 this나 that을 쓰면 틀리다.
S+think+it+**형용사**+to V / that ⓢ ⓥ
　　　　　↳ 목적격 보어자리로 부사를 쓰면 틀리다.
S+think+it+형용사+<u>to V / that</u> ⓢ ⓥ
　　　　　　　　　↳ 진목적어 자리

3 think of A as B 'A를 B로 간주하다'
① [동의어] regard / see / view / look upon / count A as B
② 수동태로 바꾼 형태에서, '**전치사 as**'를 빼면 안 된다.
   A be thought of **as** B

034 little

O / X

① Little I can understand your explanation. [   ]
나는 너의 설명을 거의 이해할 수 없다.

② There was little doubt in my mind. [   ]
내 마음속에 의심은 거의 없었다.

③ There was a little boy in a little house. [   ]
한 작은 집에 작은 꼬마애가 한 명 있었다.

④ She gave a little cookies to me. [   ]
그녀는 나에게 약간의 쿠키를 해주었다.

⑤ This issue caused not a little confusion. [   ]
이 문제는 많은 혼란을 야기했다.

⑥ We made quite a little money this year. [   ]
올해 우리는 꽤 많은 돈을 모았다.

정답 ① [×] (Little I can ⇨ Little can I)   ② [O]   ③ [O]   ④ [×] (a little ⇨ a few)
⑤ [O]   ⑥ [O]

✦ little point

1 little
① 해석 - '거의 ~없는' (부정)
② Little+V+S (도치 유도)
③ little+셀 수 없는 말
(CF) little+명사

2 a little
① 해석 - '약간, 조금 있는' (긍정)
② a little+셀 수 없는 말
③ 표현 - not a little / quite a little 많은

035 few

O/X

① Few can resist the lure of adventure. [ ]
모험의 유혹을 거부할 수 없는 사람은 거의 없다.

② Few people had passed the path before. [ ]
그 전에 그 길을 통과한 사람들은 거의 없었다.

③ A few survivors escaped from the accident. [ ]
그 사고로부터 몇 명의 생존자들이 대피했다.

④ Not a few of water was released from the outlet. [ ]
많은 물이 그 배출구로부터 빠져나왔다.

⑤ There are quite a few students who are bright and inquisitive among the freshmen. [ ]
신입생들 가운데 영리하고 호기심이 강한 많은 학생들이 있다.

정답 ① [O] ② [O] ③ [O] ④ [×] (Not a few of ⇨ Not a little) ⑤ [O]

✦ few point

1 few
① 해석 – '거의 ~없는' (부정)
② 대명사 – '소수, 적은 수'
③ few+셀 수 있는 말

2 a few
① 해석 – '조금 있는' (긍정)
② a few+셀 수 있는 말
③ 표현 – not a few / quite a few 많은

036 result

O/X

① Poverty often results from disease. [ ]
가난은 자주 질병의 결과를 가져온다.

② Disease is often resulted in by poverty. [ ]
질병은 자주 가난으로부터 나온다.

정답 ① [O] (from ⇨ in) ② [×] (is resulted in by ⇨ results from)

✦ result point

1 [in / from의 구별]
result in은 '~결과를 가져오다'의 의미이고, result from은 '~로부터 나오다'의 의미이다.

2 [수동금지]
result from, result in은 보통 수동태를 쓰지 않는다.

037 so

O/X

① She is so a beautiful woman that everyone around her likes her.
그녀는 너무 아름다운 여자여서 그녀 주위의 모든 사람이 그녀를 좋아한다. [ ]

② It was so hot that I drank cold water. [ ]
날씨가 너무 더워서 나는 찬 물을 마셨다.

③ So hard he studied the subject that he could pass the exam.
그는 그 과목을 매우 열심히 공부해서 시험에 합격할 수 있었다. [ ]

④ She studied hard so that she could pass the exam. [ ]
그녀는 시험에 합격할 수 있도록 매우 열심히 공부했다.

⑤ She went to Paris so as to study art. [ ]
그녀는 미술을 공부하기 위해 파리로 갔었다.

⑥ She studied so hard as to pass the exam. [ ]
그녀는 매우 열심히 공부해서 시험에 합격할 수 있었다.

⑦ He likes watching TV and so do I. [ ]
그는 TV보는 것을 좋아한다, 나도 그렇다.

정답 ① [×] (so a beautiful woman ⇨ so beautiful a woman) ② [O]
　　③ [×] (So hard he studied ⇨ So hard did he study)
　　④ [O]　⑤ [O]　⑥ [O]　⑦ [O]

✦ **so** point

1 어순
 - so+형용사+a(n)+명사
 CF such+a(n)+형용사+명사

2 부사절 유도
 ① so ... that Ⓢ Ⓥ '너무 …해서 Ⓢ가 Ⓥ하다'
　 so+형용사/부사+that Ⓢ Ⓥ [O]
　 such+형용사/부사+that Ⓢ Ⓥ [×]
　 +So+형용사/부사+V S+that Ⓢ Ⓥ [도치]
 ② so that Ⓢ Ⓥ 'Ⓢ가 Ⓥ하기 위해서'

3 to 부정사 유도
 ① so as to V '~하기 위해서'
 ② so … as to V '너무 … 해서 ~하다'

4 So V S [S도 그래]
 - 긍정문+so V S [V-대동사]

038 find(found, found)

O/X

① I found the book easily. [ ]
나는 그 책이 쉽다라는 것을 발견했다.

② I found myself thinking her. [ ]
나는 내가 그녀에 대해 생각하고 있는 것을 발견했다.

③ He found his dog hurt by that machine. [ ]
그는 그의 개가 저 기계 때문에 상처를 입게 된 것을 발견했다.

④ You may find it hard to understand the situation. [ ]
당신은 그 상황을 이해하는 것이 어렵다는 것을 발견할지도 모른다.

⑤ The school was found in 1970. [ ]
그 학교는 1970년도에 설립되었다.

정답 ① [×] (easily ⇨ easy)　② [O]　③ [O]　④ [O]　⑤ [×] (was found ⇨ was founded)

✦ **find** point

1 S+find+O+O.C
　　　　　　　↳ (to be) 형용사
　　　　　　　　부사 (X)
find가 5형식을 취할 때, 목적격 '보어 자리'에 형용사를 써야지, 부사를 쓰면 틀리다.

2 find - '가목적어 / 진목적어' 유도
S+find+<u>it</u>+형용사+to V / that ⓢ ⓥ
　　　　　↳ 가목적어 자리로 this나 that을 쓰면 틀리다.
S+find+it+**형용사**+to V / that ⓢ ⓥ
　　　　　　　↳ 목적격 보어 자리로 부사를 쓰면 틀리다.
S+find+it+형용사+<u>to V / that</u> ⓢ ⓥ
　　　　　　　　↳ 진목적어 자리

3 find(~을 찾다, 발견하다) vs found(~을 만들다, 설립하다)
find (원형) - found (과거) - found (과거분사) - finding (현재분사)
found (원형) - founded (과거) - founded (과거분사) - founding (현재분사)

---

039 before

O / X

① Before he will go to the store, he will stop by your house. [ ]
　그가 그 가게에 가기 전에, 너의 집에 잠깐 들를 거야.

② He left for the store before you arrived at your house. [ ]
　네가 집에 도착하기도 전에 그는 그 가게로 출발했다.

③ He watered his plants before the door. [ ]
　그는 문 앞에 있는 그의 식물들에 물을 주었다.

정답 ① [X] (will go ⇨ go) ② [O] ③ [O]

✦ **before** point

1 시간의 부사절 접속사 before
시간의 부사절에서는 <u>미래의 내용</u>이지만, 현재시제를 쓴다.
before가 이끄는 부사절(과거시제)과 함께 오는 주절의 시제(대과거 OK / 과거시제 OK)

2 전치사 before
(시간 / 위치 / 순서) 앞에

+ Hardly / Scarcely A when / before B

040 after

O/X

① After I'll graduate from college, I'll work at a broadcast station.
나는 대학을 졸업한 후에, 방송국에서 일할 것이다. [ ]

② She named her son after a famous actor. [ ]
그녀는 그의 아들 이름을 유명한 배우의 이름을 따서 지었다.

정답 ① [×] (I'll graduate ⇨ graduate)   ② [O]

✦ after point

1 시간의 부사절 접속사 after
 시간의 부사절에서는 <u>미래의 내용</u>이지만, **현재시제**를 쓴다.

2 전치사 after
 (시간 / 위치 / 순서) 뒤에

 ＋ ~을 본 뜬(따른) [name A after B 'A의 이름을 B를 따서 짓다']

041 lest

O/X

① Hide it lest he sees it. [ ]
그가 그것을 보지 않도록 숨겨라.

② He fled lest he should not be killed. [ ]
그는 살해 당할까봐 도망쳤다.

정답 ① [×] (sees ⇨ (should) see)   ② [×] (should not be killed ⇨ should be killed)

✦ lest point

1 lest+주어 (should)+동사원형
 ー '~하지 않도록' '~할까봐' 이라는 의미로 쓰인다.
 ＝ for fear that+주어 (should)+동사원형

2 이중부정 금지 (lest+주어+(should)+not+동사원형 [×])
 lest에 이미 '부정'의 의미가 있으므로 뒤에 '부정어 not'을 하나 더 쓰면 틀린 형태가 된다.

042 very

O/X

① She is the very cutest girl in her school. [ ]
그녀는 그녀의 학교에서 가장 귀여운 여자이다.

② This event was very surprising for us. [ ]
이 사건은 우리에게 매우 놀라운 것이었다.

③ A blow with a word strikes very deeper than a blow with a sword. [ ]
말로 한 타격이 칼로 찌르는 것보다 훨씬 더 깊게 찌른다.

정답 ① [O] ② [O] ③ [×] (very deeper ⇨ much deeper)

✦ **very** point

1 수식
원급, 최상급 수식
very+비교급 [×]

043 much

O/X

① He is much faster than his rival. [ ]
그는 그의 경쟁 상대보다 훨씬 더 빠르다.

② This mountain is much the best in my country. [ ]
이 산은 우리나라에서 단연코 최고의 산이다.

③ I don't have much money with me. [ ]
나는 가진 돈이 많지 않다.

④ Thank you very much for the presents. [ ]
선물 정말 고맙습니다.

⑤ I learned much from his lecture. [ ]
나는 그의 강의로부터 많은 것을 배웠다.

정답 ① [O] ② [O] ③ [O] ④ [O] ⑤ [O]

✦ much point

1 수식

　비교급, 최상급 수식

2 +셀 수 없는 말 (형용사 / 부사)

3 대명사

044 other

O / X

① Those sweaters don't fit you very well. Try on some other one.
그 스웨터들은 네게 너무 안 어울린다. 다른 것들 좀 입어봐. [　]

② Could you give me another questions? [　]
내게 또 다른 질문이 있나요?

③ Be kind to others. [　]
다른 사람들에게 친절해라.

④ There are three men. One is a doctor, another a teacher, and the other a lawyer. [　]
세 명의 남자가 있다. 한 명은 의사이고, 다른 한 명은 선생님이고, 그리고 나머지 한 명은 변호사이다.

⑤ Here are six books; some are mine, the other are hers. [　]
여섯 권의 책이 있다. 몇 권은 내 것이고, 나머지는 그녀의 것이다.

⑥ The Everest is higher than any other mountains in the world. [　]
에베레스트는 세계에서 가장 높은 산이다.

정답 ① [✗] (one ⇨ ones)　② [✗] (questions ⇨ question)　③ [O]　④ [O]
　　　⑤ [✗] (the other ⇨ the others)　⑥ [✗] (mountains ⇨ mountain)

✦ other point

1 other + 복수명사
　other가 한정사로 쓰일 때, other다음에 '복수명사'가 온다.
　CF another + 단수명사

2 others
others가 단독으로 나오면, 명사로 쓰여 '**다른 사람들**'이라는 의미를 갖는다.
보통 앞에 'Some ~'이 나올 때가 있다.

3 the other
낱개로 여러 개를 나열할 때, 마지막에 남은 '**나머지**' 개념을 나타낼 때 'the other'를 쓴다.

CF 여러 무리를 나열할 때, 마지막에 남은 '나머지 무리' 개념을 나타낼 때 'the others'를 쓴다.

4 비교급 than any other 단수명사 (비교급 than all the other 복수명사)
'가장 ~한/하게'를 의미하는 최상급의 의미를 비교급으로 나타낼 때,
* 비교급 than any other 단수명사
    or
* 비교급 than all the other 복수명사
를 사용한다.

045 look

O / X

① This chair looks comfortably. [ ]
이 의자는 편안해 보인다.

② Can you look up the closing times on the website? [ ]
웹사이트에서 마감 시간을 찾아볼 수 있니?

③ She is used to being looked by many people. [ ]
그녀는 많은 사람들이 쳐다보는 것에 익숙하다.

④ A cat is looked upon a mystical creature. [ ]
고양이는 신비로운 생명체로 간주된다.

정답 ① [×] (comfortably ⇨ comfortable) ② [O] ③ [×] (being looked ⇨ being looked at)
④ [×] (is looked upon ⇨ is looked upon as)

✦ look point

1 2형식 동사 look
'보이다'로 해석되는 look은 2형식 동사로 **주격 보어 자리에 형용사가 온다. 부사를 쓰면 틀리다.**

2 look – 구동사 표현
① 종류

구동사	의미
look at	~을 보다
look for	~을 찾다
look into	~을 조사하다
look up	~을 찾아보다, 검색하다
look after	~을 돌보다
look to	~에 의존하다
look up to	~을 존경하다
look down on	~을 무시하다
look forward to	~을 기대하다

② 수동태
'S+look 전치사+O'의 문장이 수동태가 될 때, 'O be looked **전치사**'의 형태로 반드시 전치사가 있어야 한다.

3 look upon A as B
→ (수동태) A be looked <u>upon</u> **as** B
　　　　　　　　　　↳ as가 빠져서는 안 된다.

---

046 more(less) - than / - er than

O/X

① Sometimes doing a lot is more important than to take time to do things carefully. [ ]
가끔씩 많은 것을 하는 것은 어떤 것을 신중하게 하기 위해 시간을 들이는 것보다 더 중요하다.

② She earned more money as my ex-girlfriend last year. [ ]
그녀는 작년의 나의 전 여자 친구보다 돈을 더 벌었다.

③ My book is more expensiver than yours. [ ]
나의 책은 너의 것보다 더 비싸다.

④ The grain of rye is longer and slender than that of rice. [ ]
호밀 알갱이는 쌀 알갱이보다 더 길고 가늘다.

정답 ① [×] (to take ⇨ taking) ② [×] (as ⇨ than) ③ [×] (more expensiver ⇨ more expensive) ④ [×] (slender ⇨ slenderer / more slender)

✦ more(less) - than / - er than `point`

1 비교의 대상 - 병렬
  A 비교급 than B - A와 B는 **병렬**이다.

2 '비교급' 모양+'원급' 모양 (X)
  비교급+as ~ [✗] / 비교급 than ~ [O]
  as 원급+than ~ [✗] / as 원급 as ~ [O]

3 비교급 장치 '-er' 과 'more-' 중복 (X)
  more −er ~ [✗] / more − [O] / −er [O]

047 the+비교급, the+비교급

O/X

① The fattest she gets, the more she eats. [　]
  그녀가 뚱뚱해질수록, 그녀는 더 많이 먹는다.

② The more animals are exposed to a stimulus, the fast they will adjust to it. [　]
  동물들은 어떤 자극에 더 많이 노출될수록, 그 동물들은 그것에 더 빨리 적응할 것이다.

③ The more you work, more you earn. [　]
  네가 더 많이 일할수록, 너는 더 많이 번다.

④ The more expensively the item seems, the more it sells. [　]
  그 물건이 더 비싸 보일수록, 더 잘 팔린다.

정답 ① [✗] (The fattest ⇨ The fatter)　② [✗] (the fast ⇨ the faster)
　　　③ [✗] (more you earn ⇨ the more you earn)　④ [✗] (expensively ⇨ expensive)

✦ the+비교급, the+비교급 `point`

1 해석
  [모양] The+비교급 (S V) −, the+비교급 (S' V')−.
  　　　　　↳ ①　　　　　　　↳ ②
  [해석] ① 할수록, ② 하다.

2 the+최상급 [✗] / the+원급 [✗]
  'the+비교급'이 올바른 형태이다.
  이 구문에서, 'the+최상급'이나 'the+원급'은 틀린 형태이다.

3 the+비교급, 비교급 [×] / 비교급, the+비교급 [×]
이 구문에서, 비교급 둘 다 앞에 'the'가 있어야 한다.
이 두 군데 중 한 군데라도 'the'가 없으면 틀린 형태이다.

4 the+more(less) 형용사vs부사
이 구문에서, the more(less) 뒤에서 '형용사vs부사'를 물어보면 '형용사vs부사'를 뒤에 있는 동사 뒤로 놓고 푼다.

048 because

O / X

① Because of I'm not rich, I cannot buy her the bag. [ ]
나는 부유하지 않기 때문에, 나는 그녀에게 그 가방을 사줄 수 없다.

② While going out, I watched her run into by a car. [ ]
밖에 나가있는 동안, 나는 그녀가 차에 치이는 것을 보았다.

③ Despite I want to help the poor, I do not have enough money now. [ ]
내가 가난한 사람들을 돕고 싶을지라도, 나는 지금 충분한 돈이 없다.

④ You had better take my keys in case I'm out. [ ]
내가 외출할지도 모르니까 네가 내 열쇠를 가져가는 것이 좋을 거야.

⑤ It's morning, for the birds are singing. [ ]
새들이 지저귀고 있으니, 아침이다.

⑥ The bag is too heavy for me to lift now that I am very old. [ ]
내가 너무 늙었기 때문에, 그 가방은 내가 들어올리기에 너무 무겁다.

⑦ He was fortunate in that he had friends to help him. [ ]
그는 자신을 도와줄 친구들이 있다는 점에서 운이 좋았다.

⑧ I wanted specific answers to specific questions, and that's because I visited him. [ ]
나는 구체적인 질문에 대한 구체적인 답변을 원했고, 그래서 나는 그를 방문했다.

정답 ① [×] (because of ⇨ because) ② [O] ③ [×] (Despite ⇨ Although) ④ [O] ⑤ [O]
⑥ [O] ⑦ [O] ⑧ [×] (because ⇨ why)

✦ because point

1 접속사+S V (O)   vs   전치사+S V (X)
① because   vs   because of
② while   vs   during
③ although   vs   despite
④ in case   vs   in case of

2 because 동의어
as / since / , for / now that / in that

3 because   vs   why
① That's because+원인
   ↳ 결과
② That's why+결과
   ↳ 원인

---

049 feel

O/X

① He suddenly felt faintly in front of his desk. [ ]
그는 그의 책상 앞에서 어지러움을 느꼈다.

② I felt something creeping on the leg. [ ]
나는 다리 위에 무엇인가가 기어가는 것을 느꼈다.

③ She felt her hands pull by him. [ ]
그녀는 그가 자신의 손을 잡아당기는 것을 느꼈다.

정답 ① [✗] (faintly ⇨ faint) ② [O] ③ [✗] (pull ⇨ pulled)

✦ feel point

1 2형식 동사
주어+feel+주격 보어
         ↳ 형용사 (O), 부사 (X)

2 5형식 동사 (지각동사)
주어+feel+목적어+목적격 보어
              ↳ V원형, ~ing (목적어와의 관계가 '능동')
                 p.p (목적어와의 관계가 '수동')

+ 3형식 동사 feel 'S+feel+O'

050 want

O/X

① My hair wants being trimmed. [ ]
나의 머리는 다듬어질 필요가 있다.

② I want going my grandmother's house. [ ]
나는 내 할머니의 집에 가기를 원한다.

③ I always wanted him to find a nice girl. [ ]
나는 항상 그 아이가 좋은 여자를 만났으면 했었다.

정답 ① [×] (being trimmed ⇨ trimming, to be trimmed)　② [×] (going ⇨ to go)　③ [O]

✦ want point

1 3형식 동사

① 주어+<u>want, need, require, deserve</u>+목적어 (수동으로 해석)
　　　↳ '~할 필요가 있다' 로 해석　　↳ to be p.p (O)
　　　　　　　　　　　　　　　　　　　ving (O)
　　　　　　　　　　　　　　　　　　　being p.p (X)

② 주어+<u>want</u>+목적어
　　　　　　　↳ to V

2 5형식 동사

주어+<u>동사</u>+목적어+목적격 보어 (to V)
* 목적격 보어 자리에 to V를 취하는 '동사'

동사	의미
force, compel, impel	강요하다
cause, lead	결과를 가져오다
enable	가능하게 하다
encourage	권장하다
ask, require	요구하다, 부탁하다
allow, permit	허락하다, 허용하다
order	명령하다
want	원하다

+ 주어+want, hope+that절 → [×]

051 and

O / X

① In ancient India, honey was used to preserve fruit and made cakes and other foods. [ ]
고대 인도에서는, 꿀이 과일을 보존하고 케이크와 다른 음식들을 만들기 위해 사용되었다.

② The next step is to read it carefully and to study the rules of the road. [ ]
다음 단계는 그것을 주의 깊게 읽고 도로의 규칙들을 공부하는 것이다.

③ The excitement of watching sports games comes from cheering on your team, celebrating its skills, and complains about the opposing team's good luck. [ ]
스포츠 경기의 재미는 자신의 팀을 응원하고, 자신의 팀의 기술을 칭찬하고, 그리고 상대팀의 행운에 대해서 불평을 하는 것으로부터 생긴다.

④ Miss another class and you'll fail in this course. [ ]
수업 한 번 더 빠져라, 그러면 너는 이 과정에서 낙제이다.

정답 ① [×] (made ⇨ (to) make) ② [O] ③ [×] (complains ⇨ complaining) ④ [O]

✦ and point

1 병렬구조 유도
 Step 1 [등위 접속사] – 병렬구조의 발견
   ① and / or + <u>V</u> / <u>준V</u>
   ② A, B, and C
     A, B, or C
 Step 2 병렬의 해결 – 모양
 Step 3 병렬의 해결 – 해석

2 and의 여러 가지 해석
 ① 그리고 ② 그래서 ③ 그러면 (명령문+and)

052 or

O/X

① It doesn't matter what age you are, what you look like, or you came from. [ ]
네가 몇 살인지, 너의 외모가 어떠한지 또는 네가 어디 출신이지는 중요하지 않다.

② She invited the guests by calling person or sent them invitations. [ ]
그녀는 개인적으로 전화를 하거나 초대장을 보냄으로써 손님들을 초대했다.

③ She will major in geology, or the science of the earth's crust. [ ]
그녀는 지질학, 즉 지구의 지각에 대한 학문을 전공할 것이다.

④ Turn the heat down or everything around us will burn. [ ]
(불, 온도를) 줄여라, 그렇지 않으면 너의 주변의 모든 것이 타버릴 것이다.

⑤ He must be lying, or he wouldn't tremble his legs. [ ]
그는 거짓말을 하고 있는 중이 틀림없다, 그렇지 않으면 그는 다리를 떨지 않을 테니.

정답 ① [×] (you came from ⇨ where you came from) ② [×] (sent ⇨ sending)
③ [O] ④ [O] ⑤ [O]

✦ or point

1 병렬구조 유도
  Step 1 [등위 접속사] – 병렬구조의 발견
          ① and / or + <u>V</u> / <u>준V</u>
          ② A, B, and C
             A, B, or C
  Step 2 병렬의 해결 – 모양
  Step 3 병렬의 해결 – 해석

2 or의 여러 가지 해석
  ① 또는 ② 즉, 다시 말해서 ③ 그렇지 않으면

053 but

O/X

① The most important thing in the Olympic is not to win but taking part in them. [ ]
올림픽 게임에서 가장 중요한 것은 이기는 것이 아니고, 그 게임에 참가하는 것이다.

② The value of marriage is not only that adults produce children but children produce adults. [ ]
결혼의 가치는 어른들이 아이들을 낳는 것뿐만 아니라 아이들이 어른들을 만들어내는 것에 있다.

③ Her appearance is not so much attractive as plain. [　]
그녀의 외모는 매력적이기보다는 평범하다.

④ Nobody is there but don't have his faults. [　]
결점이 없는 사람은 없다.

⑤ I have no choice but to praise you. [　]
나는 너를 칭찬하지 않을 수 없다.

⑥ The learning and knowledge that we have is at most but little compared with that of which we are ignorant. [　]
우리가 가지고 있는 학식이란 기껏해야 우리가 모르고 있는 것과 비교할 때 지극히 작은 것이다.

정답 ① [×] (taking ⇨ to take)　② [×] (children produce adults ⇨ that children produce adults)
③ [O]　④ [×] (don't have ⇨ has)　⑤ [O]　⑥ [O]

✦ but point

1 접속사 but
① not A but B　－　A가 아니라 B
　＝ B and not A
　＝ B, not A
② not <u>only</u> A <u>but (also)</u> B　－　A뿐만 아니라 B
　　　＝ just　＝ but B as well
　　　＝ merely
　＝ B as well as A
③ not so much A as B　－　A라기보다는 B
　＝ not A so much as B

★ Grammar Point　－　A, B 병렬

2 유사관계대명사 but
① 선행사 － 부정어＋N
② 유사관계대명사 but ＝ 관계대명사 that＋not
　　　↳ 이중부정 금지

3 except의 의미
but이 '전치사 except(~을 제외하고)'의 의미가 있다.

4 only의 의미
but이 '부사 only(단지~만, 오로지)'의 의미가 있다.

054 all

O/X

① All of the people who were trapped by the flood waters was dehydrated. [ ]
홍수에 갇혔던 모든 사람들은 탈수되었다.

② All I want for Christmas is to be with you. [ ]
크리스마스 때 내가 원하는 것은 당신과 함께 하는 것이다.

③ He did not invite all of them. [ ]
그가 그들 모두를 초대하지는 않았다.

정답 ① [×] (was dehydrated ⇨ were dehydrated) ② [O] ③ [O]

✦ all point

1 All of ●+동사
　　　↳ 동사의 수일치는 of 뒤에 있는 ●가 기준!
　　　　(●: 복수명사 → 복수동사 / ●: 단수명사 → 단수동사)

[CF] 부분 of+●

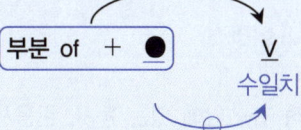

　　　*부분 all, most, some, half, part, portion, the rest, percent, 분수...

2 All ⓢ ⓥ V (to) V원형
　　　　↳ 단수동사

[CF] all – 사람 → 복수취급 / all – 사물 → 단수 취급

3 부분 부정 'not+all'
not+all, every → 모두 –한 것은 아니다
not+both → 둘 다 –인 것은 아니다
not+always / necessarily / entirely → 항상 / 반드시 / 전적으로 –인 것은 아니다

055 by

O/X

① The parcel delivering by the man in this evening was broken to pieces. [ ]
오늘 저녁에 그 사람에 의해 배달된 그 소포가 산산조각이 나있었다.

② Cattle are grazing by the river. [ ]
소들이 강 옆에서 풀을 뜯고 있는 중이다.

③ The bullet missed her by three inches. [ ]
그 총알은 3인치만큼 그녀를 빗겨나갔다.

④ By the time he will retire, his wife will have been hospital for two weeks. [ ]
그가 퇴직할 무렵에, 그의 아내는 2주 동안 병원에 있게 될 것이다.

⑤ By uttering unexpected words, she often surprises me. [ ]
그녀는 예상하지 못한 말을 함으로써, 종종 나를 놀라게 한다.

⑥ You must hand in the final report by the end of this month. [ ]
당신은 이번 달 말까지 마지막 보고서를 제출해야 합니다.

⑦ He is by far fatter than you. [ ]
그가 너보다 훨씬 더 뚱뚱하다.

> 정답 ① [×] (delivering ⇨ delivered) ② [O] ③ [O] ④ [×] (will retire ⇨ retires) ⑤ [O] ⑥ [O]
> ⑦ [O]

✦ by point

1 by의 여러 가지 의미
 ① ~에 의해서
  수동태의 흔적 'by' 앞에 있는 동사, 준동사에서 **수동 형태**를 확인하다.
 ② (+장소) ~옆에
 ③ ~만큼

2 시간의 접속사 <u>by the time</u> ⓢ ⓥ
          ↳ ⓢ가 ⓥ할 무렵에
시간의 부사절에서 by the time뒤에 <u>미래내용</u>이 나와도 <u>현재시제</u>를 쓴다.

3 by ving
'~**함으로써**'의 의미로 수단, 방법을 나타낸다.
 CF in ving - ~할 때, ~있어서 / on ving - ~하자마자

4 by vs until (~까지)
 until+지속 / 반복
 by+기한 / 완성 / 마지노선

5 by far
비교급과 최상급 강조표현으로 사용된다.
 CF 비교급 강조 - by far, much, even, far, still, a lot
    최상급 강조 - by far, much, very

056 while

O/X

① While the vacation, this thief was in our house. [ ]
휴가 동안에, 이 도둑은 우리 집에 있었다.

② While doing the work, we should conform safety guidelines. [ ]
일을 하는 동안, 우리는 안전 수칙을 따라야 한다.

③ He has read one hundred pages, while I have read only ten pages. [ ]
나는 단지 20페이지를 읽은 반면에, 그는 100페이지를 읽었다.

④ While he admits that the problems are difficult, he doesn't agree that they cannot be solved. [ ]
그가 그 문제들이 어렵다는 것을 인정한다 할지라도, 그는 그것들이 풀릴 수 없다는 것에는 동의하지 않는다.

정답 ① [×] (While ⇨ During) ② [O] ③ [O] ④ {O}

✦ while point

1 시간의 부사절 접속사 (~동안에)
while은 접속사이기 때문에 while 뒤에 '주어+동사'관계가 온다. 같은 '~하는 동안'의 뜻으로 뒤에 '주어+동사'관계를 취할 수 없는 것은 전치사 during이다.
  CF while (S+be동사)
    While (we are) doing the work, we should conform safety guidelines.
    → While doing the work, we should conform safety guidelines.

2 대조의 부사절 접속사 (~인 반면에)
while은 whereas의 의미인 '~인 반면에'라는 의미를 갖는 대조의 부사절 접속사로 쓰일 수 있다.

3 양보의 부사절 접속사 (~할지라도)
while은 (al)though의 의미인 '~할지라도'라는 의미를 갖는 양보의 부사절 접속사로 쓰일 수 있다.

057 neither

O/X

① Neither Tom nor his parents is home. [ ]
Tom도 그의 부모님도 집에 없다.

② He is not wise, and neither does she. [ ]
그는 현명하지 않고, 그녀도 그렇다.

③ Bob didn't believe the word she said, and neither the police did.
Bob은 그녀가 한 말을 믿지 않았고, 경찰도 그랬다. [ ]

④ Neither of my brothers are married. [ ]
내 남동생들 중 그 누구도 결혼하지 않았다.

정답 ① [✗] (is ⇨ are)　② [✗] (does ⇨ is)　③ [✗] (the police did ⇨ did the police)　④ [✗] (are ⇨ is)

✦ neither point

1 neither A nor B
① 짝꿍
neither 뒤에 nor 자리에, and나 or가 오면 틀린 형태이다.
② 수일치
Neither A nor B가 주어 자리에 올 때, 동사의 수일치는 B에 맞춘다.
③ 병렬
neither A nor B에서, A와 B는 병렬구조이다.

2 neither V S
① neither는 부정부사이기 때문에, neither 뒤에 정상어순 'neither S V'는 틀린 형태로, 주어와 동사의 **도치형태**의 문장을 써야 한다.
② neither <u>V</u> S
　　　↳ 앞에 있는 동사를 대신하는 '대동사' 자리로, '**do동사 vs be동사**'를 물어본다.

3 neither of 복수(대)명사+단수동사
'neither of 복수(대)명사'가 주어 자리에 올 때, 동사는 **단수동사**를 쓴다.

058 soon

O/X

① She had no sooner arrived at the church before the priest left the church. [ ]
그녀가 교회에 도착하자마자, 그 사제는 교회를 떠났다.

② No sooner the robber saw me than he ran away. [ ]
그 강도가 나를 보자마자, 그는 도망쳤다.

③ I'll tell him the news as soon as he will get back. [ ]
그가 돌아오자마자 나는 그에게 그 소식을 말할 거야.

정답 ① [✗] (before ⇨ than)　② [✗] (the robber saw ⇨ had the robber seen)
　　　③ [✗] (he will get back ⇨ he gets back)

✦ soon `point`

1 no sooner - [A하자마자 B하다]
'A하자마자 B하다' ⇒ no sooner A than B
(A 자리는 'had S p.p' / B 자리는 'S V과거')
(A 자리 - No sooner가 부정어이므로 도치)
→ **No sooner** had S p.p **than** S V과거형

2 as soon as ~ [~하자마자]
'시간의 부사절' 접속사 ⇒ 미래의 내용이지만, 현재 시제를 쓴다.

---

059 every

O/X

① Every trains have their own color. [　]
모든 기차는 자신만의 색깔을 가지고 있다.

② My house is painted every five year. [　]
나의 집은 5년마다 페인트칠된다.

③ Not every woman will go through the social problem. [　]
모든 여성이 다 그 사회적 문제를 겪는 것은 아닐 것이다.

정답 ① [×] (trains ⇨ train / have ⇨ has / their ⇨ its)
② [×] (five year ⇨ five years or five year ⇨ fifth year) ③ [O]

✦ every `point`

1 every -단수 취급
every가 '부정 형용사'로 쓰여 'every+명사'로 쓰일 때,
→ Every 단수명사+단수동사
`CF` every - 대명사로 쓰이지 않는다.

2 every -마다(기간)
every+기수+Ns (복수명사)
every+서수+N (단수명사)

3 부분 부정 'not+every'
not+all, every → 모두 -한 것은 아니다
not+both → 둘 다 -인 것은 아니다
not+always / necessarily / entirely → 항상 / 반드시 / 전적으로 -인 것은 아니다

060 one

O / X

① The bus was full of people, so I took the next one. [ ]
그 버스는 사람들로 가득차서, 나는 다음 것(버스)을 탔다.

② I like red apples more than green one. [ ]
나는 녹색 사과보다 빨간 사과를 더 좋아한다.

③ One of the executives in the meeting are my father. [ ]
그 회의의 경영진들 중 한 명이 나의 아버지이시다.

정답 ① [O] ② [X] (one ⇨ ones) ③ [X] (are ⇨ is)

✦ one point

1 부정 대명사 one
① 앞에서 언급된 **불특정한 것을** 지칭
② 단수 vs 복수 (one vs ones)

2 one of 복수명사 + 단수동사
one (주어) of 복수명사 (전치사구) + **단수동사**

061 a / the number of

O / X

① The number of traffic accidents are on the increase. [ ]
교통사고의 수가 증가하고 있다.

② A number of listening tests contains short statements in the form of instructions or dictations. [ ]
많은 듣기 테스트들이 지시나 명령의 형태로 짧은 진술을 포함하고 있다.

정답 ① [X] (are ⇨ is) ② [X] (contains ⇨ contain)

✦ a / the number of point

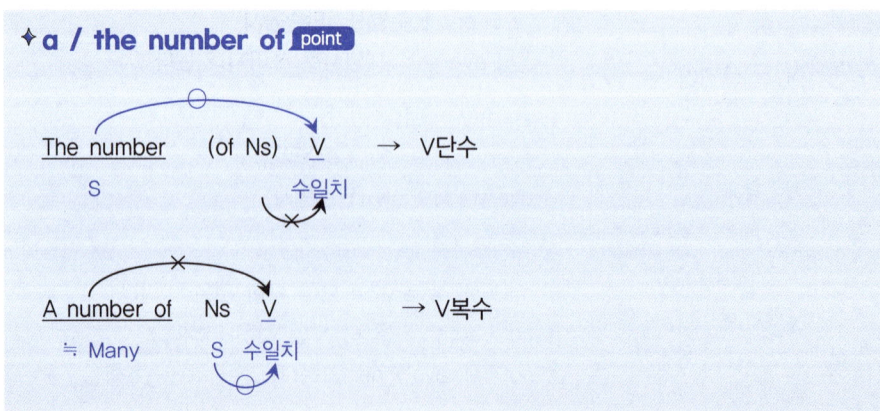

1 <u>수 형용사</u>+셀 수 있는 명사
   ↓
   many (많은)   a number of (많은)   several (몇 개의)
   few (거의 없는) a few (소수의, 조금) quite a few (많은) not a few (많은)

2 <u>양 형용사</u>+셀 수 있는 명사
   ↓
   much (많은)   little (거의 없는)   a little (소량의, 조금)
   quite a little (많은)   not a little (많은)   an amount of (다량의)
   a great deal of (다량의) a good deal of (다량의)

062 used to

O / X

① She used to say that she would rather go to England than study English by herself in Korea. [ ]
그녀는 한국에서 혼자 영어 공부를 하기보다는 영국에 가겠다고 말하고 했다.

② She used to be a famous actress, and so she was used to stand on the stage. [ ]
그녀는 유명한 여배우였었다. 그래서 그녀는 무대 위에 서있는 것에 익숙하다.

정답 ① [O] ② [×] (stand ⇨ standing)

✦ used to point

1 used to V원형
   ① (과거의 규칙적인 습관) ~하곤 했다
   ② (과거의 상태) ~였었다

2 be used to (동)명사
   ~하는 데 익숙하다 = be accustomed to (동)명사

3 be used to V원형
   ~하기 위하여 사용되다

CF be동사 '대체동사' → get, grow, become

063 stop

O / X

① Initially, the washing machine made a lot of noise, and later, it stopped to operate entirely. [ ]
처음에는 그 세탁기가 많은 소음을 내다가, 나중에는, 작동이 완전히 멈췄다.

② Nothing couldn't stop me from going to his enemy. [ ]
어떤 것도 내가 그의 적에게 가는 것을 막을 수가 없었다.

정답 ① [×] (to operate ⇨ operating) ② [O]

✦ stop point

1 stop Ving vs stop to V
  stop Ving ~하던 것을 멈추다
  to V ~하기 위하여 멈추다

2 주어+stop+A+from B
  = prevent, keep, discourage, prohibit, inhibit, deter, bar, (forbid)
  → 주어는 A가 B하는 것을 막다, 방해하다

064 avoid

O / X

① We should avoid to eat junk food. [ ]
우리는 정크 푸드 먹는 것을 피해야 한다.

정답 ① [×] (to eat ⇨ eating)

✦ avoid point

주어+avoid+목적어 (동명사)
① S+V+O (to V)

agree 동의하다	attempt 시도하다	choose 선택하다	dare 감히 ~하다
deseire 바라다	decide 결정하다	determine 결심하다	expect 기대하다
fail 실패하다	hope 희망하다	intend 의도하다	manage 가까스로 ~하다
need 필요하다	offer 제공하다	plan 계획하다	prepare 준비하다
promise 약속하다	seek 찾다, 추구하다	want 원하다	wish 바라다

② S+V+O (Ving)

abandon 포기하다	admit 인정하다	appreciate 감사하다
avoid 피하다	consider 고려하다	delay 미루다, 연기하다
deny 부정, 거부하다	enjoy 즐기다	escape 피하다
finish 끝마치다	forgive 용서하다	give up 포기하다
keep 유지하다	mind 꺼리다	practice 연습하다
postpone 미루다, 연기하다	put off 미루다, 연기하다	resist 저항, 반대하다
risk ~할 위험을 감수하다	quit 그만두다	suggest 제안하다

065 no more than

O/X

① My office is no more than ten minutes' walk from my house. [ ]
나의 사무실은 우리 집에서부터 단지 10분 정도만 걸으면 된다.

② He is no more fit to be a priest than I'm not. [ ]
내가 성직자에 적합하지 않듯이 그도 성직자가 되기에 적합하지 않다.

정답 ① [O] ② [×] (I'm not ⇨ I am)

✦ no more than point

1 no more than

no more than = only → 단지 ~(만)
  = few, little, nothing
no less than = as many / much as → ~만큼이나
not more than = at most → 기껏해야 ~
not less than = at least → 적어도 ~

2 A no more B than C D

 = A not B any more than C D
A − B 관계 부정 / C − D 관계 부정
→ C가 D가 아닌 것처럼, A도 B가 아니다

066 late

O / X

① The number of employees who come lately has recently increased.
늦게 오는[지각하는] 학생들의 수가 최근에 증가했다. [ ]

② The latest unemployment figures lately increased. [ ]
최근의 실업 수치가 최근에 증가했다.

③ My family has moved to Busan last March. [ ]
내 가족은 지난 3월에 부산으로 이사했다.

④ You must submit an application by no later than the 20th of the month. [ ]
당신은 늦어도 그 달의 20일까지는 지원서를 제출해야 한다.

⑤ At last the plane moved slowly and flew on. [ ]
마침내 그 비행기가 천천히 움직이더니 날아갔다.

⑥ Isaac Newton published the theory of universal gravitation in the late 17 century. [ ]
아이작 뉴턴은 17세기 후반에 만유인력 법칙을 발표했다.

⑦ The memory of her late mother was always on her mind. [ ]
그녀의 고인이 된 어머니의 기억이 항상 그녀의 마음속에서 지울 수 없었다.

⑧ He is the last man to tell a lie. [ ]
그는 절대 거짓말을 하지 않을 사람이다.

정답 ① [×] (lately ⇨ late)　② [×] (lately increased ⇨ have lately increased)
③ [×] (has moved ⇨ moved)　④ [O]　⑤ [O]　⑥ [O]　⑦ [O]　⑧ [O]

✦ late point

1 late vs lately
① late – (형용사) 늦은, (부사) 늦게
② lately – (부사) 최근에 = recently, nowadays

2 late의 변화형

원급		비교급		최상급	
late	(시간) 늦은	later	(시간) 더 늦은	latest	최근의
late	(순서) 늦은	latter	(순서) 더 늦은	last	마지막

3 lately+V과거시제 (X)
lately는 '최근에'라는 뜻으로 **과거시제와 같이 쓰이지 않는다**. lately는 주로 '현재완료'와 같이 쓰인다.

4 last (시간)명사+V과거시제 (O)
'last+(시간)명사'은 '지난 (시간)명사'로 과거를 나타내는 부사 표현으로, 동사의 **과거시제와 함께 쓰인다**.

5 late 관련 표현
① no later than – 늦어도 ~까지는
② at last – 마침내, 결국에
③ late+시간 – 시간대 후반에 (early+시간 – 시간대 초(반)에)
④ late+사람 – '고인이 된, 죽은' 사람
⑤ the last N to V = never V '절대 ~하지 않을 N'

067 despite

O / X

① Despite she has faults, I lover her. [ ]
비록 그녀가 결점을 가지고 있다고 할지라도, 나는 그녀를 사랑한다.

② Despite of these economic measures, the economy remains unstable. [ ]
이러한 경제적 조치에도 불구하고, 경제가 불안정한 상태이다.

정답 ① [×] (Despite ⇨ (Al)though)　② [×] (Despite of ⇨ Despite)

✦ despite point

1 despite vs (al)though
despite는 전치사이기 때문에 despite뒤에 '**주어+동사**' 관계가 오면 안 된다. 같은 '~임에도 불구하고'의 뜻으로 뒤에 '**주어+동사**' 관계를 취할 수 있는 것은 접속사 (al)though이다.

2 despite of (X)
despite = in spite of이다. 두 가지 형태가 섞인 despite of의 형태는 틀린 모양이다.

068 where

O/X

① I can explain to you a case where bankruptcy was declared.
나는 너에게 파산이 선언된 사례를 설명해 줄 수 있다. [ ]

② Do you know where is my wallet? [ ]
내 지갑이 어디 있는지를 알고 있니?

정답 ① [O] ② [X] (where is my wallet ⇨ where my wallet is)

✦ where point

1 관계부사 where
 + 완전절
관계부사 where 뒤에는 **완전절**이 온다. (수식을 받는 선행사는 '장소'에만 제한되지 않는다.)

2 명사절 접속사 where (feat 간접의문문)
명사절 접속사 where 뒤에는 관계부사 where처럼 **완전절**이 온다.
명사절 자리(문장의 주어, 목적어, 보어 자리)에 오는 where절은 간접의문문의 어순 '**의문사(where)＋주어＋동사**'의 어순을 지킨다.

[CF] Where
 ① 의문부사 — Where do you live?
 ② 의문대명사 — Where are you from?
 ③ 관계부사 — This is the house where I lived 2 years ago.
 ④ 관계대명사 — I don't know where you are from

069 cannot

O/X

① Even though I knew the demand was too unreal, I could not help accept it. [ ]
설령 나는 그 요구가 너무 비현실적이라는 것을 알았다고 할지라도, 나는 그것을 받아들일 수밖에 없었다.

② That stranger cannot have lost his way, for I explained the route many times. [ ]
그 초행자는 길을 잃어버렸을 리가 없다, 왜냐하면 내가 그 길을 여러 번 설명해주었기 때문이다.

③ I cannot too strongly urge upon adolescents the necessity for recycling. [ ]
내가 재활용의 필요성에 대해서 청소년들에게 아무리 강조해도 지나치지 않다.

정답 ① [X] (accept ⇨ accepting) ② [O] ③ [O]

✦ **cannot** point

1 cannot help
  cannot help Ving = cannot (help) but V원형 = have no choice but to 부정사
  → ~할 수 밖에 없다, ~하지 않을 수 없다.

2 cannot have p.p
  → ~이었을 리가 없다. (과거의 부정추측)
  CF cannot V원형 → ~일 리가 없다. (현재의 부정추측)

3 cannot too
  → 아무리 ~해도 지나치지 않다.

070 enter

O / X

① At last, she entered into the room without being noticed by him.
   마침내, 그녀는 그의 눈에 띄지 않고서 방에 들어갔다.   [ ]

② Let's enter into the meeting about illiteracy rate. [ ]
   문맹률에 관한 그 회의를 시작합시다.

정답 ① [X] (entered into the room ⇨ entered the room) ② [O]

✦ **enter** point

1 완전 타동사 enter
  enter (~로 들어가다)는 3형식 동사인 완전 타동사로 뒤에 바로 목적어를 취한다.
  주어＋enter＋목적어 (O)
  주어＋enter＋전치사＋목적어 (X)

accompany ~~with~~ = be accompanied with	~를 동반하다(~와 함께 가다)
affect ~~to~~ / ~~on~~	~에 영향을 미치다
announce ~~about~~	~을 발표, 선언하다
answer ~~to~~	~에 대답하다
approach ~~at~~ / ~~to~~	~에 접근하다
approve ~~for~~	~을 승인, 찬성하다
attend ~~at~~	~에 참석하다
await ~~for~~ = wait for	~을 기다리다

consider ~~about~~	~을 생각, 고려하다
contact ~~to~~	~에 접촉하다
discuss ~~about~~	~에 대하여 토론하다
enter ~~into~~ / ~~to~~	~에 들어가다
exceed ~~to~~	~에 넘어서다, 초과하다
face ~~at~~ / ~~with~~ = be faced with	~에 마주하다, ~을 직면하다
greet ~~to~~	~을 환영하다, ~에게 인사하다
influence ~~to~~ / ~~on~~	~에 영향을 미치다
inhabit ~~in~~ / ~~at~~ = reside at / in = live in	~에 거주하다, 살다
join ~~to~~ / ~~in~~ = partcipate in	~에 참가하다
lack ~~with~~ / ~~of~~	~이 부족하다
leave ~~from~~	~를 떠나다
marry ~~with~~ = be married to	~와 결혼하다
mention ~~about~~ / ~~on~~	~에 대하여 말하다, 언급하다
obey ~~to~~	~에게 복종하다
oppose ~~to~~ = object to = be opposed to	~에 반대하다
reach ~~at~~ = arrive at	~에 도착하다
regret ~~to~~ / ~~about~~	~에 대하여 후회하다
resemble ~~with~~	~와 닮다
survive ~~from~~ / ~~to~~	~ 견뎌내다, ~보다 오래 살다

2 enter into (O)

enter into (~에 착수하다, 개입하다, 등록하다)는 '주어+enter into+목적어'의 형태가 가능하다.

071 tell

O / X

① He said me that his boss went to lunch. [ ]
그는 나에게 그의 사장이 점심을 먹으러 갔다고 말했다.

② She told me the truth on the evening event. [ ]
그녀는 그 저녁 행사 때, 나에게 그 진실을 말했다.

정답 ① [×] (said ⇨ told)   ② [O]

✦ tell point

'말하다'의 의미를 가진 동사 중 유일한 4형식

주어＋tell＋간접 목적어＋직접 목적어 (O)
주어＋say/speak/talk/＋간접 목적어＋직접 목적어 (X)

072 prefer

O / X

① I prefer to staying home than to going out on a snowy day. [ ]
나는 눈 오는 날 밖에 나가는 것보다 집에 있는 것을 더 좋아한다.

② Work is preferable than idleness. [ ]
일하는 것이 게으른 것보다 더 좋다.

정답 ① [×] (staying ⇨ stay, going ⇨ go)   ② [×] (than ⇨ to)

✦ prefer point

1 prefer A to B
B보다 A를 선호하다[더 좋아하다]
 * prefer (동)명사 to (동)명사
  ＝ prefer to 부정사 than to 부정사
  ＝ prefer (동)명사 / to 부정사 rather than (동)명사 / to 부정사

2 preferable
 * A beV preferable <u>to</u> B (O)
  A가 B보다 더 선호된다.
  CF A beV preferable <u>than</u> B (X)

073 refer

O / X

① My grandma refers to me as a baby pig. [　]
나의 할머니는 나를 아기 돼지라고 부른다.

② Salary raises are referred to the pay scale criteria. [　]
급여 인상이 급여 체계 기준이라고 불린다.

③ Don't refer the issue again. [　]
그 문제를 다시는 말하지 마.

정답 ① [O]　② [X] (are referred to ⇨ are referred to as)　③ [X] (refer ⇨ refer to)

✦ refer point

1 refer to A as B
→ A를 B라고 말하다, 언급하다, 지칭하다

2 A be referred to as B
→ refer to A as B의 수동 형태로 to나 as가 빠진 형태는 틀린 형태이다.
A be referred to B (X)　/　A be referred as B (X)

3 주어+refer to+목적어
→ '말하다, 언급하다/참고하다'의 의미로 쓰일 때, refer는 자동사로, refer 뒤에 to가 있어야 한다.
주어+refer+목적어 (X)

074 leave

O / X

① He usually leaves from home for work at eight. [　]
그는 보통 8시에 일하러 집을 출발한다.

② She planned to leave for the beach. [　]
그녀는 해변으로 떠날 계획을 세웠다.

③ Please, leave the door closed for two hours. [　]
두 시간동안 문을 닫아 두세요.

④ You are allowed to take a month's paid leave. [　]
당신은 한 달간의 유급 휴가를 갖는 것이 허용됩니다.

정답 ① [X] (leaves from home ⇨ leaves home)　② [O]　③ [O]　④ [O]

✦ leave point

1 완전 타동사 leave
leave (~를 떠나다, 출발하다)는 3형식 동사인 완전 타동사로 뒤에 바로 목적어를 취한다.
주어＋leave＋목적어 [출발지] (O)
주어＋leave＋전치사＋목적어 [출발지] (X)

2 leave for 목적어 (O)
leave for 도착지(~로 떠나다, 출발하다)는 '주어＋leave for＋도착지'의 모양이 가능하다.

3 불완전 타동사 leave
leave(~을 남겨두다)는 5형식 동사인 불완전 타동사로 '주어＋leave＋목적어＋목적격 보어'의 형태를 취하고, 이 때, 목적격 보어 자리에서 '능동 (~ing) vs 수동 (p.p)'을 잘 구별한다.

S＋leave＋O＋O.C
　　　　　↳ ~ing (O와의 관계가 '능동')
　　　　　　p.p (O와의 관계가 '수동')

S＋V5＋O＋O.C － ~ing/p.p.
↳catch, discover, find (발견하다), imagine (상상하다), keep (유지하다), leave (남겨두다)

[CF] S＋V＋O.C
　　　　↳ ~ing(능동)
　　　　　p.p.(수동)

[CF] leave (n) 휴가

---

075 worth

O/X

① Life wouldn't be worthy living if I worried over the future. [ ]
내가 미래에 대해서 걱정하면, 인생은 살만한 가치가 있다.

② This comic book is worth reading it. [ ]
이 만화책은 읽을 만한 가치가 있다.

정답 ① [✕] (worthy ⇨ worth) or (worthy living ⇨ worthy of living)　② [✕] (reading it ⇨ reading)

✦ worth point

1 be worth Ving
→ Ving할 만큼 가치가 있다. ＝ be worthy of ving ＝ be worthwhile to 부정사, Ving

2 목적어 중복
be worth Ving에서 Ving에 쓰인 동사가 타동사인 경우, 그리고 문장의 주어가 동시에 Ving의 의미상 목적어인 경우, **목적어 중복을 피한다.**

076 considerate

O/X

① DY is highly considerable towards his students. [ ]
DY는 그의 학생들을 매우 사려 깊게 대한다.

② It was very considerate for him to introduce his family members.
그가 그의 가족들을 소개시켜줄 정도로 사려 깊은 사람이었다. [ ]

정답 ① [×] (considerable ⇨ considerate) ② [×] (for him ⇨ of him)

✦ considerate point

1 considerate vs considerable
① considerate → 사려 깊은
② considerable → 상당한

01	literary	literal	literate	
	문학의	글자(문자) 그대로의	읽고 쓸 줄 아는, 교양이 있는	
02	respectable	respectful	respective	
	존경할 만한	공손한, 예의바른	각각의, 개별적인	
03	imaginable	imaginary	imaginative	
	상상할 수 있는	상상의, 가상의	상상력이 풍부한	
04	industrial	industrious		
	산업의	근면한, 부지런한		
05	sensible	sensitive	sensational	sensual
	지각 있는, 분별력 있는	민감한, 예민한	선풍적인	육감적인
06	intelligent	intellectual	intelligible	
	총명한, 똑똑한	지적인, 지능의	이해할 수 있는	
07	economic	economical		
	경제의	경제적인, 검소한		
08	historic	historical		
	역사적으로 중요한	역사의, 역사와 관련된		
09	considerable	considerate		
	상당한, 많은	사려 깊은, 신중한		
10	regrettable	regretful		
	유감스러운	후회하는		
11	successful	successive		
	성공적인	연속적인, 계승하는		

2 It be V+사람의 성질 형용사+of 의미상 주어+to 부정사
人 – 성질, 성격 형용사 → 사람의 성질이나 성격을 나타내는 형용사
brave, careful, careless, clever, considerate, foolish, kind, wise...
S(人)+be V+<u>人– 성질, 성격 형용사</u>+to V
It is+<u>人 – 성질, 성격 형용사</u>+of O+to V

077 appear

O/X

① When did rodents appear on the earth? [ ]
언제 지구상에 설치류가 생겼을까?

② She made an effort to appear cheerfully. [ ]
그녀는 활기차게 보이려고 노력했다.

③ His pleasure quickly was disappeared after seeing the accident.
그의 즐거움은 그 사고를 본 후에 바로 사라져버렸다. [ ]

정답 ① [O] ② [×] (cheerfully ⇨ cheerful) ③ [×] (was disappeared ⇨ disappeared)

✦ appear point

1 완전 자동사 appear
appear(나타나다, 등장하다)는 1형식 동사인 완전 자동사이다.

2 불완전 자동사 appear
appear(~보이다)는 2형식 동사인 불완전 자동사이다.
CF V2 → 2형식 동사
① 감각 V+S.C[형용사 / like+명사 / as if S V]
   look / sound / smell / taste / feel
② 상태 V '~이다, (~한 상태로) 있다'+S.C[형용사]
   be / remain / keep / stand / stay / hold
③ 상태변화 V '~이 되다' S.C[형용사]
   become / get / grow / come/ turn / fall / go / run
④ 입증, 판명 V+S.C[(to be) 형용사 / to V]
   prove / turn out '~임이 입증(판명)되다'
   seem / appear '~인 것 같다, ~처럼 보이다'

3 수동 불가 동사 appear
appear는 자동사로 목적어가 없기 때문에, **수동태로 쓰일 수 없다.**

078 allow

O/X

① The curator allowed me taking a photography in this museum.
그 큐레이터는 내가 이 박물관에서 사진 찍는 것을 허락해 주었다. [　]

② My brother didn't allow to smoke in his room. [　]
나의 형은 그의 방에서 담배 피우는 것을 허락하지 않았다.

③ Education department allowed its minister the power to enact a law. [　]
교육부는 그 곳의 장관에게 법을 제정할 수 있는 권력을 주었다.

정답 ① [X] (taking ⇨ to take)　② [X] (to smoke ⇨ smoking)　③ [O]

✦ allow point

1 5형식 동사 allow
주어+allow+목적어+**목적격 보어 (to V)**

2 3형식 동사 allow
주어+allow+**목적어 (ving)**

3 4형식 동사 allow
주어+allow+간접 목적어+직접 목적어

079 whose

O/X

① He is the soldier who primary job was the transmission of secret tactical messages. [　]
그는 군인인데, 그의 주된 업무는 비밀 전술 메시지를 전달하는 것이다.

② This is the watch its price is beyond my monthly pay. [　]
이것은 가격이 나의 월급보다 비싼 시계이다.

정답 ① [X] (who ⇨ whose)　② [X] (its ⇨ whose)

✦ whose point

1 whose = and+소유격
① 소유격 – whose 뒤에 '완전절'이 온다.
② and – 접속사로 인해서 **동사의 개수**를 하나 늘린다.

2 N whose N' 의 해석
→ N의 N'

080 help

O/X

① She helped me moving this desk. [ ]
그녀는 내가 이 책상을 옮기는 것을 도와주었다.

② My brother helped to wash my car. [ ]
나의 형은 나의 차를 세차하는 것을 도와주었다.

③ I cannot help to fall in love with her. [ ]
나는 그녀와 사랑에 빠질 수밖에 없다.

정답 ① [×] (moving ⇨ [to] move) ② [O] ③ [×] (to fall ⇨ falling)

✦ help point

1 5형식 동사
주어＋help＋목적어＋목적격 보어 ([to] V원형)

2 3형식 동사
주어＋help＋목적어 ([to] V원형)

3 cannot help
cannot help ving = cannot (help) but V원형 = have no choice but to 부정사
→ ~할 수 밖에 없다, ~하지 않을 수 없다.

081 each

O/X

① Each boy and each girl are studying hard. [ ]
그 소년과 소녀는 각자 열심히 공부하는 중이다.

② Each of the members in the meeting have two choices. [ ]
그 회의의 회원들 각각은 두 가지 선택을 가지고 있다.

정답 ① [×] (are ⇨ is) ② [×] (have ⇨ has)

✦ each point

1 each - 부정 형용사
each가 '부정 형용사'로 쓰여 'each+명사'로 쓰일 때,
→ Each 단수명사＋단수동사

2 each - 대명사
each가 '대명사'로 쓰일 때
→ Each (주어)＋단수동사

082 enough

O/X

① She can speak English enough fluently to live in America. [ ]
그녀는 미국에서 살 정도로 충분히 유창하게 영어를 할 수 있다.

② He has enough money to buy the house. [ ]
그는 그 집을 살 정도로 충분한 돈을 가지고 있다.

정답 ① [×] (enough fluently ⇨ fluently enough) ② [O]

✦ enough point

1 enough – 부사
enough가 부사로 쓰여 형용사, 부사를 수식할 때, enough는 형용사, 부사 뒤에 위치한다.
→ 형용사 / 부사+enough (+ to 부정사)

2 enough – 형용사
enough가 형용사로 쓰여 명사를 수식할 때, enough는 명사 앞에 뒤에 둘 다 위치할 수 있다.
→ enough+명사 / 명사+enough

083 like

O/X

① Those twins are very much like. [ ]
그 쌍둥이들은 아주 많이 비슷하다.

② This alive fish was in the pond. [ ]
이 살아있는 물고기는 그 연못에 있었다.

③ The two towns alike in size and population belong to this province. [ ]
이 지역에는 크기와 인구가 비슷한 두 개의 마을이 있다.

④ Great management benefits employers and employees alike. [ ]
위대한 경영은 노사에 똑같이 이익을 준다.

⑤ In holiday time I like to sleep late. [ ]
휴가 기간에 나는 늦잠 자는 것을 좋아한다.

⑥ Adolescents are usually angry at being treated like children. [ ]
청소년들은 아이들처럼 취급당하는 것에 보통 화를 낸다.

⑦ Work like you don't need the money, and you will succeed in the field. [ ]
돈이 필요하지 않은 것처럼 일해라, 그러면 너는 그 분야에서 성공할 것이다.

⑧ You and I have different likes and dislikes. [ ]
너와 나는 좋아하는 것과 싫어하는 것이 다르다.

⑨ We saw lions, tigers, bears, wolves, and the like in the zoo. [ ]
동물원에서 우리는 사자, 호랑이, 곰, 늑대 등을 보았다.

정답 ① [×] (like ⇨ alike) ② [×] (alive ⇨ live) ③ [O] ④ [O] ⑤ [O] ⑥ [O] ⑦ [O]
     ⑧ [O] ⑨ [O]

✦ like point

1 like vs alike

① not <u>제한용법</u> but <u>서술용법</u> – 형용사
  *a로 시작
  alive (살아있는)   afraid (두려워하는)   alone (혼자)
  alike (똑같은)   awake (깨어있는)   ashamed (부끄러워하는)
  asleep (잠든)   aware (알고있는)

like+명사 (O) / alike+명사 (X)
live+명사 (O) / alive+명사 (X)

＋ (표현)
  ① A and B alike – 둘 다, 똑같이
  ② and the like – 등등, 따위 = and so on = and so forth = and what not = etc
  CF 어순 후치수식 형용사
     * 서술적 용법 형용사 (a로 시작)
     N+관계대명사 be V+alive / alike / asleep / afraid / awake / aware / alone
        ↳ 생략 가능
     → N+<u>alive / alike / asleep / afraid / awake / aware / alone / ashamed</u>

명사+alike (O) / 명사+alive (O)

2 like의 여러 가지 품사
  ① 동사 – 좋아하다
  ② 전치사 – ~와 같은, ~처럼
  ③ 형용사 – 비슷한
  ④ 접속사 – ~처럼, ~대로
  ⑤ 명사 – 좋아하는 것, 비슷한 것

084 such

O/X

① She is such beautiful a woman that everyone around her likes her. [　]
그녀는 너무 아름다운 여성이어서 그녀 주변의 모든 이들은 그녀를 좋아한다.

② You can't always have what you want. Such is life. [　]
당신은 당신이 원하는 것을 항상 가질 수 없다. 그러한 것이 인생이다.

③ She has many books, such as novels, cartoons and collections of poems. [　]
그녀는 소설, 만화 그리고 시집들과 같은 많은 책들을 가지고 있다.

④ With such writing supplies as pen, ball-point pen, fountain pen and highlight pen, you can draw anything. [　]
펜, 볼펜, 만년필 그리고 형광펜과 같은 필기도구들을 가지고, 너는 어느 것이든지 그릴 수 있다.

정답 ① [X] (such beautiful a woman ⇨ such a beautiful woman)   ② [O]   ③ [O]   ④ [O]

✦ such point

1 어순
such+a(n)+형용사+명사
[CF] 관사+어순
① so / too / as / how+형용사+a(n)+명사
　　[CF] as − as 원급 as에서 적용
② such / quite / rather / what+a(n)+형용사+명사

2 대명사 such
(앞에서 언급된) 그러한 것

3 such와 관련된 표현들
① such as ~ : ~와 같은
② such A as B : B와 같은 A
③ such … that ~ : 너무 … 해서 ~하다. = so … that ~

085 of+추상명사

O/X

① It is of no use to correct the manuscript. [ ]
원고를 수정하는 것은 쓸모없다.

정답 ① [O]

✦ of+추상명사 point

* of+추상명사 = 형용사

1 보어 자리 → 'of+추상명사'는 형용사로 쓰이기 때문에, '보어' 자리에 갈 수 있다.

2 빈출

of importance / of consequence	→ important	중요한
of use	→ useful	유용한
of no use	→ useless	쓸모없는
of value	→ valuable	가치 있는
of no value	→ valueless	가치 없는
of wisdom	→ wise	현명한

[CF] with / on / in / by+추상명사 = 부사

with ease	→ easily	쉽게
with fluency	→ fluently	유창하게
with safety	→ safely	안전하게
with care	→ carefully	주의 깊게
with rapidity	→ rapidly	빠르게
with patience	→ patiently	참을성 있게
on purpose	→ purposely	고의로
on occasion	→ occasionally	때때로
in reality	→ really	실제로, 사실
in haste	→ hastily	서둘러서, 급하게
by accident	→ accidentally	우연히

086 the+형용사

O/X

① The homeless in the station looks gloomy. [ ]
역에 있는 노숙자들은 우울해 보인다.

② The invisible make me more fearful than the invisible. [ ]
눈에 안 보이는 것이 눈에 보이는 것보다 나를 더 두렵게 만든다.

③ The unemployed in the station look unhappy. [ ]
역에 있는 실업자들이 불행해 보인다.

④ The physician took care of the dying. [ ]
그 내과의사가 죽어가고 있는 사람들을 돌봤다.

정답 ① [X] (looks ⇨ look) ② [X] (make ⇨ makes) ③ [O] ④ [O]

✦ the+형용사 point

1 the+형용사 = 복수 보통명사 → ~하는 사람들 → 복수
2 the+형용사 = 추상명사 → 단수
[CF] 형용사 - 형용사, 현재분사, 과거분사

087 cost

O/X

① That accident his life to him. [ ]
그 사고로 그는 목숨을 잃었다.

② Writing a book costs much time and care. [ ]
책을 쓰는 것은 많은 시간과 집중을 요구한다.

정답 ① [X] (That accident his life to him ⇨ That accident him his life) ② [O]

✦ cost point

<4형식 동사 cost>
주어+cost+간접 목적어 A+직접 목적어 B
→ A에게 B(비용)을 들게 하다 / A에게 B를 잃게 하다, 희생시키다
* 3형식으로 전환할 수 없다.

[CF] 3형식 동사 cost
　　주어+cost+목적어
　　→ 주어는 목적어(비용)를 들게 하다, 희생하다

[CF] cost (n) 값, 비용, 희생

088 whether

O/X

① Whether it is sunny or rainy, she said she would go out with him.
비가 오든 안 오든, 그녀는 그와 함께 외출할 것이라고 말했었다. [ ]

② Some star players believe whether their role is a role model for young people. [ ]
몇몇의 인기 선수들은 그들의 역할이 젊은이들의 롤모델이라고 믿는다.

③ I'm not sure that she took the medicine or not. [ ]
나는 그녀가 그 약을 복용했는지 안 했는지를 확신 못하겠다.

정답 ① [O]   ② [×] (whether ⇨ that)   ③ [×] (that ⇨ whether)

✦ **whether** point

1 whether + 완전절
접속사 whether뒤에는 '**완전절**'이 온다.

2 명사절 접속사 whether vs 명사절 접속사 that
① **명사절 접속사 whether + 불확실한 내용, 단정적이지 않은 내용**
② **명사절 접속사 that + 확실한 내용, 단정적인 내용**
tip1) whether절과 that절이 목적절로 온 경우, 앞에 나온 V(동사)의 성질 check !
tip2) whether절에는 or not이 등장하는 경우가 있어서, or not check !

3 whether절의 역할
① 부사절 (양보절) − Whether Ⓢ Ⓥ −, S V −.
② 명사절 − 'Whether Ⓢ Ⓥ −'이 주어 / 목적어 / 보어 자리

089 why

O/X

① This is the reason why prevented her from going there. [ ]
이것이 그녀가 그 곳을 가지 못하게 막았던 이유이다.

② I don't know why did the murder case happen. [ ]
나는 그 살인 사건이 왜 발생했는지를 모르겠다.

③ He is no more than sixteen years old. That's because he can't vote for the candidate. [ ]
그는 단지 16살이다. 그러므로 그는 그 후보에게 투표할 수 없다.

정답 ① [✗] (why ⇨ which) ② [✗] (why did the murder case happen ⇨ why the murder case happened) ③ [✗] (That's because ⇨ That's why)

✦ why point

1 관계부사 why
+ 완전절
관계부사 why뒤에는 완전절이 온다.

2 명사절 접속사 why (feat 간접의문문)
명사절 접속사 why뒤에는 관계부사 why처럼 완전절이 온다.
명사절 자리(문장의 주어, 목적어, 보어자리)에 오는 why절은 간접의문문의 어순 '의문사 (why)+주어+동사'의 어순을 지킨다.

3 because vs why
① That's because+원인
 ↳ 결과
② That's why+결과
 ↳ 원인

090 for

O/X

① I looked forward to meeting her, for she knew my mom's news.
나는 그녀를 만나기를 고대했었다, 왜냐하면 그녀가 나의 엄마의 소식을 알고 있기 때문이다. [ ]

② He remained homeless for two years. [ ]
그는 2년 동안 집이 없었다.

③ For the last fifty years, advances in chemistry have brought many positive changes to the American lifestyle. [ ]
지난 50년 동안, 화학에서의 진보가 미국인들의 생활양식에 많은 긍정적인 변화를 가져다주었다.

④ Are you for or against the act? [ ]
당신은 그 법안에 찬성 하세요 반대 하세요?

⑤ It is nice for you to understand my situation. [ ]
당신이 나의 상황을 이해해주다니 (성격이) 좋네요.

정답 ① [O] ② [O] ③ [O] ④ [O] ⑤ [×] (for you ⇨ of you)

✦ for point

1 접속사 for
for는 **접속사**로 '~이기 때문에'라는 의미로 쓰인다.

2 전치사 for
① for vs during
② for 시간 N+V(동사)의 시제
③ '찬성하는'의 뜻 CF against - ~에 반대하는

3 의미상의 주어
- for vs f
* to V의 의미상의 주어
① 일반적인 경우 - for 목적격
② 앞에 사람의 성질 형용사가 있는 경우 - of 목적격

091 in case

O/X

① In case of your clothes get dirty, take some spare ones. [ ]
옷이 더러워질 경우를 대비하여, 여벌의 옷을 좀 챙겨라.

② I'll stay around in case you will come here. [ ]
네가 올 경우를 대비하여, 나는 안 가고 여기 있을 거야.

③ In the case of opera, I'm novice. [ ]
오페라에 관하여는, 나는 초보자다.

정답 ① [×] (In case of ⇨ In case) ② [×] (you will come ⇨ you come) ③ [O]

✦ in case point

1 in case vs in case of (~인 경우에, ~인 경우를 대비하여)
in case (that)은 접속사이기 때문에 in case 뒤에 '주어+동사' 관계가 온다. 같은 '~인 경우에, ~인 경우를 대비하여'의 뜻으로 뒤에 '주어+동사' 관계를 취할 수 없는 것은 in case of이다.

2 조건의 부사절 접속사 in case (that)
조건의 부사절에서는 미래의 내용이지만, 현재시제를 쓴다.
 CF in the case of - ~에 관하여는

092 the way

O / X

① I don't like the way how she treats me in her store. [　]
나는 그녀가 그녀의 가게에서 나를 다루는 방식이 마음에 안 든다.

② Many parents expect their children to behave themselves, the way kids do in a textbook. [　]
많은 부모님들은 그들의 자녀들이 교과서에 나오는 아이들이 그러는 것처럼, 얌전하게 행동하기를 기대한다.

정답 ① [X] (the way how ⇨ the way) ② [O]

✦ in case point

1 the way how ⓢ ⓥ (X)
접속사로 쓰일 때, the way와 how를 같이 사용할 수 없다.
the way ⓢ ⓥ [O]
= how ⓢ ⓥ [O]
= the way that ⓢ ⓥ [O]

2 명사절 접속사 the way
'~하는 방법, 방식'의 의미로 해석한다.

3 양태의 부사절 접속사 the way
'~처럼, 대로'의 의미로 해석한다.

093 nevertheless

O / X

① There is little odds that we can succeed in changing the law, nevertheless it is important to try. [　]
우리가 그 법을 바꾸는 데 성공할 가능성은 거의 없다. 그럼에도 불구하고, 시도를 하는 것은 중요하다.

정답 ① [X] (is ⇨ are, little ⇨ few)

✦ nevertheless point

1. 접속부사 nevertheless
= nonetheless
→ 그럼에도 불구하고, 그렇기는 하지만

2. 접속사 vs. 접속부사

however 그러나
nontheless 그럼에도 불구하고
thus 그러므로
accordingly 따라서
...

nontheless 그럼에도 불구하고
thus 그러므로
consequently 따라서

S V ~ 접속사 S' V'-.   vs.   S V ~ 접속부사 S' V' -.

094 (al)most

O / X

① Almost magazines are sold in this bookstore. [ ]
대부분의 잡지들은 이 서점에서 팔린다.

② This is the most that I can do. [ ]
이것이 내가 할 수 있는 전부이다.

③ What did you enjoy most? [ ]
당신은 무엇이 가장 즐거웠어요?

④ He was most exhausted after the task. [ ]
그는 그 업무를 끝낸 후에 거의 기진맥진했다.

⑤ Most of the gadgets here were out of order. [ ]
여기 있는 장치들의 대부분은 고장 났다.

⑥ It will take ten minutes at most to go to the hospital. [ ]
그 병원까지 가는 데 기껏해야 10분이 걸릴 것이다.

⑦ Make the most of the time you have in preparing an exam. [ ]
시험을 준비할 때 네가 가진 시간을 최대한 활용해라.

정답 ① [×] (Almost magazines ⇨ Most magazines) ② [O] ③ [O] ④ [×] (most ⇨ almost)
⑤ [O] ⑥ [O] ⑦ [O]

✦ (al)most point

1 most vs almost
① most
　- 대명사 - 대부분
　- 형용사 - 대부분의
　- 부사 - 가장, 매우
② almost
　부사 - 거의

2 대명사 most
① most
② most + of + <u>the</u> + N
           소유격

3 most 관련 표현
① at (the) most
→ 기껏해야 = at (the) best
[CF] at (the) least 적어도
② make the most of ~
→ ~을 최대한으로 활용하다 = make the best of ~

095 superior

O / X

① In tests, their produce was more superior to the vegetables available at the supermarket. [ ]
검사에서, 그들의 농산물이 슈퍼마켓에서 구할 수 있는 채소들보다 더 뛰어나다.

② The new manager is superior than the old one. [ ]
새로운 매니저가 예전 매니저보다 더 뛰어나다.

③ The programs on public television are generally far superior in educational contents to the programs on commercial television. [ ]
공영 TV에 방영되는 프로그램들이 일반적으로 상업 TV에 방영되는 프로그램들보다 교육적 콘텐츠 면에서 훨씬 더 뛰어나다.

정답 ① [X] (more superior ⇨ superior) ② [X] (than ⇨ to) ③ [O]

✦ **superior** point

<라틴어 비교급>

1 종류
A + -or + to + B
  ↳ superior 더 우수한   inferior 더 열등한
     senior 더 나이든 (손 위의)   junior 더 어린 (손 아래의)
     exterior 더 외부의   interior 더 내부의
     anterior 더 앞쪽의   posterior 더 뒤쪽의
     major 더 큰, 더 주요한   minor 더 작은, 더 사소한

2 – 보다: than (X) to (O)

3 more + - or (X)

4 far, by far, still, even, much, a lot + -or (O)

096 who(m)ever

O / X

① Give it to whomever finished the project. [ ]
그 프로젝트를 끝마친 사람은 누구든지 그 사람에게 그것을 주어라.

② Give it to whomever you like. [ ]
네가 좋아하는 사람은 누구든지 그 사람에게 그것을 주어라.

③ Whoever wants the item may take it. [ ]
그 아이템을 원하는 사람이라면 누구든지 그것을 가져갈 수 있다.

④ Whoever calls, tell him I'm out. [ ]
누가 전화하든지 간에, 그에게 내가 나갔다고 말해라.

⑤ No matter who is right or wrong, you should not quarrel. [ ]
누구의 잘못이든지 간에, 당신은 싸워서는 안 된다.

정답 ① [×] (whomever ⇨ whoever) ② [O] ③ [O] ④ [O] ⑤ [O]

✦ who(m)ever point

1 whoever vs whomever
 ① 복합 관계대명사절에서 '**주어**' 역할을 하는 경우 → whoever
 ② 복합 관계대명사절에서 '**목적어**' 역할을 하는 경우 → whomever

2 복합 관계대명사 who(m)ever
 → 복합 관계대명사 who(m)ever뒤에는 '**불완전절**'이 온다.

3 역할
 ① 부사절 (양보절) – Who(m)ever ⓢ ⓥ –, S V –.
          ↳ No matter who(m)
 ② 명사절 – 'Who(m)ever ⓢ ⓥ –'이 주어 / 목적어 / 보어 자리

097 whenever

O / X

① Whenever I visit my grandmother, she gives me home-baked cookies. [ ]
내가 나의 할머니를 보러 갈 때마다, 그녀는 나에게 집에서 구운 쿠키를 주신다.

② Every time a truck went past, my car vibrated. [ ]
트럭이 지나갈 때마다, 내 차는 진동했다.

③ Whatever my father opens the window, I all freeze. [ ]
나의 아버지가 창문을 열 때마다, 나는 너무 춥다.

정답 ① [O] ② [O] ③ [×] (Whatever ⇨ Whenever)

✦ **whenever** point

1 복합 관계부사 whenever
   → ~할 때마다 = every time = each time = no matter when

2 whenever vs whatever, whichever
   복합 관계부사 whenever + 완전절
   복합 관계대명사 whatever, whichever + 불완전절

098 lot

O / X

① The warm and moist air attracts a lot of mosquitoes. [ ]
따뜻하고 습기 찬 공기는 많은 모기들을 끌어들인다.

② He talks lots of sense. [ ]
그는 아주 센스 있게 말을 한다.

③ Beauty is a lot greater recommendation than any letter of introduction. [ ]
아름다움은 그 어떤 다른 소개장보다도 훨씬 더 좋다.

④ The new parking lot will open on Friday next week. [ ]
다음 주 금요일에 새 주차장이 개방될 것입니다.

정답 ① [O] ② [O] ③ [O] ④ [O]

✦ **lot** point

1 수량 공통 형용사 a lot of
* 수량 공통 형용사+셀 수 있는 명사 / 셀 수 없는 명사
  ↳ a lot of, lots of, plenty of (많은)

2 비교급 강조 a lot
* A+비교급 강조+비교급+than+B
  ↳ a lot, much, even, still, far, by far (훨씬 더)

CF lot (n) 1 많음, 다량, 다수 2 지역(부지) 3 운명, 운

---

099 nor

O / X

① The story is long, nor have I not heard it out. [ ]
그 이야기는 길어서, 나는 그 이야기를 끝까지 들어본 적이 없다.

② He doesn't like his teacher nor I do. [ ]
그는 그의 선생님을 좋아하지 않고, 나도 그렇다.

③ Their school is neither big or small. [ ]
그들의 학교는 크지도 않고, 작지도 않다.

정답 ① [×] (nor have I not heard ⇨ nor have I heard) ② [×] (nor I do ⇨ nor do I)
③ [×] (or ⇨ nor)

✦ **nor** point

1 nor = and neither (not)
→ 이중부정 금지

2 nor V S
→ nor는 부정어를 포함하고 있기 때문에, nor뒤에는 주어와 동사가 도치된 절이 올바른 형태이다.
→ nor+동사+주어

3 neither A nor B
→ neither 뒤에서 병렬의 형태가 올 때, 두 병렬의 형태를 nor가 연결시킨다.
① 짝꿍
  neither 뒤 nor 자리에, and나 or가 오면 틀린 형태이다.
② 수일치
  Neither A nor B가 주어 자리에 올 때, 동사의 수일치는 B에 맞춘다.
③ 병렬
  neither A nor B에서, A와 B는 병렬구조이다.

100 no

O / X

① There is room for no more than five people. [ ]
단지 5명이 있을 공간만 있다.

② No less than five-hundred casualties stemmed from the virus. [ ]
그 바이러스 때문에 500명만큼의 사상자들이 나왔다.

③ A whale is no more a fish than a horse is (a fish). [ ]
말이 어류가 아닌 것처럼, 고래도 어류가 아니다.

④ Exercise is no less vital to my health than nourishment. [ ]
나의 건강에 운동은 영양분 못지않게 중요하다.

⑤ The tower around this area is no taller than my school. [ ]
이 지역에 있는 그 탑은 나의 학교만큼 작다.

⑥ He made me deliver the products no later than May 9. [ ]
그는 나에게 늦어도 5월 9일까지는 배송하라고 시켰다.

정답 ① [O] ② [O] ③ [O] ④ [O] ⑤ [O] ⑥ [O]

✦ **no** point

1 no more than
= only

2 no less than
= as many (much) as

3 A no more B than C D
= A not B any more than C D
▶ A - B 관계 부정 / C - D 관계 부정 [이중부정 금지]
→ C가 D아닌 것처럼, A도 B가 아니다

4 A no less - than B
→ A는 B못지않게 - 한

5 A no 비교급 than B
→ A as 반대원급 as B

6 no later than
→ 늦어도 - 까지는

101 still

O/X

① The next week will be still colder. [ ]
다음 주는 훨씬 더 추워질 것이다.

② I can't stand the sight of bugs, still more touch them. [ ]
나는 벌레를 만지는 것은 말할 것도 없고, 보는 것도 참을 수 없다.

③ Here are many books; some are mine, others yours, still others his, and the others hers.
많은 책들이 있다; 몇 권은 나의 것이고, 다른 몇 권은 너의 것이고, 또 다른 몇 권은 그의 것이고, 나머지 것은 그녀의 것이다.

④ The night we met there was very still. [ ]
우리가 거기서 만났던 그 밤은 매우 고요했다.

정답 ① [O] ② [×] (still more ⇨ still less) ③ [O] ④ [O]

✦ still point

1 비교급 강조 still
* A+비교급 강조+비교급+than+B
  ↳ a lot, much, even, still, far, by far (훨씬 더)

2 still more / less
① 긍정문 + much more → ~은 말할 것도 없이
       or still more
② 부정문 + much less → ~은 말할 것도 없이
       or still less

3 still others
여러 개를 부정 대명사로 나열할 때,
1st 여러 개 — some
/ 2nd 여러 개 — others
/ 3rd 부터의 여러 개 — still others
/ 나머지 여러 개 — the others

4 still의 여러 가지 뜻
① (ad) 아직도, 여전히
② (a) 고요한, 정지한
③ (v) 고요해지다, 잠잠해지다
④ (ad) 그럼에도 불구하고

102 n times

O/X

① Today there are three times as many bicycles as cars in the city.
오늘날 그 도시에는 자동차보다 3배나 많은 자전거가 있다. [ ]

② This telescope will make us see five times farther than now.
이 망원경이 우리가 지금보다 5배나 멀리 볼 수 있게 해줄 것이다. [ ]

③ The robber fired four times in rapid succession. [ ]
그 강도는 빠르게 네 번 연속 발사를 했다.

정답 ① [O] ② [O] ③ [O]

✦ n times point

1 n배
 * – 보다 n배
 ① n times as ... as –
 ② n times 비교급 than –

2 n번

103 far

O/X

① The bird that flies high sees the farthest. [ ]
높이 나는 새가 가장 멀리 본다.

② It's far more sensible to stay inside than to go out in this situation. [ ]
이러한 상황에서는 밖에 나가는 것보다 안에서 머무르는 것이 훨씬 더 합리적이다.

③ He is by far the most likely candidate. [ ]
그가 단연코 가장 유망한 후보자이다.

④ He had a sister, as far as I can remember. [ ]
내가 기억하는 한, 그는 여동생이 한 명 있었다.

⑤ Her friends even go so far as to hope that she'll fail in the project. [ ]
그녀의 친구들은 심지어 그녀가 그 프로젝트에서 실패하기까지 희망하고 있다.

⑥ I have saved one hundred dollars so far. [ ]
나는 지금까지 100달러를 모았다.

정답 ① [O] ② [O] ③ [O] ④ [O] ⑤ [O] ⑥ [O]

✦ **far** point

1 far의 변화형

원급		비교급		최상급	
far	(거리) 먼	farther	더 먼	farthest	가장 먼
far	(정도) 더욱	further	더 심한	furthest	가장 심한

2 비교급, 최상급 강조 (by) far

3 far 관련 표현들
① <u>as far as</u>+주어+동사 = so far as+주어+동사 = in so far
  ↳ so far as = in so far as = insofar as
  → ~하는 한, ~에 관한 한
  (CF) 원급비교 as far as
② go so(as) far as to 부정사 → (심지어) 'to 부정사'하기까지 하다
③ so far → 지금까지

---

104 another

O/X

① Could you give me another question? [　]
내게 또 다른 질문이 있나요?

② I have already written three stories, but I have to write another three story. [　]
나는 이미 3개의 이야기를 썼지만, 나는 이야기를 3개(만큼) 더 써야 한다.

③ There are three men. One is a doctor, another (is) a teacher, and the other (is) a lawyer. [　]
3명의 남자가 있다. 한 명은 의사이고, 또 다른 사람은 교사이고, 나머지 한 명은 변호사이다.

④ To know is one thing and to teach is the other. [　]
아는 것과 가르치는 것은 별개의 문제이다.

⑤ They all try to help one another. [　]
그들은 모두 서로를 도우려고 노력한다.

정답 ① [O] ② [×] (three story ⇨ three stories) ③ [O] ④ [×] (the other ⇨ another) ⑤ [O]

✦ another point

1 another + 단수명사
→ another = an + other

2 another + 수사 / few + 복수명사
→ ~만큼 더

3 대명사 another
① 불특정한 또 하나의 다른 사람 / 것
② 여러 개를 나열할 때, 두 번째

4 another 관련 표현
① A is one thing and B is another → A와 B는 별개의 문제이다
② one another → 서로 (3이상)
(CF) each other → 서로 (2)

105 may (might)

O / X

① She may be ill yesterday. She was absent from the class. [ ]
그녀는 어제 아팠을지도 모른다. 그녀는 그 수업을 결석했다.

정답 ① [×] (may be ⇨ may have been)

✦ may point

1 may V원형 vs may have p.p
① may + V원형 → ~일지도 모른다 → '현재'의 추측
② may + have p.p → ~이었을지도 모른다 → '과거'의 추측
⇨ 시제문제 (현재 vs 과거)

106 would

O / X

① She would take a vitamin pill after dinner. [ ]
그녀는 저녁식사 후에 비타민을 먹곤 하였다.

② He would not listen to her because he didn't like her. [ ]
그는 그녀를 좋아하지 않기 때문에, 그녀의 말에 귀 기울이고 싶어 하지 않는다.

③ I would rather go there today than to put it off till tomorrow.
내일로 미루느니 차라리 오늘 거기에 가는 것이 낫겠다. [ ]

④ Last year, I thought that she will be a teacher. [ ]
작년에, 나는 그녀가 선생님이 될 것이라고 생각했었다.

⑤ If I were the President, I would make my country prosperous.
내가 대통령이라면, 나는 내 나라를 번영하게 만들 텐데.   [ ]

정답 ① [O] ② [O] ③ [to put if off ⇨ put it off] ④ [X] (will be ⇨ would be) ⑤ [O]

✦ would point

1 과거의 불규칙적인 습관 would
would+V원형 → ~하곤 했다
CF 과거의 규칙적인 습관 used to → used to+V원형 → ~하곤 했다

2 주장, 고집 would
would+V원형 → ~하고 싶어 하다
CF would like to 부정사 → 'to 부정사'하고 싶어 하다

3 would rather A than B
→ B하는 것보다 A하는 것이 낫다 (A, B : V원형으로 병렬)
CF would rather+V원형 → ~하는 것이 낫다

4 문법적인 장치
① 시제 일치 – 주절의 동사가 과거인 경우, 종속절의 미래표현 will을 would로 시제 일치
② 가정법의 주절에 쓰이는 '조동사의 과거형'

Chapter 02 일반화

1 —ing

1 V ? ⇨ **V의 ⓝ**

2 p.p ? (being p.p ?) ⇨ **능동 vs 수동**

3 to V ? ⇨ **V의 성질**

4 having p.p ? ⇨ **시제**

5 etc
 ① 주어(S)/목적어(O)/보어(C) 자리에 오는 동명사(ving)
 ② 전치사＋동명사(Ving)
 ③ 동명사(Ving)의 관용표현

O / X

01 The combustion of oxygen that keeps us alive ⓝ **sending** out by-products called oxygen free radicals. [   ]

02 However, the other company proceeded with more seeming clarity and discipline, ⓝ **dividing** the problem into its parts. [   ]

03 The word 'courage' takes on added meaning if you keep in mind that it is derived from the Latin word 'cor' ⓝ **meaning** 'heart'. [   ]

04 The larger national book awards ⓝ **giving** in most countries are the most influential and have helped considerably to raise public awareness about the fine books being published for young readers. [   ]   2017 국가직

해석 & 정답

01
-해석- 우리를 살아 있게 만드는 산소의 연소는 활성산소라고 불리는 부산물을 내보낸다.
-정답- X (sending → sends)

02
-해석- 그러나 다른 회사는 겉보기에 더 분명하고 규율이 잡힌 상태에서 (일을) 진행하면서, 그 문제를 부분들로 나누었다.
-정답- O

03
-해석- '용기'라는 단어는 만약, 당신이 그것이 '심장(마음)'을 의미하는 라틴어 'cor'로부터 유래했다는 사실을 명심한다면 추가적인 의미를 띠게 된다.
-정답- O

04
-해석- 대부분의 나라에서 주어지는 더 큰 국가적인 도서 상들은 가장 영향력이 있고 어린 독자들을 위해 출판되어지고 있는 좋은 책에 대한 대중의 인식을 높이는 데 상당히 도움을 주었다.
-정답- X (giving → given)

O / X

05 Remeo and Juliet is one of my favorite plays, but I've never seen it ⓝ **performing**. [　] 　　　　　　　　　　　　　　　2014 지방직

06 My hobby is ⓝ **collecting** many kinds of comic books. [　]

07 Today Samso, a carbon-neutral island, isn't just carbon-neutral — it actually produces 12% more clean electricity than it uses, with the extra power ⓝ **feeding** back into the grid at a profit. [　] 　　2014 국가직

08 She tried to enter the room without ⓝ **noticing** by anyone. [　]

09 If you're interested in reaching the top of Kilimanjaro, seriously consider ⓝ **adding** at least one extra day onto the 'standard' climb itinerary. [　] 　　　　　　　　　　　　　　　　　　　　　　　　2015 법원직

10 Most European countries failed ⓝ **welcoming** Jewish refugees after the war, which caused many Jewish people to immigrate elsewhere. [　] 　　　　　　　　　　　　　　　　　　　　　　　　2015 서울시

11 The snake living in a temple started to bite the villagers, and they stopped ⓝ **going** to that temple. [　] 　　　　　　　　　2015 법원직

12 ⓝ **Being** abroad for ten years, he can speak English very fluently. [　] 　　　　　　　　　　　　　　　　　　　　　　　　2017 국가직

해석 & 정답

05
- 해석 Romeo and Juliet은 내가 자장 좋아하는 연극들 중 하나이다, 그러나 나는 그것이 공연되어지는 것을 한 번도 본 적이 없다.
- 정답 X (performing → performed)

06
- 해석 나의 취미는 많은 종류의 만화책들을 수집하는 것이다.
- 정답 O

07
- 해석 오늘날 탄소중립적인 섬 Samso는 탄소중립일 뿐만 아니라 여분의 전력은 배전망으로 되돌려 보내서 이익을 나게 하면서, 그 섬이 사용하는 것보다 12% 이상의 청정에너지를 생산한다.
- 정답 X (feeding → fed)

08
- 해석 그녀는 어떤 사람에게도 눈에 띄지 않은 상태로 그 방으로 들어가려고 애썼다.
- 정답 X (noticing → being noticed)

09
- 해석 만약, 당신이 Kilimanjaro 꼭대기에 도달하는 데 관심이 있다면, '표준' 여행 일정표에 적어도 하루를 추가하는 것을 진지하게 고려하라.
- 정답 O

10
- 해석 대부분의 유럽 국가들은 전쟁 이후 유대인 난민들을 환영하는 것에 실패했다. 그런데 그것이 많은 유대인들이 다른 곳으로 이주하게 만들었다.
- 정답 X (welcoming → to welcome)

11
- 해석 어떤 사원에 사는 뱀이 마을 사람들을 물기 시작했다. 그래서 그들은 그 사원에 가는 것을 중단했다.
- 정답 O

12
- 해석 해외에 십년 동안 있었기 때문에, 그는 영어를 매우 유창하게 할 수 있다.
- 정답 X (Being → Having been)

해석 & 정답

13
- 해석: 그녀는 어제 심각한 실수를 저질렀다고 인정한다.
- 정답: X (making → having made)

14
- 해석: 파이와 케이크를 만드는 것은 엄마의 전문이다.
- 정답: O

15
- 해석: 나는 되돌아보지 않고 정문을 나와서 걸었다.
- 정답: O

16
- 해석: 너의 전생으로 돌아가는 것은 불가능하다.
- 정답: O

O / X

13 She admits ⓝ **making** a serious mistake yesterday. [ ]

14 ⓝ **Making** pies and cakes is may mother's specialty. [ ]

15 I walked out of the front door without ⓝ **looking** back. [ ] 2015 법원직

16 There is no ⓝ **going** back to your previous life. [ ]

2 to V

1 V ? ⇨ **V의 ⓝ**

2 to be p.p ? ⇨ **능동 vs 수동**

3 ving ? ⇨ **V의 성질**

4 N to V+O (목적어) '有 / 無'

5 to+N / ving ? ⇨ **to V – to vs 전치사 – to**

6 to have p.p ? ⇨ **시제**

7 O.C 자리

8 etc
  ① to V의 용법
  ② to V의 관용표현

O/X

01 Crying is the first way that infants ⓝ **to establish** any kind of control over their lives. [ ]　　2015 사회복지직 변형

해석 울음은 유아들이 그들의 삶 속에서 어떤 종류의 통제를 만들어낼 수 있는 첫 번째 방법이다.
정답 X (to establish → establish)

02 After you overcome an obstacle, there will be something else ⓝ **to overcome** and there's always another mountain to climb. [ ]　　2016 지방직

해석 당신이 장애물을 극복한 후에, 극복해야 할 다른 무엇인가가 있을 것이다. 그리고 언제나 올라야 할 또 다른 산이 있다.
정답 O

03 Each year, more than 270,000 pedestrians lose their lives on the world's roads. Many leave their homes as they would on any given day never ⓝ **to return**. [ ]　　2019 지방직

해석 매년, 27만 명 이상의 보행자가 전 세계의 도로 위에서 목숨을 잃는다. 많은 사람들이 그들이 주어진 날에 하던 것처럼 집을 나서서, 다시 돌아오지 못한다.
정답 O

04 Those candidates who had managed ⓝ **to ingratiate** themselves at job interviews were very likely to be offered a position; they had charmed their way to success. [ ]　　2016 국가직

해석 구직 면접에서 가까스로 환심을 산 그 지원자들은 어떤 직위를 제안 받을 가능성이 매우 클 것 같았다; 그들은 자신의 길을 성공으로 이끌었다.
정답 O

O / X

05 Most of China's farmland with harsh climatic conditions tends ⓝ **to use** inefficiently. [ ]

06 Disabled people want ⓝ **to see** as real people, as a part of society, not someone to be hidden away, or pitied, or given charity. [ ]

07 The Native American population decline in the century or two following Columbus's arrival is estimated ⓝ **to be** as large as 95 percent. [ ]
2016 법원직

08 He seems ⓝ **to live** in London when he was young. [ ]

09 Initially, this washing machine made a lot of noise and then it made much smoke and later it stopped ⓝ **to operate** entirely. [ ]

10 The victims of aggressive acts eventually learn ⓝ **to initiate** aggressive interchanges via modeling. [ ]
2018 서울시

11 To my great disappointment, he began ⓝ **to read** his lengthy and well-prepared paper faithfully. [ ]
2017 지방직

12 When it come ⓝ **to use** a computer, he is more than a match for me. [ ]

해석 & 정답

05
- 해석: 거친 기후조건을 가지고 있는 중국 농경지의 대부분은 비효율적으로 사용되어지는 경향이 있다.
- 정답: X (to use → to be used)

06
- 해석: 장애가 있는 사람들은 그들이 숨겨지고, 동정심을 받고, 자선의 대상이 되는 사람이 아니라 실질적인 사람으로, 사회의 일부로 간주되기를 원한다.
- 정답: X (to see → to be seen)

07
- 해석: 콜럼버스의 도착 후 1세기 또는 2세기 이후의 아메리카 원주민 인구의 감소는 95%만큼 컸던 것으로 추정된다.
- 정답: X (to be → to have been)

08
- 해석: 그는 어렸을 때 런던에 살았던 것처럼 보인다.
- 정답: X (to live → have lived)

09
- 해석: 처음에는, 이 세탁기가 많은 소음을 만들어냈고, 그러고 나서 그것은 많은 연기를 만들어냈다. 그리고 나중에, 그것은 완전히 작동하는 것을 멈췄다.
- 정답: X (to operate → operating)

10
- 해석: 공격적인 행동으로 인한 희생자들은 결국 모방을 통해 공격적인 상호교환을 시작하는 것을 배운다.
- 정답: O

11
- 해석: 내가 많이 실망하게도, 그는 자신의 길고 잘 준비된 문서를 충실하게 읽는 것을 시작했다.
- 정답: O

12
- 해석: 컴퓨터를 사용하는 것에 관해서는, 그는 나의 경쟁자 그 이상의 존재이다.
- 정답: X (to use → to using)

O / X

13 During the Middle Ages, most European kings and even the Holy Fathers in Vatican looked forward ⓝ **to meet** the Chinese emperors. [　]

14 Building a powerful network doesn't require you ⓝ **to be** an expert at networking. [　]
2018 지방직

15 The sudden lightning made children ⓝ **to jump** up in surprise and run into their house. [　]

16 Last night it rained very hard. Then ⓝ **to make** matters worse, the temperature dropped below freezing. [　]

17 It is not easy ⓝ **to show** moral courage in the face of either indifference or opposition. [　]

18 To watch a play is ⓝ **to step** into a world which seems far removed from electronic beeping and ringing. [　]

해석 & 정답

13
해석 중세시대 동안, 대부분의 유럽의 왕들과 심지어 바티칸의 로마 교황들조차도 중국의 황제들을 만나기를 고대했었다.
정답 X (to meet → to meeting)

14
해석 강력한 네트워크를 형성하는 것이 당신이 네트워킹에서 전문가가 되는 것을 요구하지 않는다.
정답 O

15
해석 그 갑작스런 번개는 아이들이 놀라서 뛰어올라 그들의 집으로 달려가게 만들었다.
정답 X (to jump → jump)

16
해석 어제 비가 억수로 쏟아졌다. 그리고 나서 설상가상으로, 온도가 영하로 떨어졌다.
정답 O

17
해석 무관심 또는 반대에 맞서서 도덕적 용기를 보여주는 것은 쉽지 않다.
정답 O

18
해석 연극을 보는 것은 전자 알림소리나 전화벨 소리로부터 많이 벗어나 있는 것처럼 보이는 세상속으로 들어가는 것이다.
정답 O

3 V원형

1 be p.p ? ⇨ **능동 vs 수동**

2 V(e)s ? ⇨ **수일치**

3 V과거 or V완료 ? ⇨ **시제**

4 준V ? ⇨ **V의 ⓝ**

5 앞 V 관찰 ! ⇨ **앞-사역V (make / have / let)**

　　　　　　　　지각V

　　　　　　　　help

　　　　　　　　조동사

6 etc

O / X

01 This, in addition to other methods that decrease the overall amount of uneaten food, ⓝ **have** helped aquaculture to clean up its act. [ ]

02 In many cities, people ⓝ **ask** to use bikes instead of cars for short trips. [ ]

03 They ⓝ **leave** home two weeks ago and we haven't heard from them before. [ ]

04 One more thing you need to do is to join a club ⓝ **devote** to mathematics. [ ]

05 As it is wholly the company's responsibility to correct the defect, I hope you will not make us ⓝ **pay** for the labor component of its repair. [ ]

해석 & 정답

01
- 해석: 먹다 남은 음식의 양을 전체적으로 감소시키는 다른 방법이외에도 이것은 수경재배(양식)가 그 행위를 없애는 것을 도와주었다.
- 정답: X (have → has)

02
- 해석: 많은 도시에서 사람들은 짧은 거리에 자동차 대신 자전거를 사용할 것을 요구받는다.
- 정답: X (ask → are asked)

03
- 해석: 그들은 2주 전에 집을 떠났고 우리는 그 이후로 그들의 소식을 듣지 못했다.
- 정답: X (ask → are asked)

04
- 해석: 당신이 더 할 필요가 있는 한 가지 것은 수학에 전념하는 동아리에 가입하는 것이다.
- 정답: X (devotes → devoted)

05
- 해석: 결함을 수정하는 것이 전적으로 회사(제조업체)의 책임이기 때문에, 나는 당신들이 우리가 그것을 수리하는 데 드는 노동비용을 지불하도록 하지 않을 것이라고 희망한다.
- 정답: O

O/X

06 In horse racing, when the horse is leading by several lengths and a win is assured, the jockey will usually cease striking the horse or let the reins ⓝ **go** loose. [ ]

07 The heavy supper she had eaten caused her ⓝ **become** tired and ready to fall asleep. [ ]

08 The two companies did eventually ⓝ **solve** the technological problem, but the latter company had more difficulty than the former. [ ]

09 If you want to be a mathematician, you had better ⓝ **expose** your new ideas to the criticism of others. [ ]

10 Destruction of the rainforest ⓝ **causes** by logging, farming, mining, and other human activities and among these, logging is the main reason for the nature's loss. [ ]

11 A measurement system is objective to the extent that two observers ⓝ **evaluate** the same performance arrive at the same (or very similar) measurements. [ ]

12 If you want to change your lifestyle, you must accept consequences of the decision. Throwing things out only ⓝ **hurt** for a little while. [ ]

13 With so many people ⓝ **get** their information online, there may not be a need for traditional newspapers. [ ]

해석 & 정답

06
- 해석 경마 경주에서, 말이 어느 정도로 앞서고 있고 승리가 확실시될 때, 기수는 보통 말을 치는 것을 멈추거나 또는 고삐가 느슨해지게 할 것이다.
- 정답 O

07
- 해석 그녀가 먹은 많은 양의 저녁 식사는 그녀가 피곤해져서 잠들게 했다.
- 정답 X (become → to become)

08
- 해석 그 두 회사는 결국에 그 기술적인 문제점을 해결했다. 그러나 후자의 회사가 전자의 회사보다 더 많은 어려움을 겪었다.
- 정답 O

09
- 해석 만약에 당신이 수학자가 되고자 원한다면, 당신은 당신의 새로운 아이디어들을 다른 사람들의 비판에 노출시켜야 한다.
- 정답 O

10
- 해석 열대 우림의 파괴는 벌목, 농사, 채굴 그리고 다른 인간의 활동들에 때문이었다. 그런데 이것들 중 벌목이 자연소실의 가장 중요한 원인이다.
- 정답 X (causes → is caused)

11
- 해석 평가 시스템은 그 똑같은 공연을 평가하는 두 명의 관찰자들이 똑같은 (또는 매우 비슷한) 측정치에 도달할 정도로 객관적이다.
- 정답 X (evaluate → evaluating)

12
- 해석 만약의 당신이 당신의 생활양식을 변화시키기를 원한다면, 당신은 그 결정의 결과들을 받아들여야 한다. 물건들을 갖다 버리는 것은 잠시 동안 아프게 할 뿐이다.
- 정답 X (hurt → hurts)

13
- 해석 그렇게 많은 사람들이 그들의 정보를 온라인에서 얻고 있기 때문에, 전통적인 신문에 대한 욕구는 없을지도 모른다.
- 정답 X (get → getting)

O / X

14 ⓝ **Throw** upon life at an early age, without any menas, he had nothing to rely on but himself. [   ]

15 She always has some other member of the board ⓝ **take** the chairmanship, and she herself keeps presenting her won opinions. [   ]

16 Dreams help us ⓝ **get** in touch with our deeper feelings. [   ]

해석 & 정답

14
- 해석: 어린 나이에 어떤 재산 없이 삶에 부딪치게 되었을 때 그는 자기 자신을 제외하고 의존할 것이 아무것도 없었다.
- 정답: X (Throw → Thrown)

15
- 해석: 그녀는 항상 그 위원회의 다른 구성원들이 의장직을 맡으라고 시키고, 자신은 직접 자기 자신만의 의견을 계속해서 제시하였다.
- 정답: O

16
- 해석: 꿈들은 우리가 우리의 더 깊은 감정들과 접촉하도록 도와준다.
- 정답: O

4 Ved / VB / VA

1 경우의 수
① Ved / VB / VA : V의 과거형 ⇨ V의 ⓝ
② Ved / VB / VA : V의 p.p형 ⇨ **능동 vs 수동**
  CF Ved : 규칙 동사
    ex) operate − operated − operated
  CF VB : 'A − B − B 불규칙 동사'의 과거형 / p.p형
    ex) buy − bought − bought
  CF VA : 'A − A − A 불규칙 동사'의 과거형 / p.p형
    ex) put − put − put
    [A − B − C : do − did − done]
    [A − B − A : run − ran − run]

2 solution
1st − 'V의 과거형'이라고 놓고 문장을 바라본다!
문장 성립 (O) − O.K!
문장 성립 (X) − 2nd 능동 vs 수동!

* V의 과거형 vs V의 현재형 ⇨ V의 현재형 Win!

O / X

01 I found I was mechanically following the ⓝ **printed** words on the paper in my hand. [ ]
_{2017 지방직}

01
- 해석 나는 내가 내 손에 종이 위에 있는 인쇄된 단어들을 기계적으로 따르고 있던 것을 발견했다.
- 정답 O

02 They hope that the new gene will lead to a hardier rice strain that will reduce the financial damage ⓝ **incurred** in typhoon and monsoon seasons and lead to bumper harvests. [ ]
_{2018 국가직 변형}

02
- 해석 그들은 그 새로운 유전자가 태풍과 장마철에 발생되는 금적적인 손해를 줄여줄 더 강한 벼 품종과 풍작의 결과를 가져올 것이라고 희망한다.
- 정답 O

03 In agreement with the Egyptian Supreme Council of Antiquities, Franck Goddio and his team ensured that artifacts ⓝ **found** in their exploration would remain in the East Port until a decision can be made about the possible creation of an underwater museum at the site. [ ]
_{2018 교육행정직}

03
- 해석 이집트의 고대 유물 최고 회의에서, Franck Goddio와 그의 팀은 그들의 탐험에서 발견된 인공 유물들이 그 현장에서 수중 박물관의 가능한 설립에 대해 결정이 내려질 수 있을 때까지 East Port에 남겨져 있을 것이라는 것을 확실히 했다.
- 정답 O

해석 & 정답

04
- 해석: 나의 가장 최근의 아이오와 방문 중, 나를 초대한 사람들이 나에게 이러한 토양 유실의 극적으로 가시적인 예를 제공하는 교회경내를 보여주었다.
- 정답: X (offered → offering)

05
- 해석: 그 질문들은 매우 개인적인 문제들을 다루고 있다는 것은 사실이다.
- 정답: O

06
- 해석: 높은 밀도의 사육은 몇 몇 경우에 우리에 갇힌 물고기뿐만 아니라 지역 야생 물고기 개체수를 황폐하게 만드는 감염성 질병 발발의 결과를 가져왔다.
- 정답: O

07
- 해석: 보호자이면서 동시에 복수자로서 생명에 내장된 이러한 비활성 산소들은 노화에 강력한 요인들이다.
- 정답: O

08
- 해석: 지금까지 발견된 많은 고대 이집트 무덤들은 예술, 정부의 형태 그리고 삶의 방식에 관한 아주 다양한 지식을 제공한다.
- 정답: O

09
- 해석: 세상에서 가장 많이 읽혀진 책은 성경이다.
- 정답: O

10
- 해석: 다른 무리들을 이끌었던 현재 중앙 멕시코 지역에 있었던 인디언들은 몰살당했다.
- 정답: X (led → leading)

11
- 해석: 얼음을 깎아 만들어진 그 계단들은 그 등산가들에 의해 만들어졌다.
- 정답: O

12
- 해석: 기원전 3만 4천년 전과 3만년 전 사이에 있었던 빙하기의 절정 시기에, 세계의 많은 물이 커다란 대륙 빙하에 포함되어 있었다.
- 정답: X (contained → was contained)

13
- 해석: 노동조합이 노동자들에게 가져다준 이익에도 불구하고 미국 노동운동은 노동력의 비율이나 실질적인 회원 수에 있어서 회원들을 잃어버렸다.
- 정답: O

O/X

04 On my most recent visit to Iowa, my hosts showed me a churchyard ⓝ **offered** a dramatically visible example of those soil losses. [ ]

2017 지방직

05 It is true that the questions ⓝ **dealt** with very personal issues. [ ]

06 High-density rearing led to outbreaks of infectious diseases that in some cases ⓝ **devastated** not just the caged fish, but local wild fish populations too. [ ]

07 These fierce radicals, ⓝ **built** into life as both protectors and avengers, are potent agents of aging. [ ]

08 Many of the ancient Egyptian tombs ⓝ **discovered** so far offer a vast range of knowledge on art, style of government, and way of life. [ ]

09 The book ⓝ **read** most in the world is the Bible. [ ]

10 Indians in what is now central Mexico ⓝ **led** the other groups became extinct. [ ]

11 The steps ⓝ **cut** in the ice were made by the climbers. [ ]

12 At the height of the Ice Age, between 34,000 and 30,000 B.C., much of the world's water ⓝ **contained** in vast continental ice sheets. [ ]

13 In spite of the gains that unions had made for workers, the American labor movement ⓝ **lost** membership, both in its percentage of the work force and in actual numbers of the members. [ ]

5 have(has) p.p

1 have been p.p ? ⇨ **능동 vs 수동**
2 has(have) p.p ? ⇨ **수일치**
3 V과거 or had p.p ? ⇨ **시제**

O/X

01 Many Korean language textbooks ⓝ **had produced** for learners of Korean. [　]

02 Human beings ⓝ **have been seeking** new ways to cure illness and look after the sick for thousands of years. [　]

03 The professor whose son was killed in the crowds ⓝ **have prayed** for his soul since then. [　]

04 In the summer of 2001, he ⓝ **has visited** Asan, Korea, to participate in a house-building project. [　]

05 He ⓝ **has solved** the problem until the bell ring. [　]

해석 & 정답

01
- 해석: 한국어 학습자들을 위해서 많은 한국어 교재들이 출판되어졌다.
- 정답: X (had produced → had been produced)

02
- 해석: 인간들은 수 천년동안 질병을 치료하고 아픈 사람들을 돌볼 새로운 방법들을 찾아오고 있는 중이다.
- 정답: O

03
- 해석: 군중들 속에서 죽게된 아들이 있는 그 교수는 그때 이후로 아들의 영혼을 위해 기도해 오고 있다.
- 정답: X (have prayed → has prayed)

04
- 해석: 2001년 여름, 그는 주택 건설 프로젝트에 참여하기 위해 한국의 아산을 방문했다.
- 정답: X (has visited → visited)

05
- 해석: 그는 벨이 울릴 때까지 그 문제를 풀었다.
- 정답: X (has solved → had solved)

6 Be V

1 수일치 ' is / was vs are / were '

2 대동사 ' be V vs do V '

CF 대동사 (代動辭) [pro-verb]
동사의 반복을 피하기 위해 앞에 있는 V를 뒤에서 대신 받는 V

* 대동사 principle

앞 V	뒷 V [대동사]
be V	be V
일반 V	do V
조동사+V원형	조동사

ex)
You made much more money than I **did**.

He was even happier than you **were** then.

O / X

01 We take it for granted that film directors are in the game of recycling. Adapting novels ⓝ **are** one of the most respectable of movie projects, while a book that calls itself the novelization of a film is considered barbarous. [ ]

02 Rarely ⓝ **is** a computer more sensitive and accurate than a human in managing the same geographical or environmental factors. [ ]

03 Before you set out on a trip, you are under the false impression that you do not have as many items to pack as you really ⓝ **are**. [ ]

해석 & 정답

01
해석 우리는 영화감독들이 재활용의 게임 중에 있는 것을 당연하게 여긴다. 소설을 각색하는 것은 영화 프로젝트들의 가장 손꼽받는 것 중 하나이다. 반면에, 영화를 소설화시킨 책은 야만스러운 것이라고 생각되어진다.
정답 X (are → is)

02
해석 컴퓨터는 똑같은 지리적 또는 환경적 요인들을 다룰 때 인간보다 더 섬세하고 정확한 것은 아니다.
정답 O

03
해석 당신은 여행을 떠나기 전 당신이 실제로 꾸릴 만큼의 많은 물건들이 없다는 잘못된 인상을 받게 된다.
정답 X (are → do)

O / X

04 Studies have shown that mothers who are very active do just as well with breast milk production as mothers who are not. Women who exercise need more calories; they eat more and produce the same amount of breast milk as they ⓝ **are** when they aren't exercising. [   ]

해석 매우 능동적인 엄마들이 그렇지 않은 엄마들만큼 모유 생산을 잘 한다는 연구결과가 있다. 운동을 많이 하는 여성들은 더 많은 칼로리를 필요로 한다; 그들은 더 많이 먹어서 그들이 운동을 하지 않을 때와 똑같은 양의 모유를 생산한다.
정답 X (are → do)

05 In the 1860s, the populations of Manhattan and Brooklyn were rapidly increasing, and so ⓝ **was** the number of the commuters between them. [   ]

해석 1860년대에 맨해튼과 브루클린의 인구는 급속도로 증가했다. 그리고 그들 사이의 통근자들의 수도 그러했다.
정답 O

7 do, does, did

1 be V ? ⇨ 대동사
2 도치
3 강조의 do
4 '충분하다'의 뜻 − V1
CF 시제 / 인칭 ⇨ do / does / did

O/X

01 The present moment does not exist in them, and therefore neither (n) **do** the flow of time. [ ]

해석 현재의 순간은 그들 사이에서 존재하지 않는다, 그러므로 시간의 흐름도 그러하다.
정답 X (do → does)

02 So hard (n) **did** he study the subject that he could pass the exam. [ ]

해석 그는 그 과목을 매우 열심히 공부해서 시험에 합격할 수 있었다.
정답 O

03 I (n) **do** hope you will pass the next exam. [ ]

해석 나는 당신이 다음번 시험에서 합격하기를 반드시 희망한다.
정답 O

04 That money will (n) **do** for me. [ ]

해석 그 돈이면 나에게 충분할거예요.
정답 O

8 형용사 (vs 부사) / 부사 (vs 형용사)

1 형용사 / 부사 - 기본 역할
① 형용사 ⇨ '명사'수식 + '보어' 자리
② 부사 ⇨ '동사 / 준동사 / 형용사 / 부사 / 문장 전체' 수식

* 형용사+ly = (형용사의 뜻을 가진) 부사
  ex) interesting - interestingly / beautiful - beautifully

[CF] 형용사+ly → (형용사와 다른 뜻을 가진) 부사
  nearly 거의   hardly 거의 ~않다
  highly 꽤, 매우   lately 최근에
  shortly 곧, 요약하자면   deeply 매우, 아주
  largely 일반적으로   badly 몹시, 매우
  barely 거의~않다, 간신히

[CF] 명사+ly = 형용사
  friendly 다정스러운   lovely 사랑스러운
  manly 남자다운   costly 값비싼
  orderly 질서정연한   timely 시기적절한
  yearly 연간의   monthly 매월의
  weekly 주마다의   daily 매일의
  motherly 엄마의, 모성의   leisurely 한가로운

2 '형용사 vs 부사' 여러 가지 자리
① 수식 - 형용사 vs 부사
② S V2 S.C (형용사 [O] / 부사 [×])
③ S V5 O O.C (형용사 [O] / 부사 [×])
④ How / However 형용사 vs 부사 S V
⑤ The+비교급 (형용사 vs 부사)
⑥ ~ as 형용사 vs 부사 as -
⑦ (As) 형용사 vs 부사 as S V

둘 중에 어법상 옳은 것을 고르세요.

01 In zoos, animals get lonely and bored. Because of these stressful conditions, animals sometimes act [**strange** / **strangely**].

02 An airline pilot had bumped his airplane into the runway really [**hard** / **hardly**] while he made a landing.

03 The fishing industry has become [**high** / **highly**] efficient, using huge nets and long fishing lines to catch the fish.

04 People may take each other for granted and not make enough effort at communicating [**proper** / **properly**].
Keeping a [**proper** / **properly**] sense of distance between people is important.

05 People with tattoos also sent the message that they were tough and strong. Many athletes adopted this identity; they wanted to look [**tough and strong** / **toughly and strongly**].

06 You can make the trip more [**enjoyable** / **enjoyably**] by taking a few simple steps to reduce the possibility that your home will be broken into while you are gone.

07 However [**swift** / **swiftly**] you will go there, you will not catch the train.

08 A lot of normal, intelligent people wanted to see nuclear weapons used; they wanted to see how [**destructive** / **destructively**] the use of new invention could be.

09 The lower the frequency, however, the less [**clear** / **clearly**] the image will become.

10 The more [**expense** / **expensively**] a film is produced, the more money it is likely to make.

11 Animals act as [**smart** / **smartly**] as men.

12 To break glasses seemed as [**easy** / **easily**] as to drink water.

13 Knowing your weaknesses is as [**necessary** / **necessarily**] as knowing your strengths.

14 [**Strange** / **Strangely**] as it may sound, there is a hotel located underwater.

15 [**Swift** / **Swiftly**] as you go there, you'll miss the train.

08
- 해석: 많은 보통의, 지적인 사람들은 핵무기가 사용되는 것을 보기를 원한다; 그들은 새로운 발명의 사용이 얼마나 파괴적일 수 있는지를 보기를 원한다.
- 정답: destructive

09
- 해석: 그러나 주파수가 낮을수록 그 이미지는 덜 분명해질 것이다.
- 정답: clear

10
- 해석: 영화 한 편이 더 비싸게 생산되면 될수록, 더 많은 돈이 벌릴 것이다.
- 정답: expensively

11
- 해석: 동물들은 인간만큼 똑똑하게 행동한다.
- 정답: smartly

12
- 해석: 안경을 깨는 것은 물을 마시는 것만큼 쉬워 보인다.
- 정답: easy

13
- 해석: 당신의 약점을 아는 것은 당신의 강점을 아는 것만큼이나 필수적이다.
- 정답: necessary

14
- 해석: 낯설게 들릴지도 모르겠지만, 해저에 위치한 호텔이 있다.
- 정답: Strange

15
- 해석: 네가 그곳을 빨리 갈지라도, 너는 기차를 놓칠 것이다.
- 정답: Swiftly

9 대명사

1 단수 대명사 vs 복수 대명사

2 (일반) 대명사 vs 재귀대명사

3 (지시) 대명사 vs 부정대명사

4 to V 대명사 (O) vs to V 대명사 (X)

5 부분 of them vs 부분 of whom / which

6 비교의 대상 [that vs those]

7 동사+대명사+부사

8 it
 ① 가주어
 ② 가목적어
 ③ It-that 강조

9 etc

O/X

01 Indeed, it is the nature of men that whenever they see profit, they cannot help chasing after ⓝ **them**, and whenever they see dangers, they cannot help running away. [ ]

2016 교행직

해석 & 정답

01
- 해석 사실 사람들이 이익을 보았을 때, 그들이 그것을 쫓지 않을 수 없다는 것은, 그리고 위험을 보았을 때, 그들이 도망가지 않을 수 없다는 것은 바로 인간의 본능이다.
- 정답 X (them → it)

02
- 해석 비록 정교한 채점 규칙들이 그것을 더 객관적으로 만들어 준다고 할지라도, 비교적, 다이빙, 체조경기, 그리고 피규어 스케이팅과 같은 성과들의 평가는 더 주관적이다.
- 정답 X (them → it)

02 By comparison, evaluation of performances such as diving, gymnastics, and figure skating is more subjective — although elaborate scoring rules help make ⓝ **them** more objective. [ ]

03
- 해석 상호 원조 집단은 개인이 문제를 가져오고 도움을 요청하는 곳이다. 집단 구성원이 문제를 가진 개인에게 도움을 제공할 때, 그들은 또한 자신 스스로를 돕는 것이다.
- 정답 O

03 A mutual aid group is a place where an individual brings a problem and asks for assistance. As the group members offer help to the individual with the problem, they are also helping ⓝ **themselves**. [ ]

2012 지방직

O / X

04 Gladiators were neither too poor to buy meat or strong defenders of animal right. Instead, their carbohydrate-rich foods helped ⓝ **themselves** appear bigger and stronger. [ ]

05 Only the morally weak feel compelled to defend or explain ⓝ **himself** to others. [ ]

06 While manned space missions are more costly than unmanned ⓝ **ones**, they are more successful. [ ]

07 As you read a new word in context, there is a very good chance that you will be able to guess ⓝ **its** meaning. [ ]

08 The company has five employees, all of ⓝ **them** are computer experts. [ ]

09 He says that students must also learn that all creative geniuses work passionately hard and produce incredible numbers of ideas, and most of ⓝ **which** are bad. [ ]

10 Your son's hair is as long as ⓝ **you**. [ ]

11 The first thing I notice upon entering this garden is that the ankle-high grass is greener than ⓝ **those** on the other side of the fence. [ ]

해석 & 정답

04
- 해석: 검투사들은 너무 가난해서 고기를 살 수 없었던 것도 아니고 동물 권리의 강력한 수호자들도 아니었다. 대신에, 그들의 탄수화물로 가득 찬 음식들이 그들을 더 크고 더 강하게 보이게 도와주었다.
- 정답: X (themselves → them)

05
- 해석: 단지 도덕적으로 약한 사람들만이 다른 사람들에게 자기 자신들을 방어하거나 설명하고자 하는 강요를 받는다.
- 정답: X (himself → themselves)

06
- 해석: 유인 우주 미션들이 무인 우주 미션들보다 더 비싸다고 할지라도, 유인 우주 미션들이 더 성공적이다.
- 정답: O

07
- 해석: 당신이 문맥에서 새로운 단어를 하나 읽게 될 때, 당신이 그것의 의미를 추측할 수 있을 매우 좋은 기회가 있다.
- 정답: O

08
- 해석: 그 회사는 다섯 명의 직원들이 있다, 그런데 그들 모두는 컴퓨터 전문가들이다.
- 정답: X (them → whom)

09
- 해석: 그는 학생들은 또한 모든 창의적인 천재들이 열정적으로 열심히 일하고 믿을 수 없는 정도로 많은 수의 아이디어를 창출하지만, 그것들 대부분은 나쁜 것이라는 것을 배워야 한다고 말한다.
- 정답: X (which → them)

10
- 해석: 당신 아들의 머리는 당신보다 길다.
- 정답: X (you → yours)

11
- 해석: 내가 이 정원에 들어가자마자 목격한 최초의 것은 발목 높이의 풀이 담장 반대편에 있는 것보다 더 푸르다는 것이다.
- 정답: X (those → that)

O/X

12 The store had lost many customers. Despite luxury brands and an exclusive location, the store's management thought the store was still missing something to attract ⓝ **them**. [ ]
2017 국가직 변형

13 After you overcome an obstacle, there will be something else to overcome and there's always another mountain to climb ⓝ **it**. [ ]
2016 지방직 변형

14 ⓝ **This** is possible that the Mongolian tales of cruelty were exaggerated so that they would appear more frightening to their enemies. [ ]
2016 서울시

15 The emergence of a global economy makes ⓝ **it** more and more difficult to contain the consequences of any disaster within one country's borders. [ ]
2018 교행직

16 ⓝ **It** was when I got support across the board politically, from Republicans as well as Democrats, that I knew I had done the right thing. [ ]
2016 서울시

17 Top software companies are finding ⓝ **that** increasingly challenging to stay ahead. [ ]
2017 지방직

18 The adaptation of mammals to almost all possible modes of life parallels ⓝ **those** of the reptiles in Mesozoic time. [ ]
2015 서울시 7급

19 Although Julia Adams was almost totally deaf in one ear and had weak hearing in ⓝ **another**, she overcame the handicap and became an internationally renowned pianist. [ ]
2008 경찰

해석 & 정답

12
- 해석: 그 가게는 많은 고객을 잃었다. 고급 브랜드들과 독점적인 위치에도 불구하고, 그 가게의 경영진은 가게가 여전히 고객들을 끌어들일 무언가를 놓치고 있다고 생각했다.
- 정답: O

13
- 해석: 당신이 장애물을 극복한 후에, 극복해야 할 다른 무엇인가가 있을 것이고 항상 올라야 할 또 다른 산이 있다.
- 정답: X (it → 제거)

14
- 해석: 몽골인들이 그들의 적들에게 더 무서운 것같이 보이기 위해 몽골 이야기의 잔인함이 과장되었다는 것은 가능한 것이다.
- 정답: X (This → It)

15
- 해석: 세계 경제의 등장은 어떤 재난의 결과를 한 국가의 경계선 안에 두는 것을 점점 더 어렵게 만든다.
- 정답: O

16
- 해석: 내가 옳은 일을 했다는 것을 알게 된 것은 바로 내가 민주당원들뿐 아니라 공화당원들한테서도 정치적으로 전반에 걸쳐 지지를 받았을 때이다.
- 정답: O

17
- 해석: 최고의 소프트웨어 회사들은 앞서 나가는 것이 점점 더 도전적이라는 것을 발견하고 있는 중이다.
- 정답: X (that → this)

18
- 해석: 거의 모든 가능한 생활양식에 있어서 포유류가 적응하는 것은 중생대 파충류의 그것과 유사하다.
- 정답: X (those → that)

19
- 해석: Julia Adams는 한쪽 귀가 거의 완전히 안 들렸고 다른 한쪽 귀도 청력이 약했지만, 그녀는 자신의 장애를 극복하고 국제적으로 유명한 피아니스트가 되었다.
- 정답: X (another → the other)

O / X

20 The skeleton supporting this ancient shark's gills is completely different form ⓝ **those** of a modern shark's. [   ]

2015 국가직 7급

21 As far as inequalities of income are concerned, it seems that ⓝ **it** must not exceed the point where differences in income lead to differences in the experience of life. [   ]

2012 서울시

22 It is difficult to call off ⓝ **it** right now. [   ]

해석 & 정답

20
해석 이 고대 상어의 아가미를 떠받치는 뼈대는 현생 상어의 그것과는 완전히 다르다.
정답 X (those → that)

21
해석 소득의 불평등에 관한 한, 불평등은 소득의 차이들이 인생 경험의 차이들의 결과를 가져오는 지점을 넘어서서는 안 되는 것처럼 보인다.
정답 X (it → they)

22
해석 그것을 지금 당장 취소하는 것은 어렵다.
정답 X (call off it → call it off)

10 that

1 대명사
 ① S, O, C자리
 ② vs those (비교의 대상-단수 vs 복수)
 CF those = people

2 한정사
 명사 한정역할 (형용사 역할)

3 부사

4 관계대명사
 ① vs what (C.S vs I.S)
 ② 주의해야 할 관계대명사의 용법
 * (계속적 용법 불가)
 * (전치사+관계 대명사 that 불가)

5 관계부사

6 명사절
 ① S, O, C 자리 CF 목적절 that 생략 가능
 ② 가S, 가O
 ③ **병렬-뒤 that 생략 불가능**
 ④ that vs whether

7 동격절

8 부사절
 ① 특수 that절
 ② 형용사 수식
 ③ so that
 ④ so ... that / such ... that (도치 포함)

9 it - that 강조

10 etc

O/X

01 As a result, all historical accounts are reconstructions of some sort, and thus likely to change over time. ⓝ **That** also means ⓜ **that** the study of history cannot offer absolute certainties, but only approximations, of a reality that once was.
ⓝ [   ] ⓜ [   ]

02 Americans of all ages expect their futures to be an improvement on their presents, and although citizens of other nations are not quite as optimistic as Americans, they also tend to imagine that their futures will be brighter than ⓝ **that** of their peers. [   ]
2009 법원행정처

03 ⓝ **Those** who want to use the library borrowing services and the recreational, athletic, and entertainment facilities must have an authorized identification card. [   ]
2014 국가직 변형

04 ⓝ **That** characteristic of water is good news for fish and other animals that live underwater wherever the temperatures drop to freezing. [   ]

05 She isn't all ⓝ **that** rich ⓜ **that** she can buy the luxurious sports car. [   ]

06 One of the tricks our mind plays is to highlight evidence which confirms ⓝ **that** we already believe. [   ]
2017 지방직

07 Culture consist of the rules, norms, values, and mores of a group of people, ⓝ **that** have been learned and shaped by successive generations. [   ]
2019 소방

해석 & 정답

01
-해석 따라서, 모든 역사적인 설명은 일종의 재구성이다, 그래서 시간이 지남에 따라 변화할 가능성이 있다. 그것은 또한 역사 연구가 절대적인 진리를 제공하는 것이 아니라, 한때 현실이었던 것에 대한 접근을 제공할 수 있다는 것을 의미한다.
-정답 ⓝ O / ⓜ O

02
-해석 모든 연령대의 미국인들은 자신들의 미래가 그들의 동료들의 미래보다 더 밝을 것으로 예측한다. 그리고 다른 나라의 시민들은 미국인들만큼 아주 긍정적이지는 않지만, 그들 또한 자신들의 미래가 그들의 동료들의 미래보다 더 밝을 것으로 상상하는 경향이 있다.
-정답 X (that → those)

03
-해석 도서관 대출 서비스와 레크리에이션, 운동, 오락시설을 사용하고자 하는 사람들은 인증된 신분증을 가지고 있어야 한다.
-정답 O

04
-해석 물의 그 특징은 온도가 어는점으로 떨어질 때마다 수면 아래에 살고 있는 물고기나 다른 동물들에게 있어서 희소식이다.
-정답 O

05
-해석 그녀는 그 럭셔리한 스포츠카를 구입할 수 있을 정도로 그렇게 부자는 아니다.
-정답 ⓝ O / ⓜ O

06
-해석 우리의 마음이 작동하는 방법들 중 하나는 우리가 이미 믿고 있는 것을 확인해주는 증거를 강조하는 것이다.
-정답 X (that → what)

07
-해석 문화는 사람들 집단의 규칙, 규범, 가치, 그리고 풍습들로 구성되어 있다. 그런데 그것은, 대대로 이어지는 세대들에 의해서 학습되고 형성되어 왔다.
-정답 X (that → which)

해석 & 정답

08
- 해석: 서유럽과 미국에서 버려진 수천 대의 컴퓨터들은 매일 서아프리카의 항구들에 도착하여, 결국 거대한 독성이 있는 쓰레기 폐기장이 된다. 그런데 거기에서 아이들이 돈이 되는 금속들을 골라내기 위해 그것들을 태우고 분해한다.
- 정답: X (that → where)

09
- 해석: 사회학자 Glen Elder는 성장을 위한 민감한 시기 — 십대 후반부터 30대 초반까지 — 가 있다고 제시했는데, 그 시기 중에 실패가 가장 이롭다.
- 정답: X (that → which)

10
- 해석: 나는 당신에게 당신과 함께 당신의 리더십 기술들을 보여줄 가장 많은 기회를 가졌던 선생님들의 추천서를 요청하도록 권하겠습니다.
- 정답: X (that → whom)

11
- 해석: 우는 것은 아기들이 바깥세상이 그들이 필요로 하는 무언가를 알게 할 수 있는 가장 강력한 방법이다.
- 정답: O

12
- 해석: 빈곤의 기준 가까이 맴돌고 있는 사람들이 그들과 비슷한 동료들을 도와줄 가능성이 큰 이유의 일부는 가난한 사람들은 힘든 시기를 잘 넘기기 위해 자주 함께 뭉쳐야 한다는 것이다.
- 정답: O

13
- 해석: 비타민 D결핍이 근육, 뼈 그리고 면역성에 영향을 미칠 수 있다는 것 그리고 심지어 암과도 관련이 있다는 것은 잘 알려져 있다.
- 정답: O

14
- 해석: 정보를 쓸어 모으는 데 있어서 눈은 귀보다 수천 배 더 효율적일 수 있다는 것은 가능하다.
- 정답: O

15
- 해석: 나는 내가 이 계속된 귀중한 사무실 자원의 잘못된 사용을 참지 않을 것이고 그 관행은 즉시 중단되어야 한다는 것을 아주 분명하게 하기를 원한다.
- 정답: O

O / X

08 Thousands of discarded computers from Western Europe and the U.S.A. arrive in the ports of West Africa every day, ending up in massive toxic dumps, ⓝ **that** children burn and pull them apart to extract metals for cash. [ ]
2013 법원직

09 The sociologist Glen Elder proposed that there is a sensitive period for growth — late teens through early 30s — during ⓝ **that** failures are most beneficial. [ ]
2019 경찰

10 I would encourage you to request a reference letter from the teachers with ⓝ **that** you have had the most opportunity to demonstrate your leadership skills. [ ]
2016 경찰

11 Crying is the most powerful way ⓝ **that** babies can let the outside world know they need something

12 Part of the reason why people hovering near the poverty line are more likely to help their fellow humans is ⓝ **that** poor people must often band together to make it through tough times. [ ]
2017 국가직

13 ⓝ **That** vitamin D deficiency can affect one's muscles, bones and immunity and is even associated with cancer is well known. [ ]
2015 지방직 변형

14 It is probable ⓝ **that** the eyes may be a thousand times as effective as the ears sweeping up information. [ ]
2017 국가직

15 I wish to make it quite clear ⓝ **that** I will not tolerate this continued misuse of valuable office resources, and the practice is to cease immediately. [ ]
2016 경찰

O/X

16 More recently, some movies explored the possibility of sustaining human life in outer space, while other films have questioned ⓝ **that** extraterrestrial life forms have visited our planet. [　]
2019 국가직

17 At times, it is difficult to decide ⓝ **that** two or more societies are independent or should be treated as one. [　]

18 There is no support in research for the popular notion ⓝ **that** slow reading leads to better comprehension. [　]

19 She has an advantage over you in ⓝ **that** she can speak Chinese. [　]

20 Now ⓝ **that** I am here with you, you have nothing to worry about. [　]

21 Given ⓝ **that** she is interested in children, I'm sure teaching is right career for her. [　]

22 Provided ⓝ **that** the sample product is up to standard, we intend to place all of our future orders with you. [　]

23 I don't have much to tell you except ⓝ **that** I am innocent. [　]

24 I am happy ⓝ **that** you passed the exam. [　]

해석 & 정답

16 해석 조금 더 최근에는, 어떤 영화들이 외부 우주에서 인간의 생명을 유지할 수 있는 가능성을 탐구했으며, 반면에 몇몇 다른 영화들은 외계 생명체가 우리 지구를 방문할 수 있었을 것인지에 관하여 의문을 제기했다.
정답 X (that → whether)

17 해석 가끔씩, 두 개 또는 그 이상의 사회들이 독립적인지 아니면 하나로 취급해야만 하는지를 결정하는 것은 힘든 일이다.
정답 X (that → whether)

18 해석 책을 천천히 읽는 것이 더 좋은 이해의 결과를 가져온다는 대중적인 생각에 대한 연구적인 근거는 없다.
정답 O

19 해석 그녀가 중국어를 할 수 있다는 점에서 그녀는 너보다 우위에 있다.
정답 O

20 해석 내가 너와 함께하기 때문에, 너는 걱정할 것이 아무것도 없다.
정답 O

21 해석 그녀가 아이들에게 관심이 있다는 점을 고려해 봤을 때, 나는 가르치는 일이 그녀에게 딱 맞는 직업이라고 확신한다.
정답 O

22 해석 샘플 제품이 기준에 도달한다면, 우리는 당신에게 앞으로 있을 모든 주문을 할 의도가 있다.
정답 O

23 해석 내가 무죄라는 점을 제외하고는 당신에게 할 말이 많이 없다.
정답 O

24 해석 나는 네가 시험에 합격해서 행복하다.
정답 O

O / X

25 Street banks had grown to such staggering sizes, and had become so central to the health of the financial system, ⓝ **that** no rational government could ever let them fail. [   ]

2019 국가직

26 When you were born, you cried and the world rejoiced. Live your life so ⓝ **that** when you die, the world cries and you rejoice. [   ]

27 Many birds are large enough to carry radio-transmitters or other electronic devices, so ⓝ **that** their day-to-day activities and movements can be recorded. [   ]

28 After all, it is what the students do and not what the teacher does ⓝ **that** counts in their progress. [   ]

29 It was not until after he graduated from high school ⓝ **that** he could earn his own living. [   ]

30 He's a local government administrator, ⓝ **that** is to say a civil servant. [   ]

31 The town has a concert hall and a church. ⓝ **That** was built in 1930s and this was built in 1950s. [   ]

해석 & 정답

25
- **해석** 월가의 은행들은 너무 거대한 규모로 성장했고, 금융 체계의 건전성에 있어서 너무 중심적이게 되어서 합리적인 정부라면 그들이 파산하도록 내버려 둘 수 없었다.
- **정답** O

26
- **해석** 당신이 태어났을 때, 당신은 울었고 세상은 즐거워했다. 당신이 죽을 때, 세상이 울고 당신이 기뻐할 수 있도록 세상을 살아가라.
- **정답** O

27
- **해석** 많은 새들은 무선 전송기 또는 다른 전자 장비들을 지닐 수 있을 정도로 몸짓이 크다, 그래서 그들의 일상의 활동들과 움직임들이 기록되어질 수 있다.
- **정답** O

28
- **해석** 결국, 그들의 발전에 있어서 중요한 것은 바로 교사들이 무엇을 하느냐에 있는 것이 아니라 학생들이 무엇을 하느냐이다.
- **정답** O

29
- **해석** 그가 생계를 위해서 돈을 벌 수 있었던 것은 바로 그가 고등학교를 졸업하고 나서야 비로소 가능했다.
- **정답** O

30
- **해석** 그는 지방정부 관리자, 즉 공무원이다.
- **정답** O

31
- **해석** 그 마을은 콘서트장과 교회가 있다. 전자는 1930년대에 지어졌고 후자는 1950년대에 지어졌다.
- **정답** O

11 관계사 (완전절 vs 불완전절)

★ 완전절 vs 불완전절

1 Basic Concept
C.C - Complete Clause '완전절'
I.C - Incomplete Clause '불완전절'

관계대명사+I.C
who(m)
which
that
what

관계부사+C.C
when
where
why
how
that

복합 관계대명사 [whoever / whichever / whatever]+I.C
복합 관계부사 [whenever / wherever / however]+C.C

전치사+관계대명사+C.C

명사절 that+C.C

동격절 that+C.C

whose+C.C

2 C.C와 I.C 구별
CF 우리말로 자연스러움 vs 부자연스러움 ≠ 완전절 vs 불완전절
  I went.
  I went to there.

* 관계사 뒤 V-ⓝ

① N 관계사 or that V – → 불완전절
　　　　　　　　　　　↳ S가 없으므로

② N 관계사 or that S V –
　　　　　　　C.C vs I.C

	[C.C]				vs	[I.C]		
V1	S	V1			/			
V2	S	V2	S.C		/	S	V2	S̶.̶C̶
V3	S	V3	O		/	S	V3	O̶
V4	S	V4	Ⓐ I.O	Ⓑ D.O	/	S	V4	Ⓐ I.O / A̶	Ⓑ D.O
V5	S	V5	Ⓐ O	Ⓑ O.C	/	S	V5	Ⓐ O / A̶	Ⓑ O.C

둘 중에 어법상 옳은 것을 고르세요.

01 [**That** / **What**] he refused our proposal was a big surprise to us.

02 This is just [**that** / **what**] I have been looking for so long.

03 Man is the only creature [**what** / **that**] consumes without producing.

04 I've heard stories [**which** / **what**] were more interesting than those on TV programs.

05 They have thick tails that grow thicker after meals because that's [**what** / **where**] they store fat.

06 On August 27, [**which** / **when**] Mars was closer to Earth than ever, the one-way travel time of light was just 3 minutes and 6 seconds.

07 Gila monsters also sometimes eat carrion, [**which** / **that**] is an animal that is already dead.

08 Hope, [**which** / **that**] seems like the thinnest little thread, is an incredibly powerful force.

09 A zoologist is the scientist [**who** / **whose**] studies animals and their behaviors.

해석 & 정답

01
- 해석: 그가 우리의 제안을 거부했다는 것이 우리에게 큰 놀라움이었다.
- 정답: That

02
- 해석: 이것이 내가 그렇게 오랫동안 찾았던 것이다.
- 정답: what

03
- 해석: 인간은 생산하지 않고서 소비만 하는 유일한 동물이다.
- 정답: that

04
- 해석: 나는 TV프로그램들에 나오는 것보다 더 흥미로운 이야기들을 들었다.
- 정답: which

05
- 해석: 그것들은 먹을 것을 먹은 후에 더 두꺼워지는 두꺼운 꼬리를 가지고 있다. 그것은 그 곳이 지방을 저장하는 곳이기 때문이다.
- 정답: where

06
- 해석: 화성이 지금까지보다 지구에 더 가까워지는 8월 27일에, 빛의 편도 이동 시간은 단지 3분 6초였다.
- 정답: when

07
- 해석: Gila monsters는 가끔씩 썩은 고기를 먹는다. 그런데 그것은 이미 죽은 동물이다.
- 정답: which

08
- 해석: 가장 가느다란 작은 실처럼 보이는 희망은 믿을 수 없을 정도로 강력한 힘이다.
- 정답: which

09
- 해석: 동물학자는 동물들과 그것들의 행동을 연구하는 과학자이다.
- 정답: who

해석 & 정답

10
- 해석 네가 방해받지 않을 조용한 장소로 가라.
- 정답 where

11
- 해석 나는 할머니로부터 받은 나의 애완견을 잃어버렸다.
- 정답 which

12
- 해석 네가 이탈리아 어디를 가든지 간에, Eurocamp가 숙박을 제공할 것이다.
- 정답 Wherever

13
- 해석 나를 행복하게 만드는 것은 나의 가족이 행복한 것을 보는 것이다.
- 정답 What

14
- 해석 네가 아무리 열심히 노력한다고 할지라도, 너는 그녀를 설득할 수 없다.
- 정답 However

15
- 해석 그들은 재정적인 도움이 필요로 하는 사람은 누구든지 도와줄 것이다.
- 정답 whoever

16
- 해석 우리에게 없으면 안 되는 많은 동물들이 있다.
- 정답 which

17
- 해석 그는 Tom이 그의 아내의 애인을 살해했던 그 집에 산다.
- 정답 where

18
- 해석 네가 오늘 할 수 있는 것은 내일로 미루지 마라.
- 정답 what

19
- 해석 나는 Tom의 여자친구 Jane을 사랑한다는 그 사실을 부인할 수 없다.
- 정답 that

20
- 해석 우리가 미래를 두려워해야 하는 그럴듯한 이유는 없다.
- 정답 that

---

10 Go to a quiet place [**which** / **where**] you are not likely to be disturbed.

★ 관계사 – 뒷문장 → V3의 수동태

11 I've lost my pet dog, [**which** / **that**] I got from my grandmother.

12 [**However** / **Wherever**] you go in Italy, Eurocamp will provide the accommodation.

13 [**What** / **Where**] makes me happy is to see my family happy.

14 [**However** / **Whatever**] hard you try, you can't persuade her.

15 They will help [**whoever** / **whenever** / **wherever**] need financial help.

16 There are many animals [**which** / **where**] we cannot do without.

17 He lives in that house [**which** / **where**] Tom murdered his wife's lover.

18 Don't put off till tomorrow [**which** / **what**] you can do today.

19 I can't deny the fact [**which** / **that**] I love Tom's girlfriend, Jane.

20 There is no good reason [**which** / **that**] we should fear the future.

MEMO

장대영 영어
트로이 목마 문법/구문/독해

Part 02

구문

Chapter 01 좌에서 우로 읽기

Chapter 01 좌에서 우로 읽기

01 문장 앞 Series

1 문장 앞 That

image NOTE

① That - V - .
  ⇨ That - V - .   [대명사]
     S
② That N - V - .
        S
  ⇨ That N - V - .   [지시형용사]
③ That ⓢ ⓥ - V - .
  ⇨ [That ⓢ ⓥ -] V - . [주어 '-것']+2번째 V 앞 끊기
     S

That the adult smoking rate is gradually dropping is not good news for big tobacco companies.
2017 경찰

성인의 흡연율이 점차적으로 떨어지고 있다. / 그런데 그것은 좋은 소식이 아니다. / 큰 담배 회사들에게는

2 문장 앞 What

image NOTE

① What V S - ?
  ⇨ 의문사 what   [의문사 '무엇']
② What (ⓢ) ⓥ V - .
  ⇨ [What (ⓢ) ⓥ] V - . [주어 '-것']+2번째 V 앞 끊기
         S

What is learned in the cradle is carried to the grave. ⟨proverb⟩
요람에서 배워진다. / 그런데 그것은 옮겨진다. / 무덤으로

3 문장 앞 Whether

image NOTE

① Whether ⓢ ⓥ -, S V -.
   ⇨ 양보절   [양보절 접속사 '-이든지 아니든지 간에']
② [Whether ⓢ ⓥ -] V -.
       S
   ⇨ 명사절   [주어 '-인지 아닌지 (여부)']

Whether people remain proud of their original accent or change their speech habits may differ from individual to individual. 2018 국가직 변형
사람들이 원래의 언어의 강세를 자랑스러워하거나 그들의 언어 습관을 바꾼다. / 그런데 그것은 개인마다 다를지도 모른다.

(CF) **Whether** it is sunny or rainy, she said she would go out with him.
날씨가 좋거나 비가 온다. / 그녀는 말했다. / 그녀는 그와 함께 외출할 것이다.

4 문장 앞 -ever

image NOTE

① -ever (ⓢ) ⓥ -, S V -.
   ⇨ 양보절   [양보절 접속사 '-이든지 간에']
② [-ever (ⓢ) ⓥ -] V -.
       S
   ⇨ 명사절   [주어 '-이든지 간에']

Whoever wins the race next month will get the trophy.
다음 달에 그 경기에서 누가 이긴다. / 그런데 그 사람이 그 트로피를 탈 것이다.

(CF) **Whatever** reading method is used, real-life reading material is the best way to improve your reading skills.
무슨 읽기 방식이 사용된다. / 실제의 삶의 읽기 내용이 최고의 방식이다. / 너의 읽기 기술을 향상 시키는

5　문장 앞 -ing

image NOTE

① -ing - , S V - .
　⇨ -ing - , S V - .　　[분사구문]
　　V-능동

② -ing - , V - .
　⇨ -ing - , V - .　　[주어 -'것']
　　S

③ -ing - , V S - .
　⇨ -ing - , V S - .　　[도치]
　　S.C

cf) -ing N V - . ⇨ -ing N V - .
　　　　　　　　　　　　S

Speaking two languages rather than just one has obvious practical benefits in an increasingly globalized world. ²⁰¹⁵ 서울시
두 개의 언어를 말한다. / 하나의 언어보다는 / 그런데 그것이 분명한 실질적인 장점을 가진다. / 점점 더 글로벌한 세상에서

(CF) **Waiting** for the speaker to begin, I prayed in silence that he would not read but speak instead directly to the audience with his own words about the subject. ²⁰¹⁷ 지방직 변형
기다렸다. 그 연설자가 시작하기를 / 나는 기도했다. 조용히 / 그가 읽지 않고 관객에게 직접 말하기를 / 자신의 언어로 / 그 주제에 대해서

02 who/which/when/where

1. who

image NOTE

① ~ , who (S) V - .
　　그런데 그 사람은(을)

A ban on cellphones in schools has been unpopular among parents, who worry about not being able to contact their children during school hours and in the time just before and after. 2015 서울시 변형

교내에서 핸드폰 사용 금지는 / 인기가 없었다. 부모들 사이에서 / 그런데 그 부모들은 걱정한다. 그들의 자녀와 연락할 수 없다는 것에 대하여 / 학교에 있는 시간 동안 / 그리고 그 이전이나 그 이후에

2. which

image NOTE

① ~ , which (S) V - .
　　그런데 그 그것은(을)

Researchers from a university surveyed more than 3,000 primary school children of all ages and found that 12% of them suffer from poor working memory, which seriously impedes their learning. 2016 국가직

한 대학의 연구자들이 / 조사했다. 3000명 이상의 초등학교 학생들을 모든 연령대의 / 그리고 발견했다. / 그들 중 12%가 안 좋은 작동기억을 겪었다는 것을 / 그런데 그것이 그들의 학습을 심각하게 방해한다.

3 , when

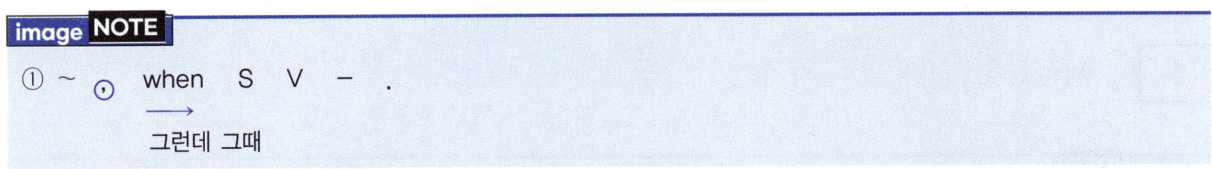

Imagine a typical tourist who goes to another country on a group tour. He probably travels at a peak time, when the airports are crowded and unpleasant.
상상해라 / 전형적인 관광객을 / 그런데 그 사람은 또 다른 나라로 그룹 투어로 이동한다. / 그는 아마도 성수기 때 이동한다. / 그런데 그때 공항은 붐비고 불쾌하다.

4 , where

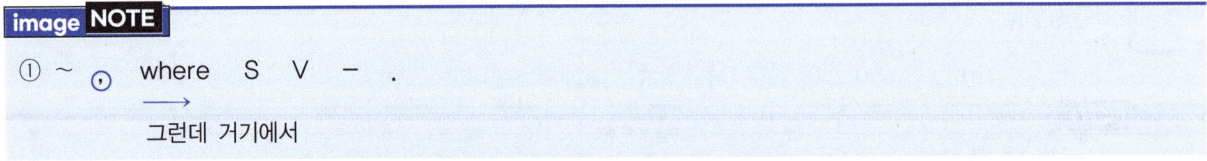

Natural philosophy was routinely contrasted with 'mixed mathematical' subjects such as optics, hydrostatics, and harmonics, where numbers could be applied to measurable external quantities such as length or duration. 2017 국가직
자연 철학은 / 일반적으로 대조된다. '혼합된 수학적' 과목들과 / 광학, 정수 역학, 그리고 화성학과 같은 / 그런데 거기에서 숫자들이 적용된다. 측정 가능한 외부로 드러나는 양으로 / 길이나 지속기간 같은

03 N who/which/when/where/why/that

1 N who (s) v

image NOTE

① ~ N who (S) V – .
　　　→
　　　그런데 그 사람은(을)

For me, the definition of an entrepreneur is someone who can combine innovation and ingenuity with the ability to execute that new ides. ²⁰¹⁸ 국가직

나에게는, 기업가의 정의는 누군가이다. / 그런데 그 사람은 결합할 수 있다. / 혁신과 독창성을 능력과 / 그 새로운 아이디어를 실행에 옮길 수 있는

2 N which (s) v

image NOTE

① ~ N which (S) V – .
　　　→
　　　그런데 그 그것은(을)

Einstein changed the way we think about the most basic things which are space and time.
아인슈타인은 변화시켰다. / 우리가 생각하는 방식을 / 대부분의 기본적인 것들에 관하여 / 그런데 그것은 공간과 시간이다.　²⁰¹⁶ 서울시

3 N when s v

image NOTE

① ~ N when S V - .
   →
   그런데 그때

As a leader, you need to provide support for those times when change is hard, and that support is about the example you set, the behaviors you encourage and the achievements you reward.

2019 법원직

리더로서, 당신은 도움을 제공할 필요가 있다. / 그러한 시간을 위해서 / 그런데 그때, 변화는 어렵다. / 그리고 그 도움은 관련된 것이다. / 네가 정한 본보기, 네가 권장하는 행동들 그리고 네가 보상하는 성취들

4 N where s v

image NOTE

① ~ N where S V - .
   →
   그런데 거기서

Climate change has narrowed the range where bumblebees are found in North America and Europe in recent decades, according to a recent study, published in the journal Science.

2017 사회복지직

기후 변화는 범위를 좁혔다. / 그런데 거기서 호박벌이 발견된다. / 북아메리카와 유럽에서 최근 몇십 년간 / 최근 연구에 따르면, / Science 지에 발표된

5　N why s v

image NOTE

① ~ N why S V — .
　　　　→
　　그런데 그 이유는

I cant' think of a single reason why I should be a surgeon, but I can think of a thousand reasons why I should quit. *Grey's Anatomy*

나는 생각할 수 없다. 한 가지 이유를 / 그런데 그것은 내가 외과 의사를 되어야만 하는 것이다. / 그러나 나는 생각할 수 있다. 천 가지 이유를 / 그런데 그것은 내가 그만두어야만 하는 것이다.

6　N that (s) v

image NOTE

① ~ N that (S) V — .
　　　　→
　　그런데 그것은(을)

His survival over the years since independence in 1961 does not alter the fact that the discussion of real policy choices in a public manner has never occurred. 2018 서울시

그의 생존은 / 몇 년 동안에 / 1961년 독립 이후로 / 바꾸지 않는다. 그 사실을 / 그런데 그것은 실질적인 정책 선택에 관한 토론이 / 대중적인 방식으로 / 한 번도 일어나지 않았다.

04 N whose N'

image NOTE

① ~ N whose N' (S) V — .
        →
        N의 N'

Marriage is a book whose the first chapter is written in poetry and the remaining chapters in prose. Beverley Nichols
결혼은 책이다. / 그런데 그것의 첫 장은 써진다. 시로 / 그리고 나머지 장은 써진다. 산문으로

05 전치사 + whom/which

1 N 전치사+whom

image NOTE

① ~ N 전치사+whom (S) V — .
        →
        '전치사' 의미를 살려서

I would encourage you to request a reference letter from the teachers with whom you have had the most opportunity to demonstrate your leadership skills. 2016 경찰
나는 권장한다. 너에게 / 추천서를 요청하기를 / 너의 선생님으로부터 / 그런데 그들과 너는 대부분 기회를 가졌다. / 너의 리더십 기술을 증명할 수 있는

2 N 전치사+which

image NOTE

① ~ N 전치사+which (S) V — .
        →
        '전치사' 의미를 살려서

Many businesses hire new workers through internships through which the companies offer full-time positions to a certain portion. 2016 서울시 7급
많은 회사들이 고용한다./ 새 직원들을 / 인턴십을 통해서 / 그런데 그것을 통해서 회사들은 제공한다. 정규직을 / 어느 정도는

CF 두 번째 동사 앞 끊기와 비교

image NOTE

```
모양)   N   who    -  V1  -  V2  -.
            whose
            whom
            which
            when
            where
            why
            that

단순화)  N   관계사 / that   -  V1  -  V2  -.

V발견) ①  N  ( 관계사 / that  -  V1  - )  V2  -.
           s
        ②  N  ( 관계사 / that  -  V1  - )  V2  -.
                                              문장 V
```

① All students who want to use the library borrowing services and the recreational, athletic, and entertainment facilities must have an authorized summer identification card. <small>2014 국가직</small>
도서관 대출 서비스와 레크리에이션, 운동, 오락 시설들을 이용하기를 원하는 / 모든 학생들은 / 가지고 있어야 한다. / 인증받은 여름(학기) 신분증을

② A Caucasian territory whose inhabitants have resisted Russian rule almost since its beginnings in the late 18th century has been the center of the incessant political turmoil. <small>2013 지방직</small>
18세기 후반에 그것의 시작 이후로 거주자들이 러시아의 규칙에 저항했던 / 코카서스 영토는 / 중심이 되었다. / 끊임없는 정치적인 소동의

③ The right to wield power and the extent to which an authority should wield power must be questioned and negotiated lest the power be abusive and lead to injustice and unfairness. <small>2013 지방직</small>
힘을 행사할 권리와 / 권위가 힘을 행사할 범위는 / 의심을 받고 협상되어야 한다. / 힘이 남용되고 불공정과 불공평함의 결과를 가져오지 않도록

06 접+S V -, S' V' -. ⇨ S V -. S' V' -.

부사절과 주절이 나올 때, 부사절의 접속사를 없애고 부사절을 한 문장으로, 주절을 한 문장으로 따로따로 취급하여 두 문장으로 해석하는 방법도 좋은 방법이다.

① While fats have lately acquired a bad image, one should not forget how essential they are.
지방은 최근에 나쁜 이미지를 얻게 되었다. / 잊어서는 안 된다. / 얼마나 필수적인지 / 그것들이   2017 경찰

② There are considerable geographical variations in the proportion of women who are in the labour force, as comparative statistics collected by the international Labour Organization reveal. 2016 국가직 7급
상당한 지리적 차이점이 있다. / 여성의 비율에 있어서 / 그런데 그들은 노동력에 해당한다. / 비교 통계가 / 국제노동기구에 의해 수집된 / 드러낸다.

CF 접 [O] S V -, S' V' -.

① But it's remarkably hard to engage with those people unless you've already put something valuable out into the world. 2018 지방직
그러나 그것은 매우 어렵다. / 그런데 그것은 그 사람들과 관계를 맺는 것이다. / 만약 네가 이미 가치 있는 무엇인가를 내놓지 못한다면 / 세상에

② Be careful lest you let other people spend your time.
조심해라 / 다른 사람들이 너의 시간을 쓰지 않도록

③ Mona Lisa and Michelangelo's David are reproduced so often that we may feel we know them even if we have never been to Paris or Florence. 2015 국가직
모나리자와 미켈란젤로의 다비드는 / 복제되어진다. / 너무 자주 / 우리는 느낀다. / 우리는 그것을 안다. / 비록 우리가 Paris나 Florence를 가본 적이 있다고 해도

④ The boy had no sooner fallen asleep than his father came home. 2015 사회복지직
그 소년이 잠들자마자 그의 아버지가 집에 오셨다.

07	ing/p.p. – , S' V' – . ⇨ V – . S' V' – . S V – , ing/p.p. – . ⇨ S V – . V' – .

주절의 앞이나 뒤에 나온 분사구문을 동사로 바꾸어 주절과 함께 두 문장으로 해석하는 방법도 좋은 방법이다.
이때, ~ing로 구성된 분사구문은 능동의 동사로 해석하고, p.p.로 구성된 분사구문은 수동의 동사로 해석한다.

① Waiting for the speaker to begin, I prayed in silence that he would not read but speak instead directly to the audience with his own words about what he knew on the subject. 2017 지방직

기다렸다. / 연설자가 시작하기를 / 나는 기도했다. / 조용히 / 그가 읽지 않고 관객에게 직접 말해주기를 / 자신의 언어로 / 그가 알고 있는 것을 / 그 주제에 대하여

② In the early days of modern banking, goldsmiths accepted gold for storage, giving the owner a receipt stating that the gold could be redeemed at a later date. 2017 서울시

초기에는 / 현대 은행 업무에 / 금세공사들은 받았다. / 금을 / 보관을 위해 / 소유자에게 영수증을 주었다. / 진술하고 있는 / 금이 나중에 되찾아질 수 있다는 것을

③ Designed to measure physical factors such as heart rate and the amount of sleep we get, wearable computing devices could theoretically become positive feedback devices for regulating moods. 2015 사회복지직

설계되었다. / 신체적인 요인들을 측정하기 위해 / 심장 박동수나 수면의 양과 같은 / 착용 가능한 컴퓨터 장비들이 이론적으로 되었다. / 긍정적인 피드백 장비가 / 기분을 조절하는

④ Infectious diseases like smallpox, measles, and flu arose as specialized germs of humans, derived by mutations of very similar ancestral germs that had infected animals. 2015 국가직

감염성 질병들 / 천연두, 홍역, 그리고 독감과 같은 / 발생했다. / 특화된 인간의 세균으로서 / 나왔다. / 돌연변이로부터 / 매우 조상의 세균과 똑같은 / 그런데 그것은 동물들을 감염시켰다.

08 N + -ing/p.p. - , S' V' - . ⇨ S(N) V - . S' V' - .

의미상의 주어가 있는 독립 분사구문에서는 의미상의 주어를 주어로, 분사구문을 동사로 바꾸어 주절과 함께 두 문장으로 해석하는 방법도 좋은 방법이다.
이때, ~ing로 구성된 분사구문은 능동의 동사로 해석하고, p.p로 구성된 분사구문은 수동의 동사로 해석한다.

It being cold outside, I boiled some water to have tea. ^{2018 지방직}
바깥 날씨가 / 추웠다. / 나는 / 끓였다. / 약간의 물을 / 차를 마시기 위해

09 with + N + -ing/p.p. - ⇨ S V - .

- 부대상황과 주절로 구성된 문장에서 부대상황을 한 문장으로, 주절을 한 문장으로 따로따로 취급하여 두 문장으로 해석하는 방법도 좋은 방법이다.
- 부대상황에서 with 뒤에 있는 명사를 주어로, 명사 뒤에 있는 분사를 동사로 바꾸어 주절과 함께 두 문장으로 해석하는 방법도 좋은 방법이다.
이때, ~ing는 능동의 동사로 해석하고, p.p는 수동의 동사로 해석한다.

① With face-to-face conversations crowded out by online interactions, there are fears that an entire generation of young people consumed by social media is struggling to listen, make eye contact or read body language. ^{2017 기상직}
얼굴을 맞대고 하는 대화가 / 밀려났다. / 온라인 상호작용으로 / 두려움이 있다 / 그런데 그것은 전 세대의 젊은이들이 / 소셜 미디어에 사로잡힌 / 어려움을 겪는다. / 듣는 것, 눈을 마주치는 것, 또는 몸짓 언어를 읽는 것에

② With every major university and college offering so-called creative writing courses, novelists and poets are continually scratching and scrambling to land themselves a spot. ^{2016 국가직}
모든 종합 대학과 단과대학들은 / 제공한다. / 소위 창의적인 글쓰기라는 것을 / 소설가와 시인들은 애를 쓰고 있다. / 자신들을 그 자리에 자리 잡도록 하기 위해

10. 접속사 + -ing/p.p. ⇨ 접속사 + V

'접속사 + 분사'와 주절로 구성된 문장에서 '접속사 + 분사'를 '접속사 + 동사'로 바꾸어 주절과 함께 두 문장으로 해석하는 방법도 좋은 방법이다.
이때, ~ing는 능동의 동사로 해석하고, p.p는 수동의 동사로 해석한다.

① When remembering people, we will typically recall their faces and other distinguishing features that remain relatively invariant rather than items which may change. 2014 지방직
사람을 기억할 때 (사람을 기억한다) / 우리는 보통 떠올린다. / 그들의 얼굴과 다른 구별되는 특징들을 / 그런데 그것은 남아있다. / 상대적으로 변함없이 / 사항들보다는 / 변할지도 모르는

② If advertised properly, the movie would be successful in foreign markets.
적절하게 광고되면 [적절하게 광고된다] / 영화는 성공할 것이다. / 해외 시장에서

11 가주어 / 진주어

image NOTE

① It be V 형	| 진 S	CF 진S	
가S 그것은~	그게 뭐냐면~	1. to V	
② It be V p.p.	| 진 S	2. Ving	
가S 그것은~	그게 뭐냐면~	3. that S V	
③ It V 자동사	| 진 S	whether S V	
가S 그것은~	그게 뭐냐면~	의문사 S V	

① In individualistic cultures, it is easier to consider leaving one job and going to another because it is easier to separate jobs from the self. ²⁰¹⁹ 서울시

개인주의 문화에서, / 그것은 더 쉽다. / 그런데 그것은 / 고려하는 것이다. / 한 직장을 떠나서 다른 직장으로 가는 것 / 왜냐면 / 그것은 더 쉽기 때문에 / 그것은 / 더 쉽다. / 그런데 그것은 / 분리시키는 것이다. / 직장과 자아를

② It is well known that vitamin D deficiency can affect one's muscles, bones and immunity and is even associated with cancer. ²⁰¹⁵ 지방직

그것은 / 잘 알려져 있다. / 그런데 그것은 / 비타민 D 결핍이 / 영향을 미칠 수 있다는 것이다. / 근육과 뼈와 면역성에 / 그리고 / 심지어 관련이 있다. / 암과

③ When we are under stress, it's vital whether we eat between meals or play sports.

우리가 스트레스를 받는다. / 그것은 / 중요하다. / 그런데 그것은 / 우리가 간식을 먹느냐 / 또는 스포츠를 하느냐이다.

④ It matters little who does the work as long as it is done.

그것은 / 중요하지 않다. / 그런데 그것은 / 누가 그 일을 하느냐이다. / 그것이 행해지는 한

⑤ It is convenient living so close to the station.

그것은 / 편리하다 / 그런데 그것은 / 가깝게 사는 것이다. / 역에

12 가목적어 / 진목적어

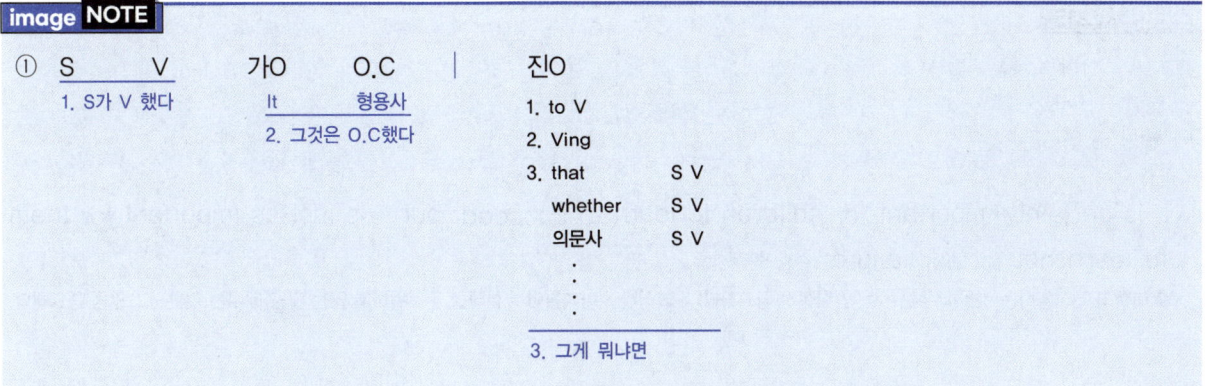

① The emergence of a global economy makes it more and more difficult to contain the consequences of any disaster within one country's borders. 2018 교육행정직

출현은 / 세계 경제의 / 만든다. / 그것이 / 점점 더 어려워지게 / 그런데 그것은 / 포함하고 있다. / 결과들을 / 어떤 재난의 / 한 국경 내에 있는

② I wish to make it quite clear that I will not tolerate this continued misuse of valuable office resources, and the practice is to cease immediately. 2016 경찰

나는 / 원한다. / 만들기를 / 그것을 매우 분명하게 / 그런데 그것은 / 나는 참지 않을 것이다. / 이 계속되는 남용을 / 귀중한 사무실 자원들을 / 그리고 / 그 관행이 / 멈춰져야 한다. 즉시

13 It ... for ● to V

image NOTE

It ··· for ● to V
×   ③   (of) ①   ②

⇨ ●가 to V 하는 것은 ···

① It is certainly important for children to learn to succeed; but it is just as important for them to learn not to fear failure. 2015 지방직

아이들이 / 성공하는 것을 배우는 것은 / 확실히 중요하다; / 그러나 / 아이들이 / 실패를 두려워하지 않는 것을 배우는 것은 / 그만큼 중요하다.

② A lot of women wear sunscreen before they go out, and this often makes it more difficult for their body to produce vitamin D – as sunscreen can block vitamin D-producing ultraviolet rays. 2015 지방직

많은 여자들이 / 바른다. / 자외선 차단제를 / 전에 / 그들이 / 나간다. / 그리고 / 이것은 / 자주 만든다. / 그들의 신체가 / 비타민 D를 만드는 것을 / 어렵게 – 자외선 차단제는 / 막을 수 있다. / 비타민 D를 만들어주는 / 자외선을

14　숨은 그림

1　A of B

image NOTE

①	A of B	(←)	A (of B)	'B의 A'
★②	A of B	(→)	A of B →	'A의 B'
③	A of B	(=) (←)	A of B =	'B라는 A'
④	A of B	(←)	A (of B)　↳ among	'B 중에 A'

Of –　=　Among –

① When cruise ships are docked here, a legion of tourists turn Old Town into a miasma of tank-top-clad tourists marching down the town's limestone-blanketed streets. 2020 국가직
크루즈 배가 / 정박했다. / 여기에 / 많은 여행자들이 / Old Town을 바꾼다, / 공기로 / 탱크 탑을 착용한 관광객들이 / 행진하는 / 마을의 석회암이 깔린 거리로

▲ a legion of ~　많은 ~

② The bulk of the projects have already been finished.
대부분의 프로젝트들이 / 이미 끝났다.

▲ the bulk of ~　대부분의 ~

③ Our immune systems are killing billions of germs right now.
우리의 면역 체계는 / 죽인다. / 수십억의 세균들을 / 지금 당장

▲ billions of ~　수십억의 ~

④ Counterfeits are dangerous for a variety of reasons.
모조품은 / 위험하다. / 다양한 이유로

▲ a variety of ~　다양한 ~

⑤ He's giving a series of lectures on molecular biology.
그는 / 준다. (한다.) / 연속된 강의를 / 분자 생물학에 관한

▲ a series of ~　연속된 ~

⑥ The majority of the people were against the bill.
대다수의 사람들은 / 반대한다. / 그 법안에

▲ the majority of ~   대다수의 ~

⑦ The machine dispenses a range of drinks and snacks.
그 기계는 / 제공한다. / 다양한 음료와 간식들을

▲ a range of ~   다양한 ~

⑧ That meeting, the only summit-level talks to happen between the two Koreas, sparked a thaw in relations and gave rise to an array of new inter-Korean contacts and joint projects.
그 회의 / 유일한 정상 회담이었던 / 두 개의 한국 사이에서 발생한 / 해동시켰다. / 관계에 / 그리고 / 초래했다. / 다수의 새로운 두 국가 사이의 계약과 합동 프로젝트를

▲ an array of ~   다수의 ~

⑨ From what I can hear, there's been some kind of issues in our community.
내가 / 들은 바에 의하면, / 있다. / 일종의 / 문제들이 / 우리 공동체에는

▲ some kind of ~   일종의 ~

2 B는 A 때문이다

① In the nineteenth century, the most respected health and medical experts all insisted that diseases were caused by "miasma," a fancy term for bad air. 2019 지방직
19세기에, / 가장 존경받는 건강 및 의료 전문가들은 / 모두 주장했다. / 질병이 'miasma' 때문이라고 / 그런데 그것은 안 좋은 공기를 말하는 멋진 용어

▲ B be caused by A

② Abnormal behaviors, from simple headaches to convulsive attacks, were attributed to evil spirits that inhabited or controlled the afflicted person's body. 2019 지방직
비정상적인 행동들은, / 단순한 두통에서 경련을 일으키는 발작까지, / 악령 때문이다. / 그런데 그것은 살거나 통제한다. / 그 아픈 사람의 신체에서

▲ B be attributed to A

③ According to John Adams, the phenomenon that safety steps, like mandatory wearing of seat belts, contribute to careless driving may be accounted for by the notion that a greater sense of security tempts people to take more risks.
John Adams에 따르면, / 그 현상 / 그런데 그것은 / 안전 조치들, / 의무적인 안전 벨트 착용과 같은, / 초래한다. / 부주의한 운전을 / 그런데 그것은 / 부주의한 운전이 / 생각 때문일지도 모른다. / 그런데 그것은 / 더 커진 안전감이 / 시도한다. / 사람들이 더 큰 위험을 감수하는 것을

▲ B be accounted for by A

④ Global warming has been driven by the enormous growth in energy use which has gone hand in hand with the rise in human population over the last half century in particular.
지구 온난화는 / 굉장한 성장 때문이다. / 에너지 사용에서 / 그런데 그것은 / 밀접한 관련이 있다. / 인구수의 증가와 / 지난 반세기 동안 / 특히

▲ B be driven by A

⑤ We are witnessing a tremendous change in consumer behavior. That change is being brought about by technology and the access people have to information. [Howard Schultz]
우리는 / 목격하고 있다. / 큰 변화를 / 소비자 행동에서. 그 변화는 / 기술과 접근 때문이다. / 사람들이 정보에 접근하는

▲ B be brought about by A

3 그러므로

I wanted specific answers to specific questions. That was why I visited him.
나는 / 원했다. / 구체적인 대답을 / 구체적인 질문에. 그러므로 / 나는 / 방문했다. / 그를

▲ That is why

4 A 그 이전에는 B

Tsunamis are often preceded by the going back of water away from the coastline, which lures naive beachgoers onto the exposed sea floor just before the tsunami arrives.
쓰나미가 있다. / 그 이전에는 / 후퇴한다. / 물이 / 해안가로부터 / 그런데 그것은 / 유혹한다. / 순진한 해안가를 거니는 사람들을 / 노출된 바다 바닥으로 / 쓰나미가 도착하기 전에

▲ A be preceded by B

5 A 그 다음에는 B

The long drought was followed by months of severe famine.
긴 가뭄이 있었다. / 그다음에는 / 몇 달간의 심각한 기근이

▲ A be followed by B

장대영 영어
트로이 목마 문법/구문/독해

Part 03

독해

Chapter 01 5가지 문장의 연결고리

Chapter 02 순삭(순간삭제)

Chapter 03 독해 유형 총정리

Chapter 01 5가지 문장의 연결고리

Premise(전제)

두 문장 간의 관계, 또는 한 문장 내에서의 두 부분의 관계만 잘 보아도, 해결되는 문제들이 많이 있다.

대표적인 유형들로는 빈칸 추론(독해), 순서 배열(독해), 문장 삽입(독해), 문맥 어휘(독해), 빈칸 어휘, 밑줄 어휘 등이 있다.

앞에서 제시한 유형들은 이 chapter의 제목 그대로 '**연결고리**'만 잘 활용하면, 정답을 골라낼 수 있는 문제들이 많다.

이를 증명하기 위해, 이 chapter의 모든 문제들은 **기출문제**에서 선별하였다.

이 연결고리로는

1. 접속사 / 연결사
2. 지시사
3. + vs −
4. 앞, 뒤 부정어
5. only A

이 5가지가 있다.

앞으로 독해를 하거나 어휘(특히, 빈칸형)문제를 풀 때, 이 5가지 연결고리만 잘 활용하셔도 문제에 대한 집중력이 생길 것이다.

연결고리 1   접속사 / 연결사

두 문장 간의 관계를 가장 잘 보여주는 연결고리로, **접속사**나 **연결사**가 주어지는 경우 이를 활용하는 방법이 있다.

001 주어진 문장이 들어갈 위치로 가장 적절한 것은?   2017 지방직 상반기 9급

> Fortunately, however, the heavy supper she had eaten caused her to become tired and ready to fall asleep.

> Various duties awaited me on my arrival. I had to sit with the girls during their hour of study. (①) Then it was my turn to read prayers; to see them to bed. Afterwards I ate with the other teachers. (②) Even when we finally retired for the night, the inevitable Miss Gryce was still my companion. We had only a short end of candle in our candlestick, and I dreaded lest she should talk till it was all burnt out. (③) She was already snoring before I had finished undressing. There still remained an inch of candle. (④) I now took out my letter; the seal was an initial F. I broke it; the contents were brief.

정답 및 해설

- **해석**   내가 도착했을 때 여러 가지 임무가 나를 기다렸다. 나는 그들의 공부 시간 동안 소녀들과 앉아 있어야 했다. 그리고 나서는 기도문을 읽고, 아이들이 잠자리에 드는 것을 보는 것이 내 차례였다. 그 후에 나는 다른 선생님들과 함께 식사를 했다. 마침내 밤에 잠자리에 들었을지라도, 피할 수 없는 Gryce양은 여전히 나의 동반자였다. 우리 촛대에는 작은 양초만 남아 있었고, 나는 그녀가 양초가 다 타버릴 때까지 이야기하지 않을까 두려웠다. <u>하지만 다행히도 그녀가 먹었던 엄청난 저녁 식사가 그녀를 피곤해지고 잠들 준비가 되도록 만들었다.</u> 내가 옷을 다 벗기도 전에 그녀는 이미 코를 골고 있었다. 여전히 1인치의 양초가 남아 있었다. 나는 이제 내 편지를 꺼냈다. 이니셜이 F인 인장이 찍혀있다. 나는 그것을 찢었다. 내용은 간략했다.

- **연결고리** − 연결사 however
- **해석**   주어진 문장에 however가 있다는 점에 주목한다. ③번 앞에서 그녀가 말을 할까봐 두려워했다는 것은 그녀가 확실히 잠들은 상황은 아니고, 주어진 문장에서 However가 주어진 뒤 잠들기 시작했다는 내용, ③번 뒤에서 확실히 잠들었다는 이야기(코를 골고 있었다)가 있으므로, 주어진 문장은 ③번의 위치가 가장 적절하다.
- **정답**   ③

002 문맥상 빈칸에 들어갈 가장 적절한 것은?

2016 서울시 9급

> Usually several skunks live together; however, adult male striped skunks are _____ during the summer.

① nocturnal
② solitary
③ predatory
④ dormant

정답 및 해설

해설 일반적으로 스컹크는 몇 마리씩 모여 산다. 하지만 다 큰 수컷 줄무늬 스컹크는 여름철에는 홀로 산다.
　① 야행성의, 밤에 일어나는
　② 혼자하는, 외딴
　③ 포식성의
　④ 잠자는, 휴면기의, 활동을 중단한

🔗 **연결고리 － 연결사** however

해설 빈칸 앞에 however가 있다는 점에 주목한다. 주어진 문장에 주어진 however를 기준으로 앞에서 '함께 산다'라는 내용이 있으므로, however 뒤에 나온 빈칸에는 '혼자 하는, 외딴'이라는 의미의 ②번 solitary가 가장 적절하다.

정답 ②

003 밑줄 친 부분에 들어갈 말로 가장 적절한 것을 고르시오.

2017 국가직 지방직 9급

Before the lecture began, the speaker of the day distributed photocopies of his paper to each of the audience, and I got one and leafed through it and grasped the main idea of the text. Waiting for him to begin, I prayed in silence that this speaker would not read but speak instead directly to the audience with his own words about what he knew on the subject. But to my great disappointment, he _____. Soon I found I was mechanically following the printed words on the paper in my hand.

① was afraid of making his lecture too formal
② elaborated on his theories without looking at his paper
③ began to read his lengthy and well-prepared paper faithfully
④ made use of lots of humorous gestures to attract the audience

정답 및 해설

해석 강연이 시작하기 전에, 오늘의 연사는 각 관중들에게 자신의 논문의 복사본을 나누어 주었다. 나도 한 부를 받았고 훑어보면서 이 글의 주제를 파악했다. 그가 시작하기를 기다리면서 나는 이 연사가 그 주제에 대해 그가 알고 있는 것을 관중들에게 단순히 읽어주는 것이 아니라 그 자신의 언어로 연설을 해주기를 조용히 기도했다. 그러나 너무나 실망스럽게도 그는 <u>그의 장황하면서도 잘 준비된 논문을 충실하게 읽어나가기 시작했다</u>. 곧 나는 내가 내 손에 있는 종이 위에 인쇄된 단어들을 기계적으로 따라가고 있는 것을 알아치렸디.
① 그의 강연이 너무 형식적이 될까 두려워했다
② 그의 논문을 보지 않고 그의 이론을 설명했다
③ 그의 장황하면서도 잘 준비된 논문을 충실하게 읽어나가기 시작했다
④ 청중들의 관심을 이끌어내기 위해 많은 유머스러운 몸동작을 사용했다

연결고리 - 접속사 But

해설 <u>빈칸 문장 앞에 But이 있다는 점에 주목한다.</u> 빈칸 문장 앞에서 '연사가 연설문을 읽는 것이 아니라 연설을 해주기를 원했다'라는 내용이 있고, But 뒤에 '실망하게도'라는 의미의 'to my great disappointment'가 있으므로, ③번의 '그의 장황하면서도 잘 준비된 논문을 충실하게 읽어나가기 시작했다'가 가장 적절하다.

정답 ③

004 빈칸에 들어갈 가장 적절한 단어는?

2017 서울시 9급

> Again and again we light on words used once in a good, but now in an unfavorable sense. Until the late Eighteenth century this word was used to mean serviceable, friendly, very courteous and obliging. But a(n) _____ person nowadays means a busy uninvited meddler in matters which do not belong to him/her.

① servile
② officious
③ gregarious
④ obsequious

정답 및 해설

해석 계속해서 우리는 한때 좋은 의미로 쓰였으나 현재는 부정적인 의미로 사용되는 단어들을 우연히 발견하게 된다. 18세기 후반까지 이 단어는 '실용적인, 친숙한, 공손한 그리고 친절한'을 뜻하는 데 사용되었다. 그러나 요즘에는 위세를 부리는 사람이란 그 혹은 그녀에게 속하지 않은 일에 주제넘게 나서서 간섭하기 바쁜 사람을 의미한다.
① 굽실거리는
② 거들먹거리는, 위세를 부리는
③ 남과 어울리기 좋아하는, 사교적인
④ 아부하는

연결고리 — 접속사 But

해설 빈칸 바로 앞에 But이 있다는 점에 주목한다. 빈칸이 있는 문장 앞에서 이 단어의 의미가 '친숙한, 공손한 그리고 친절한'을 의미한다고 나와 있으므로, But이 들어간 빈칸 문장에서는 이 앞에서 나온 의미와 반대 의미를 갖는 단어가 등장해야 한다. 따라서 선지에 있는 단어의 뜻 중 가장 적절한 것은 ②번의 officious '거들먹거리는, 위세를 부리는'이 가장 적절한다.

정답 ②

005 밑줄 친 부분에 들어갈 말로 가장 적절한 것은?

2020 지방직 9급

All of us inherit something: in some cases, it may be money, property or some object—a family heirloom such as a grandmother's wedding dress or a father's set of tools. But beyond that, all of us inherit something else, something _____, something we may not even be fully aware of. It may be a way of doing a daily task, or the way we solve a particular problem or decide a moral issue for ourselves. It may be a special way of keeping a holiday or a tradition to have a picnic on a certain date. It may be something important or central to our thinking, or something minor that we have long accepted quite casually.

① quite unrelated to our everyday life
② against our moral standards
③ much less concrete and tangible
④ of great monetary value

정답 및 해설

해석 우리 모두는 어떤 것을 물려받는데 어떤 경우에 그것은 돈이나 재산이 될 수도 있고 또는 할머니의 웨딩드레스나 아버지의 공구 세트와 같은 가보가 될 만한 물건일수도 있다. 하지만, 그 외에도 우리는 다른 어떤 것, 즉 <u>훨씬 덜 구체적이고 덜 실재하는</u> 심지어 완전히 인식할 수도 없는 것도 물려받는다. 그것은 일상적인 일을 하는 방식일 수도 있고 또는 우리가 특정 문제들을 해결하거나 우리 스스로 도덕적인 문제를 결정하는 방식일 수도 있다. 그것은 휴일을 간직하고 특정한 날짜에 소풍을 가는 전통을 지키는 특별한 방식일 수도 있다. 그것은 우리 사고에 중요하거나 중심이 될 수도 있고 우리가 오랫동안 아주 무심코 받아들인 사소한 것일 수도 있다.
① 우리의 일상생활과 관련성이 많이 없는
② 우리의 도덕적 기준에 반하는
③ 훨씬 덜 구체적이고 덜 실재하는
④ 굉장한 금전적 가치가 있는

연결고리 — 접속사 But

해설 <u>빈칸 앞에 But이 있다는 점에 주목한다.</u> 빈칸 앞에서 제시한 것들이 '돈, 재산, 할머니의 웨딩드레스나 아버지의 공구 세트'와 같은 것으로 But이 있는 빈칸에서는 이와는 반대의 개념인 ③번의 'much less concrete and tangible 훨씬 덜 구체적이고 덜 실재하는' 내용이 가장 적절하다.

정답 ③

006 밑줄 친 부분에 들어갈 말로 가장 적절한 것을 고르시오

2017 국가직 상반기 9급

It is easy to devise numerous possible scenarios of future developments, each one, on the face of it, equally likely. The difficult task is to know which will actually take place. In hindsight, it usually seems obvious. When we look back in time, each event seems clearly and logically to follow from previous events. Before the event occurs, however, the number of possibilities seems endless. There are no methods for successful prediction, especially in areas involving complex social and technological changes, where many of the determining factors are not known and, in any event, are certainly not under any single group's control. Nonetheless, it is essential to _____. We do know that new technologies will bring both dividends and problems, especially human, social problem. The more we try to anticipate these problems, the better we can control them.

① work out reasonable scenarios for the future
② legitimize possible dividends from future changes
③ leave out various aspects of technological problems
④ consider what it would be like to focus on the present

정답 및 해설

해석 미래의 발전에 대한 수많은 가능한 시나리오를 만드는 일은 쉽고, 그 각각은 표면상으로 보기에는 동일하게 가능성이 있어 보인다. 어려운 일은 실제로 어떤 일이 발생할 것인지를 아는 것이다. 시간이 지나고 나서 보면, 이것은 대개 명백한 것처럼 보인다. 시간을 되돌아 볼 때, 각 사건은 명확하며 논리적으로 이전 사건으로부터 뒤따라 나온 것으로 보인다. 그러나 사건이 일어나기 전에 가능성의 숫자는 끝이 없는 것처럼 보인다. 성공적인 예측을 위한 방법은 없으며, 특히 어떤 경우에, 결정적 요인들 중 많은 것들이 알려지지 않았고, 단일 그룹의 통제하에 확실하게 있지 않은 복잡한 사회 및 기술적 변화가 있는 영역에서는 특히 그렇다. 그럼에도 불구하고 미래를 위한 합리적인 시나리오를 만드는 것이 필수적이다. 우리는 신기술이 정말로 이익 배당금과 문제들, 특히 인간적인 문제, 사회적인 문제를 모두 가져올 것이라는 것을 알고 있다. 우리가 이러한 문제를 더 많이 예상하려고 노력하면 할수록, 우리는 그 문제들을 더 잘 통제할 수 있다.
① 미래를 위한 합리적인 시나리오를 만드는
② 미래의 변화로 인해 가능한 이익 배당금을 정당화하는
③ 기술적 문제의 다양한 측면을 빠뜨리는
④ 현재에 초점을 맞추는 것을 고려해보는

연결고리 — 연결사 Nonetheless

해설 빈칸 앞에 Nonetheless가 있다는 점에 주목한다. 빈칸 앞에서 '성공적인 예측을 할 방법이 없다'라는 내용이 있다. 그러므로 Nonetheless 뒤에 있는 빈칸에는 '(그래도) 예측을 해야 한다'의 의미를 가진 ①번의 'work out reasonable scenarios for the future 미래를 위한 합리적인 시나리오를 만드는 것'이라는 내용이 오는 것이 가장 적절하다.

정답 ①

007 밑줄 친 부분에 들어갈 말로 가장 적절한 것은?

2020 지방직 9급

The issue with plastic bottles is that they're not _____, so when the temperatures begin to rise, your water will also heat up.

① sanitary
② insulated
③ recyclable
④ waterproof

정답 및 해설

해석 플라스틱 병에 있어서 문제는 그 병들이 단열이 되지 않는다는 것이다. 따라서 온도가 올라가기 시작할 때, 너의 병 안에 있는 물이 또한 가열될 것이다.
① 위생의, 위생적이
② 단열된, 절연된
③ 재활용할 수 있는
④ 방수의

연결고리 — 접속사 so

해설 빈칸 뒤에 so가 있다는 점에 주목한다. so 뒤에 '플라스틱 병의 온도가 올라갈 때, 그 안의 물의 온도도 올라간다.'라는 내용이 있으므로, so앞에 '원인'에 해당하는 내용이 들어간다는 점과 빈칸 앞에 부정어 not이 있다는 점을 고려해보면, ②번의 'insulated 단열된, 절연된'이 가장 적절하다. 빈칸 앞에 not이 없으면, ②번이 정답이 아님을 다시 생각한다.

정답 ②

008 밑줄 친 부분에 들어갈 표현으로 가장 적절한 것은?

2017 사회 복지직 (서울시) 9급

> Research shows you'll eat less food and take in fewer calories if you eat slowly, so _____ yourself at holiday meals.

① hide
② express
③ pace
④ betray

정답 및 해설

해석 연구에 따르면 만약 천천히 먹으면 음식을 덜 먹게 되고 칼로리를 덜 섭취하게 된다는 것을 보여준다. 그러므로 휴가 때 음식을 천천히 먹어라.
 ① 숨기다, 가죽
 ② 표현하다, 급행의, 급행열차
 ③ (음식을 먹을 때) 속도를 유지하라
 ④ 배신하다

연결고리 - 접속사 so

해설 빈칸 앞에 so가 있다는 점에 주목한다. so 앞에 '원인'에 해당하는 말이 '음식을 천천히 먹으면 음식을 덜 먹게 되고 칼로리를 덜 섭취하게 된다는 것'이 나왔으므로, 빈칸이 들어간 문장이 '결과'에 해당하는 내용으로 완성되려면 ③번의 'pace (음식을 먹을 때) 속도를 유지하라'가 가장 적절하다.

정답 ③

009 밑줄 친 부분에 들어갈 말로 가장 적절한 것을 고르시오.　　　　　2016 지방직 9급

One well-known difficulty in finding new things has been termed the 'oasis trap' by the cognitive psychologist David Perkins. Knowledge becomes centered in an 'oasis' of rich findings and it is just too risky and expensive to leave that still productive and well-watered zone. So people stick to _____. This is what happened to a certain extent in China over many centuries. The huge physical distances between centers of knowledge in China and the fact that the distant centers turned out to be little different from one another discouraged exploration.

① what they know
② the undiscovered world
③ their dream and imagination
④ how things are going to change

정답 및 해설

해석 새로운 것들을 발견하는 데 있어 잘 알려진 하나의 어려움은 인지 심리학자인 David Perkins에 의해 oasis trap이라는 용어로 불린다. 지식은 풍부한 발견의 오아시스 안에 집중된다. 그리고 그 여전히 생산적이고 물이 잘 대어지는 지역을 떠나는 것은 너무 위험하고 비용이 많이 든다. 그래서 사람들은 그들이 알고 있는 것에 매달린다. 이것이 많은 세기 동안 어느 정도 중국에서 일어난 것이다. 중국에서 지식의 중심 간의 기대한 물리적 거리와 그 먼 중심들이 서로 거의 차이가 없다고 밝혀진 사실이 탐험을 단념시켰다.
① 그들이 알고 있는 것
② 미지의 세상
③ 그들의 꿈과 상상력
④ 상황은 어떻게 변하는 것인가

연결고리 – 접속사 So

해설 빈칸 앞에 So가 있다는 점에 주목한다. So 앞에 '원인'에 해당하는 부분인 '지식은 풍요로운 발견에 집중되어 있어, 그것을 버리는 것이 위험하다'는 내용이 나왔으므로, '결과'에 해당하는 So가 들어간 빈칸 문장에는 ①번 '그들이 알고 있는 것'에 매달린다는 내용이 가장 적절하다.

정답 ①

010 밑줄 친 부분에 들어갈 말로 가장 적절한 것은?

2018 국가직 9급

Fear of loss is a basic part of being human. To the brain, loss is a threat and we naturally take measures to avoid it. We cannot, however, avoid it indefinitely. One way to face loss is with the perspective of a stock trader. Traders accept the possibility of loss as part of the game, not the end of the game. What guides this thinking is a portfolio approach; wins and losses will both happen, but it's the overall portfolio of outcomes that matters most. When you embrace a portfolio approach, you will be _____ because you know that they are small parts of a much bigger picture.

① less inclined to dwell on individual losses
② less interested in your investments
③ more averse to the losses
④ more sensitive to fluctuations in the stock market

정답 및 해설

해석 상실에 대한 두려움은 인간에게 기본적인 부분이다. 두뇌에게 있어 상실은 위협이며 우리는 자연스럽게 그것을 피하려고 조치를 취한다. 그러나 우리는 그것을 영구적으로 피할 수는 없다. 상실을 마주하는 한 가지 방법은 주식 거래자의 관점을 갖는 것이다. 거래자들은 손실 가능성을 게임의 끝이 아닌 게임의 일부로 받아들인다. 이러한 사고로 이끄는 것은 포트폴리오 접근법이다; 이득과 손실은 둘 다 일어날 것이다. 하지만 가장 중요한 것은 결과의 전반적인 포트폴리오이다. 당신이 포트폴리오 접근법을 수용하면, 당신은 개인적인 손실을 곱씹는 경향이 더 적을 것이다. 왜냐하면 당신은 그것들이 훨씬 더 큰 그림의 작은 부분들이라는 것을 알기 때문이다.
① 개인적인 손실을 곱씹는 경향이 더 적을
② 당신의 투자에 관심이 더 적을
③ 손실을 더 싫어할
④ 주식 시장에 있어서의 변동에 더 민감할

연결고리 - 접속사 because

해설 빈칸 뒤에 because에 주목한다. 접속사 because 뒷부분이 원인에 해당하고, 빈칸이 들어간 절이 결과에 해당하는 내용이 나와야 한다. '원인'의 내용이 'they가 전체의 작은 부분들이다'이기 때문에 결론에 해당하는 내용은 4개의 선지 중에 ①번의 '개인적인 손실을 곱씹는 경향이 적다'의 내용이 가장 적절하다.

정답 ①

011 밑줄 친 부분에 들어갈 말로 가장 적절한 것을 고르시오.

2016 지방직 9급

The two cultures were so utterly _____ that she found it hard to adapt from one to the other.

① overlapped
② equivalent
③ associative
④ disparate

정답 및 해설

해석 두 문화는 완전하게 이질적이라서 그녀는 한쪽 문화가 다른 쪽에 적응하기란 어렵다는 것을 알았다.
① 겹쳐진
② 동등한
③ 연합의, 연상의
④ 이질적인, 상이한

연결고리 - 접속사 so ... that

해설 빈칸 앞에 so가 빈칸 뒤에 that이 있다는 점에 주목한다. 'so ... that ~'은 '너무 ... 해서 ~하다'라는 내용으로 '...이 원인' '~가 결과'의 인과관계이다. that뒤에 '결과'에 해당하는 내용에 '한 문화가 다른 문화에 적응하기가 어렵다'라는 내용이 나왔으므로 두 문화는 ④번의 disparate 이질적인, 상이한'이라는 '원인'의 내용이 완성되는 것이 가장 적절하다.

정답 ④

012 밑줄 친 부분에 들어갈 말로 가장 적절한 것을 고르시오.

2016 국가직 9급

A group of tribes and genera of hopping reptiles, small creatures of the dinosaur type, seem to have been pushed by competition and the pursuit of their enemies towards the alternatives of extinction or adaptation to colder conditions in the higher hills or by the sea. Among these distressed tribes there was developed a new type of scale—scales that were elongated into quill-like forms and that presently branched into the crude beginnings of feathers. These quill-like scales lay over one another and formed a heat-retaining covering more efficient than any reptilian covering that had hitherto existed. So they permitted an invasion of colder regions that were otherwise uninhabited. Perhaps simultaneously with these changes there arose in these creatures a greater solicitude for their eggs. Most reptiles are apparently quite careless about their eggs, which are left for sun and season to hatch. But some of the varieties upon this new branch of the tree of life were acquiring a habit of guarding their eggs and _____. With these adaptations to cold, other internal modifications were going on that made these creatures, the primitive birds, warm-blooded and independent of basking.

① hatching them unsuccessfully
② leaving them under the sun on their own
③ keeping them warm with the warmth of their bodies
④ flying them to scaled reptiles

정답 및 해설

해설 한 무리의 하핑(도약) 파충류 부족, 다시 말해 공룡 타입의 작은 생명체들은 경쟁과 천적의 위협에 의해 쫓겨나와 멸종에 대한 대안책, 혹은 적응의 방식으로써 바다 옆이나 높은 언덕지대의 추운 지역으로 밀려난 것처럼 보인다. 이러한 곤경에 처한 종족 사이에서, 새로운 형태의 비늘이 생겨나게 되었다 ― 깃털과 같은 형태로 길어져 나와 곧 깃털의 뭉툭한 끝의 형태로 갈라져 나오는 형태의 비늘이다. 이러한 깃털과 같은 비늘이 서로 겹쳐져 있어 현재까지 존재했던 파충류들을 덮고 있던 비늘들보다 훨씬 더 효율적인 열 보존 비늘을 형성하게 된다. 그래서 그들은 그렇지 않았더라면 거주하지 못했을 추운 지역에의 침투가 가능했다. 아마도 이러한 변화와 동시에 이들 생물체 안에서 그들의 알에 대한 엄청난 배려 역시 발생하게 되었다. 대부분의 파충류들은 그들의 알에 대해 명백하게 매우 관심이 없었으며, 알들은 부화를 위해 태양과 시간을 위해 버려지곤 했다. 그러나 생명의 새로운 (진화의) 나뭇가지에 놓인 몇몇 다양한 종들은 그들의 알을 지키고 <u>그들의 몸의 온기로 알을 따뜻하게 하는</u> 관습을 획득하게 되었다. 이렇게 추위에 적응하게 됨으로써, 다른 내적 변화, 즉 이러한 생명체들을 따뜻한 피를 가지고 있고 알을 햇볕에 쪼이는 것으로부터 벗어난 원시적인 형태의 새로 만들어 내는 변화가 진행되게 되었다.
① 부화를 성공하지 못하게 하는
② 그들을 혼자 햇볕을 쬐도록 버려두는
③ 그들의 몸의 온기로 알을 따뜻하게 하는
④ 그들을 비늘에 덮인 파충류에게로 운반하는

🔗 **연결고리** ― 접속사 and

해설 <u>빈칸 바로 앞에 and가 있다는 점에 주목한다.</u> and 앞뒤는 비슷한 내용이 나온다. and 앞에 '자신들의 알을 보호'한다는 내용이 나왔으므로, and 뒤에 있는 빈칸의 내용에는 '알을 보호'한다와 가까운 ③번의 'keeping them warm with the warmth of their babies 그들의 몸의 온기로 알을 따뜻하게 하는'이라는 내용이 가장 적절하다.

정답 ③

013 다음 빈칸에 가장 알맞은 것은?

2016 기상직 9급

> The speaker _____ pompous phrases and instead used simple and direct language.

① asserted
② imitated
③ abandoned
④ boasted

정답 및 해설

해석 그 연사는 질린 제하는 표현을 버린 대신에 단순하고 직접직인 언어를 사용했다.
   ① 주장했다, 단언했다
   ② 모방했다
   ③ 버리다, 포기하다
   ④ 뽐내다, 자랑했다

연결고리 — 접속사 and

해설 빈칸 바로 뒤에 and와 연결사 instead가 있다는 점에 주목한다. and 앞뒤는 비슷한 내용이 나온다. and 뒤에 simple과 direct와 and 앞에 있는 pompous는 반대 성향의 단어이다. 따라서 and 앞뒤가 내용이 비슷해지려면 ③번의 'abandoned 버렸다, 포기했다' 어휘가 가장 적절하다.

정답 ③

014 주어진 문장이 들어갈 위치로 가장 적절한 곳은?

2016 지방직 9급

But the truth is, after you successfully make it through this problem, there will be another problem to face.

Some people are convinced that life is simply a series of problems to be solved. The sooner they get through with the problem they are facing, the sooner they will be happy. (①) And after you overcome that obstacle, there will be something else to overcome and there's always another mountain to climb. (②) That's why it is important to enjoy the journey, not just the destination. (③) In this world, we will never arrive at a place where everything is perfect and we have no more challenges. (④) As admirable as setting goals and reaching them may be, you can't get so focused on accomplishing your goals that you make the mistake of not enjoying where you are right now.

정답 및 해설

해석 몇몇 사람들은 인생은 단지 해결해야 할 일련의 문제들이라고 생각한다. 그들에게 닥친 문제를 더 빨리 끝낼수록, 그들은 행복해진다는 것이다. 그러나 진실은, 당신이 이 문제를 성공적으로 마쳤다 할지라도, 새로이 직면해야 할 다른 문제가 존재한다는 점이다. 그리고 당신이 그 장애물을 극복한 후에도, 극복해야 할 또 다른 것이 있기 마련이며, 등반해야 할 또 다른 산이 있기 마련이다. 바로 이것이 목적지뿐 아니라, 여정 자체를 즐겨야 하는 이유이다. 이 세상에서, 우리는 모든 것이 완벽하고, 더 이상의 도전은 존재하지 않는 곳에는 절대로 도착할 수 없다. 목표를 정하고 거기에 도착하는 것이 아무리 멋진 일이라 해도, 당신의 목표를 성취하는 데 지나치게 몰두하면 안 된다, 그 결과 당신이 지금 처한 상황을 감사 하지 못하는 그런 실수를 하게 될 수도 있다. 목표를 정하고 거기에 도달하는 것은 멋진 일이지만, 당신의 목표 도달에 너무 집중해서 현재 지금 있는 곳에서 즐기지 못하는 실수를 만들어서는 안 된다.

연결고리 — 접속사 and

해설 ①번 뒤에 and가 있다는 점에 주목한다. and 앞뒤는 비슷한 내용이 나온다. ①번 뒤에 나온 '장애를 극복한 후에, 극복해야할 무엇인가가 있을 것이다'라는 내용과 주어진 문장의 내용이 비슷하므로, 주어진 문장이 ①번의 위치에 들어가는 것이 가장 적절하다.

정답 ①

015 밑줄 친 (A), (B)에 들어갈 말로 가장 적절한 것은?

2020 국가직 9급 변형

When an organism is alive, it takes in carbon dioxide from the air around it. Most of that carbon dioxide is made of carbon-12, but a tiny portion consists of carbon-14. So the living organism always contains a very small amount of radioactive carbon, carbon-14. A detector next to the living organism would record radiation given off by the carbon-14 in the organism. When the organism dies, it no longer takes in carbon dioxide. No new carbon-14 is added, and the old carbon-14 slowly decays into nitrogen. The amount of carbon-14 slowly _____(A)_____ as time goes on. In other words, over time, less and less radiation from carbon-14 is produced. The amount of carbon-14 radiation detected for an organism is a measure, therefore, of how long the organism has been _____(B)_____. This method of determining the age of an organism is called carbon-14 dating. The decay of carbon-14 allows archaeologists to find the age of once-living materials. Measuring the amount of radiation remaining indicates the approximate age.

	(A)	(B)
①	decreases	dead
②	increases	alive
③	decreases	productive
④	increases	inactive

정답 및 해설

해석 유기체가 살아 있을 때, 그 유기체는 주변의 공기로부터 이산화탄소를 흡수한다. 이산화탄소의 대부분은 탄소-12로 만들어졌지만, 아주 소량은 탄소-14로 구성된다. 그래서 살아있는 유기체는 항상 아주 적은 양의 방사성 탄소인 탄소-14를 가진다. 살아있는 유기체 옆에 있는 감지기는 유기체에서 탄소-14에 의해 방출된 방사선을 기록한다. 유기체가 죽으면 그 유기체는 더 이상 이산화탄소를 흡수하지 않는다. 어떠한 새로운 탄소-14도 더해지지 않고, 오래된 탄소-14는 천천히 썩어서 질소가 된다. 탄소-14의 양은 시간이 지나면서 서서히 <u>감소한다</u>. 다시 말해서, 시간이 흐르면서 탄소-14로부터의 방사선이 점점 더 적게 만들어진다. 따라서 유기체에서 감지된 탄소-14의 방사선 양은 유기체가 <u>죽은</u> 지 얼마나 됐는지를 측정하는 척도다. 이 유기체의 나이를 결정하는 방법을 탄소-14 연대측정법이라 한다. 탄소-14의 붕괴는 고고학자들이 한때 살아 있던 물질의 나이를 측정할 수 있게 한다. 남은 방사선량을 측정하면 대략적인 나이를 알 수 있다
① 감소하다 - 죽은
② 증가하다 - 살아있는
③ 감소하다 - 생산적인
④ 증가하다 - 활동하지 않는, 비활성의

연결고리 - 연결사 In other words / 지시사 This N

해설 (A) 뒤에 in other words가 있음에 주목한다. 'in other words'는 '즉, 다시 말해서'라는 의미로, in other words 앞뒤의 내용이 비슷하거나, 거의 똑같은 내용이 나온다. (A) 뒤에 '시간이 흐르면서 탄소-14로부터의 방사선이 점점 더 적게 만들어진다.'라는 내용이 나왔으므로, (A) 앞에 내용이 비슷해지려면, (A)에 들어가는 단어는 'decrease'가 가장 적절하다.

(B) 뒤에 'This N'가 나왔다는 점에 주목한다. (B)뒤에 'This method of determining age of an organism'을 (B)앞 내용에서 받으려면, (B)에 들어가는 단어는 'dead 죽은'이 가장 적절하다.

정답 ①

016 다음 괄호에 들어갈 단어로 가장 적절한 것은?

2017 경찰 2차

Some linguists thought that some "primitive" languages were intermediate between animal languages and civilized ones. They (   ) this idea when they discovered that grammatical rules varied in complexity independently of social development.

① adopted
② abandoned
③ appreciated
④ absorbed

정답 및 해설

해석 일부 언어학자들은 어떤 원시적인 언어들이 동물의 언어와 문명화된 언어 사이의 중간이라고 생각했다. 문법적인 규칙이 사회적 발달과는 별도로 복잡성에 있어서 다양하다는 것을 발견했을 때 그들은 이러한 생각을 버렸다.
① 채택했다
② 버렸다, 포기했다
③ 평가했다
④ 흡수했다

연결고리 – 접속사 when

해설 <u>빈칸 뒤에 when이 있다는 점에 주목한다.</u> 빈칸 뒤에 있는 when 뒤에서 '원시적인 언어가 문법적인 복잡성이 발견되었다'는 내용이 나왔고, 빈칸 뒤에 있는 'this idea'가 '원시 언어가 수준이 낮다'는 내용을 가리키므로, when을 중심으로 앞뒤 내용이 자연스러우려면, 빈칸에 ②번의 '버렸다, 포기했다'가 들어가는 것이 가장 적절하다.

정답 ②

017 밑줄 친 (A), (B)에 들어갈 말로 가장 적절한 것을 고르시오.

2019 지방직 9급

In the 1840s, the island of Ireland suffered famine. Because Ireland could not produce enough food to feed its population, about a million people died of ___(A)___ ; they simply didn't have enough to eat to stay alive. The famine caused another 1.25 million people to ___(B)___ ; many left their island home for the United States; the rest went to Canada, Australia, Chile, and other countries. Before the famine, the population of Ireland was approximately 6 million. After the great food shortage, it was about 4 million.

	(A)	(B)
①	dehydration	be deported
②	trauma	immigrate
③	starvation	emigrate
④	fatigue	be detained

정답 및 해설

해석 1840년대에 아일랜드섬은 기근에 시달렸다. 아일랜드는 모든 주민을 먹여 살릴 충분한 식량을 생산할 수 없었기 때문에, 약 백만 명의 사람들이 (A) 아사했다. 그들은 생존할 만큼 충분히 먹지 못했다. 그 기근은 또 다른 125만 명의 사람들이 (B) 이민을 가게 만들었다. 많은 사람들은 그들의 섬 고향을 떠나 미국으로 갔고, 나머지는 캐나다, 호주, 칠레, 그리고 다른 나라들로 갔다. 기근 이전에 아일랜드의 인구는 약 6백만 명이었다. 엄청난 식량 부족 이후에는 약 4백만이 되었다.
① 탈수, 건조 – 강제 추방되다 (deport 강제 추방하다)
② 정신적 외상, 트라우마 – 이주해 오다
③ 아사, 굶주림 – 이민을 가다, 이주하다
④ 피로 – 구금되다 (detain 구금시키다, 지체하게 하다)

연결고리

해설 (A)와 (B)뒤에 각각 ' ; '이 있다는 점에 주목한다. ' ; ' 앞뒤가 비슷한 내용이 나온다. 즉 ' ; '의 용법 중 ; 앞에 있는 내용을 ; 뒤에서 부연–설명하는 용법이 있다.
(A) 바로 뒤에 있는 ; 이후에 '살아가는 데 있어서 먹을 것이 충분히 없다'라는 내용이 나오므로 (A)에는 'starvation 아사, 굶주림'이라는 단어가 들어가는 것이 가장 적절하다.
(B) 바로 뒤에 있는 ; 이후에 '많은 사람들이 고국을 떠나 미국으로 떠났다'라는 내용이 나오므로 (B)에는 'emigrate 이민을 가다, 이주하다'라는 단어가 들어가는 것이 가장 적절하다.

정답 ③

연결고리 2 지시사

두 문장 간의 관계를 보여주는 빈출 연결고리로, **지시사**가 주어지는 경우 이를 활용하는 방법이 있다.

001 주어진 문장이 들어갈 위치로 가장 적절한 곳은?

2017 지방직 상반기 9급

This inequality is corrected by their getting in their turn better portions from kills by other people.

Let us examine a situation of simple distribution such as occurs when an animal is killed in a hunt. One might expect to find animal portioned out according to the amount of work done by each hunter to obtain it. (①) To some extent this principle is followed, but other people have their rights as well. (②) Each person in the camp gets a share depending upon his or her relation to the hunters. (③) When a kangaroo is killed, for example, the hunters have to give its main parts to their kinfolk and the worst parts may even be kept by the hunters themselves. (④) The net result in the long run is substantially the same to each person but through this system the principles of kinship obligation and the morality of sharing food have been emphasized.

정답 및 해설

■ 해석 사냥에서 한 동물이 사냥을 통해 잡혔을 때 발생하는 이런 단순한 분배 상황을 검토해 보자. 사람들은 그 동물을 얻는 데 각 사냥꾼들의 행해진 일의 양에 따라 그 동물이 분배될 것으로 기대할지 모른다. 어느 정도까지는 이 원칙이 따라진다. 그러나 다른 사람들 역시 그들의 권리를 갖는다. 그 진영의 모든 사람은 그 또는 그녀와 사냥꾼들과의 관계에 따라 몫을 받는다. 예를 들어 캥거루 한 마리가 사냥되었을 때, 사냥꾼들은 이것의 중요한 부위를 그들의 친족들에게 주어야 한다. 그래서 가장 나쁜 부분들이 그들 사냥꾼 자신들에게 남겨질 수도 있다. <u>이런 불균형은 그들이 다른 사람들의 사냥감으로부터 더 좋은 몫을 자신들의 차례에서 받음으로써 수정될 수 있다.</u> 각 사람들에게 장기적으로 순수한 결과는 실질적으로는 동일하다. 그러나 이런 시스템을 통해서 친족관계의 의무라는 원칙과 음식을 나눈다는 도덕성이 강조된다.

🔗 **연결고리 – 지시사 This N**

■ 해설 **주어진 문장에 지시사 'This+N'가 있다는 점에 주목한다.** 지시사 'This+N' 앞에는 N가 직접 등장하거나, N의 내용이 앞에 나와야 한다. 주어진 문장에서는 'This inequality'가 나왔으므로, 바로 앞에 inequality라는 단어가 나오거나, 'inequality 불평등, 불균형'의 내용이 나와야 한다. ④번 앞에 있는 내용이 '사냥을 직접 한 사람들이 사냥감의 가장 나쁜 부분들을 받는다.'라는 '불평등, 불균형'의 내용이 나왔으므로 주어진 문장이 ④번의 위치에 들어가는 것이 가장 적절하다.

■ 정답 ④

002 주어진 글 다음에 이어질 글의 순서로 가장 적절한 것은?   2018 지방직 9급

Devices that monitor and track your health are becoming more popular among all age populations.

(A) For example, falls are a leading cause of death for adults 65 and older. Fall alerts are a popular gerotechnology that has been around for many years but have now improved.

(B) However, for seniors aging in place, especially those without a caretaker in the home, these technologies can be lifesaving.

(C) This simple technology can automatically alert 911 or a close family member the moment a senior has fallen.

* gerotechnology: 노인을 위한 양로 기술

① (B) − (C) − (A)
② (B) − (A) − (C)
③ (C) − (A) − (B)
④ (C) − (B) − (A)

정답 및 해설

해석 당신의 건강을 감시하고 추적하는 장치들은 점점 더 모든 연령대의 사람들에게 인기를 얻고 있다.
  (B) 하지만 aging in place(지역사회 계속거주) 노인들 중 특히 가정 내에 돌보는 사람이 없는 경우 이러한 기술들은 생명을 구할 수도 있다.
  (A) 예를 들어, 낙상은 65세 이상 성인들에게 있어 사망의 주된 원인이다. 낙상 경보는 수년 동안 있어 왔던 대중적인 노인 양로 기술이지만 지금은 개선되었다.
  (C) 이 단순한 기술은 노인이 넘어지는 순간, 자동으로 911나 가까운 가족 구성원에게 알려 준다.

연결고리 − 지시사 This N

해설 (C) 단락 앞부분에 지시사 'This+N'가 있다는 점에 주목한다. 지시사 'This+N' 앞에는 N가 직접 등장하거나, N의 내용이 앞에 나와야 한다. (C) 단락 앞부분에 This simple technology를 가리키는 말이, (A) 단락에 a popular gerotechnolgy로 등장하였으므로, (A) − (C) 순서가 잡히고, 주어진 부분과 (B) 단락을 (B)앞에 있는 연결사 However가 들어가서 두 부분을 자연스럽게 연결시켜주고 있으므로, 주어진 부분에 이어지는 전체적인 글의 순서는 ②번의 (B) − (A) − (C)이 가장 적절하다.

정답 ②

003 주어진 글 다음에 이어질 글의 순서로 가장 적절한 것은?

2021 지방직 9급

Growing concern about global climate change has motivated activists to organize not only campaigns against fossil fuel extraction consumption, but also campaigns to support renewable energy.

(A) This solar cooperative produces enough energy to power 1,400 homes, making it the first large-scale solar farm cooperative in the country and, in the words of its members, a visible reminder that solar power represents "a new era of sustainable and 'democratic' energy supply that enables ordinary people to produce clean power, not only on their rooftops, but also at utility scale."

(B) Similarly, renewable energy enthusiasts from the United States have founded the Clean Energy Collective, a company that has pioneered "the model of delivering clean power-generation through medium-scale facilities that are collectively owned by participating utility customers."

(C) Environmental activists frustrated with the UK government's inability to rapidly accelerate the growth of renewable energy industries have formed the Westmill Wind Farm Co-operative, a community-owned organization with more than 2,000 members who own an onshore wind farm estimated to produce as much electricity in a year as that used by 2,500 homes. The Westmill Wind Farm Co-operative has inspired local citizens to form the Westmill Solar Co-operative.

① (C) − (A) − (B)
② (A) − (C) − (B)
③ (B) − (C) − (A)
④ (C) − (B) − (A)

정답 및 해설

해설 지구 기후 변화에 대한 우려가 커지면서 운동가들은 화석 연료 추출 소비 반대 캠페인뿐만 아니라 재생 에너지 지원 캠페인까지 조직하게 되었다.

(C) 영국 정부가 재생 에너지 산업의 성상을 빠르게 가속화하지 못한 것에 실망한 환경운동가들은 Westmill Wind Farm Co-operative를 결성했는데, 이는 2,500가구가 사용하는 정도의 전기를 1년간 생산하는 것으로 추산되는 육상 풍력발전소를 소유한 2,000명 이상의 회원을 거느린 지역사회 소유 단체이다. Westmill Wind Farm Co-operative는 지역 시민들에게 Westmill Solar Co-operative를 결성하도록 격려했다.

(A) 이 태양광 협동조합은 1,400가구에 전력을 공급하기 충분한 에너지를 생산하여 국내 최초의 대규모 태양광 발전소 협동조합이 되었으며, 회원들의 말에 따르면 태양광 발전이 "일반인들이 자신의 옥상에서뿐만 아니라 유틸리티 규모로도 청정 전력을 생산할 수 있는 지속 가능하고 '민주적인' 에너지 공급의 새로운 시대"를 나타낸다는 것을 눈에 띄게 상기시켜준다.

(B) 마찬가지로, 미국의 재생 에너지 애호가들은 Clean Energy Collective를 설립했는데, 이는 "참여형 유틸리티 고객들이 공동으로 소유하는 중규모 시설을 통해 청정 전력 발전을 제공하는 모델"을 개척한 회사이다.

연결고리 − 지시사 This N

해설 (A) 단락 앞부분에 지시사 'This+N'가 있다는 점에 주목한다. 지시사 'This+N' 앞에는 N가 직접 등장하거나, N의 내용이 앞에 나와야 한다. (A) 단락 앞부분에 This solar cooperative를 가리키는 말이, (C) 단락에 the Westmill Solar Co-operative로 등장하였으므로, (C) − (A) 순서가 잡히고, (A) 단락과 (B) 단락을 (B) 단락 앞에 있는 Similarly가 자연스럽게 연결시켜주고 있으므로, 주어진 부분에 이어지는 전체적인 글의 순서는 ①번의 (C) − (A) − (B)가 가장 적절하다.

정답 ①

004 주어진 문장이 들어갈 위치로 가장 적절한 것은?

2019 국가직 9급

Some of these ailments are short-lived; others may be long-lasting.

For centuries, humans have looked up at the sky and wondered what exists beyond the realm of our planet. (①) Ancient astronomers examined the night sky hoping to learn more about the universe. More recently, some movies explored the possibility of sustaining human life in outer space, while other films have questioned whether extraterrestrial life forms may have visited our planet. (②) Since astronaut Yuri Gagarin became the first man to travel in space in 1961, scientists have researched what conditions are like beyond the Earth's atmosphere, and what effects space travel has on the human body. (③) Although most astronauts do not spend more than a few months in space, many experience physiological and psychological problems when they return to the Earth. (④) More than two-thirds of all astronauts suffer from motion sickness while traveling in space. In the gravity-free environment, the body cannot differentiate up from down. The body's internal balance system sends confusing signals to the brain, which can result in nausea lasting as long as a few days.

정답 및 해설

- **해석** 몇 세기 동안, 사람들은 하늘을 올려다보고 지구의 영역 너머에 무엇이 존재하는지를 궁금해했다. 고대 천문학자들은 우주에 관해 더 많이 알기를 바라며 밤하늘을 연구했다. 보다 최근에는, 어떤 영화들이 우주 공간에서 인간의 생명을 유지할 수 있는 가능성을 탐구하는 한편, 다른 영화들은 외계 생명체가 우리 지구를 방문할 수 있었을 것인지에 관해 의문을 제기했다. 우주비행사인 Yuri Gagarin이 1961년 우주를 여행한 최초의 사람이 된 이래로, 과학자들은 지구 대기권 너머의 환경이 어떤지, 그리고 우주여행이 인간의 몸에 어떤 영향을 끼치는지를 연구해 왔다. 비록 대부분의 우주비행사들이 우주에서 몇 달 이상을 보내지는 않지만, 많은 이들이 지구로 돌아올 때 생리적·심리적 문제를 경험한다. 이러한 질병들 중 일부는 단기적인 반면, 다른 일부는 장기적일 수 있다. 모든 우주비행사들 중 3분의 2 이상이 우주여행을 하는 동안 멀미로 고생한다. 무중력 환경에서는 몸이 위와 아래를 분간할 수 없다. 체내 균형 체계는 뇌에 혼란스러운 신호를 보내고, 이는 며칠 동안 메스꺼움이 지속되는 결과를 초래할 수 있다.

- **연결고리** — 지시사 These Ns

- **해설** **주어진 문장에 지시사 'these+Ns'가 있다는 점에 주목한다.** 지시사 'these+Ns' 앞에는 Ns가 직접 등장하거나, Ns의 내용이 앞에 나와야 한다. 주어진 문장에서는 these ailments가 나왔으므로, 바로 앞에 ailments라는 단어가 나오거나, ailments(질병들)의 내용이 나와야 한다. ④번 앞에 있는 문장에 physiological and psychological problems가 주어진 문장의 these ailments를 가리키는 부분이 있으므로, 주어진 문장이 ④번에 들어가는 것이 가장 적절하다.

- **정답** ④

005 주어진 글 다음에 이어질 글의 순서로 가장 적절한 것은?

2020 지방직 9급

Nowadays the clock dominates our lives so much that it is hard to imagine life without it. Before industrialization, most societies used the sun or the moon to tell the time.

(A) For the growing network of railroads, the fact that there were no time standards was a disaster. Often, stations just some miles apart set their clocks at different times. There was a lot of confusion for travelers.

(B) When mechanical clocks first appeared, they were immediately popular. It was fashionable to have a clock or a watch. People invented the expression "of the clock" or "o'clock" to refer to this new way to tell the time.

(C) These clocks were decorative, but not always useful. This was because towns, provinces, and even neighboring villages had different ways to tell the time. Travelers had to reset their clocks repeatedly when they moved from one place to another. In the United States, there were about 70 different time zones in the 1860s.

① (A) - (B) - (C)
② (B) - (A) - (C)
③ (B) - (C) - (A)
④ (C) - (A) - (B)

정답 및 해설

해석 요즘은 시계가 우리의 삶을 너무나 많이 지배하므로 시계가 없는 삶을 상상하기는 힘들다. 산업화 이전 대부분의 사회는 시간을 알기 위해 태양이나 달을 사용했다.

(B) 기계시계가 처음 등장했을 때, 그것들은 즉시 인기를 얻었다. 시계나 손목시계를 갖는 것이 유행이 되었다. 사람들은 시간을 알 수 있는 이러한 새로운 방식을 언급하기 위해 'of the clock' 또는 'o'clock'이라는 표현들을 고안해냈다.

(C) 이러한 시계들은 장식적이었고 항상 유용하지는 않았다. 그 이유는 시골과 지방들, 그리고 심지어 인접한 마을조차 이 시간을 알리는 방식이 서로 달랐기 때문이었다. 여행객들은 자신들이 한 장소에서 다른 장소로 이동할 때 반복해서 시계를 다시 맞추어야 했다. 1860년대 미국에서는 약 70개의 서로 다른 시간대가 있었다.

(A) 철도망이 증가하면서 표준시간대가 없다는 사실은 재앙이었다. 단지 몇 마일 서로 떨어져 있는 역들도 종종 서로 다른 시간대에 그들의 시계를 맞추었다. 여행객들에게는 어마어마한 혼란이 있었다.

연결고리 – 지시사 These Ns

해설 (C) 단락 앞부분에 지시사 'These+Ns'가 있다는 점에 주목한다. 지시사 'These+Ns' 앞에는 Ns가 직접 등장하거나, Ns의 내용이 앞에 나와야 한다. (C) 단락 앞부분에 These clocks를 가리키는 말이, (B) 단락에 mechanical clocks로 등장하였으므로, (B) – (C) 순서가 잡히고, 내용의 전개상 이 뒤에 (A) 단락이 오는 것이 자연스러우므로, 주어진 부분에 이어지는 전체적인 글의 순서는 ③번의 (B) – (C) – (A)가 가장 적절하다.

정답 ③

006 주어진 문장이 들어갈 위치로 가장 적절한 것은?

2017 국가직 하반기 9급

Only New Zealand, New Caledonia and a few small islands peek above the waves.

Lurking beneath New Zealand is a long-hidden continent called Zealandia, geologists say. But since nobody is in charge of officially designating a new continent, individual scientist will ultimately have to judge for themselves. (①) A team of geologists pitches the scientific case for the new continent, arguing that Zealandia is a continuous expanse of continental crust covering around 4.9 million square kilometers. (②) That's about the size of the Indian subcontinent. Unlike the other mostly dry continents, around 94 percent of Zealandia hides beneath the ocean. (③) Except those tiny areas, all parts of Zealandia submerge under the ocean. "If we could pull the plug on the world's oceans, it would be quite clear that Zealandia stands out about 3,000 meters above the surrounding ocean crust," says a geologist. (④) "If it wasn't for ocean level, long ago we'd have recognized Zealandia for what it was-a continent."

정답 및 해설

해석 지질학자들에 따르면 Zealandia라고 불리는 오랜 기간 감추어져 있던 대륙이 뉴질랜드 아래에 숨어있다. 하지만 아무도 공식적으로 새로운 대륙을 명명하는 역할을 하지 않았기 때문에, 개별 과학자들은 궁극적으로는 스스로 판단을 해야 할 것이다. 지질학자들로 구성된 한 팀이 Zealandia가 약 4백 9십만 평방 킬로미터에 이르는 대륙 지각으로 된 연속적인 광활한 공간이라고 주장하면서, 새로운 대륙에 대한 과학적 문제를 해결하려 노력하고 있다. 그것은 약 인도 아대륙의 크기이다. 다른 대부분의 물에 잠기지 않은 대륙과는 달리, Zealandia의 약 94 퍼센트가 대양 아래에 숨겨져 있다. 뉴질랜드, 뉴칼레도니아와 몇몇의 작은 섬들만이 파도 위로 살짝 보인다. 그러한 작은 지역들을 제외하고, Zealandia의 모든 부분들은 대양의 아래에 잠겨 있다. "만약 우리가 전 세계 바다의 플러그를 뽑으면, Zealandia가 주위 대양 지각 위로 약 3000미터 솟아 있다는 것이 명백해질 것이다."라고 한 지질학자는 말한다. "만약 해수면이 없었다면, 오래 전에 Zealandia는 대륙이었음이 인식되었을 것이다."

연결고리 — 지시사 Those Ns

해설 정답이 되는 ③번 뒤에 있는 문장에서 지시사 'those+Ns'가 있다는 점에 주목한다. 지시사 'those+Ns' 앞에는 Ns가 직접 등장하거나, Ns의 내용이 앞에 나와야 한다. ③번 뒤에 있는 문장에 등장한 'those tiny areas'를 가리키는 부분이 그 앞에 있는 except와 함께 했을 때, 주어진 문장에 있는 New Zealand, New Caledonia and a few small islands으로 등장하므로, 주어진 문장이 들어갈 위치로 ③번이 가장 적절하다.

정답 ③

007 주어진 문장 다음에 이어질 글의 순서로 가장 적절한 것은?

2018 국가직 9급

A technique that enables an individual to gain some voluntary control over autonomic, or involuntary, body functions by observing electronic measurements of those functions is known as biofeedback.

(A) When such a variable moves in the desired direction (for example, blood pressure down), it triggers visual or audible displays — feedback on equipment such as television sets, gauges, or lights.
(B) Electronic sensors are attached to various parts of the body to measure such variables as heart rate, blood pressure, and skin temperature.
(C) Bio feedback training teaches one to produce a desired response by reproducing thought patterns or actions that triggered the displays.

① (A) − (B) − (C)
② (B) − (C) − (A)
③ (B) − (A) − (C)
④ (C) − (A) − (B)

정답 및 해설

해석 개인이 그러한 기능들에 대한 전자기기의 치수들을 관찰함으로써 개인이 자율적, 또는 비자율적인 신체 기능에 대해 어떤 자발적 제어력을 얻는 것을 가능하게 해 주는 기술은 바이오피드백(생체자기제어)이라고 알려져 있다.
   (B) 전자기기 감지기들은 심장 박동, 혈압, 피부 온도와 같은 다양한 변수들을 측정하기 위해 신체의 다양한 부분에 부착된다.
   (A) 그러한 변수가 바람직한 방향으로(예를 들어 혈 압이 내림) 움직이면 이것은 시각적 혹은 청각적 표시를 촉발시킨다 − 시청각 기기나 치수 혹은 불빛과 같은 기기들에서 나타나는 반응으로.
   (C) 바이오피드백 훈련은 이러한 표시를 촉발시켰던 사고패턴이나 행동 등을 재생산해 냄으로써 바람직한 반응을 이끌어내도록 개인을 가르친다.

연결고리 − 지시사 such N

해설 (A) 단락 앞부분에 지시사 'such+N'가 있다는 점에 주목한다. 지시사 'such+N' 앞에는 N가 직접 등장하거나, N의 내용이 앞에 나와야 한다. (A) 단락 앞부분에 such a variable를 가리키는 말이, (B) 단락에 heart rate, blood pressure, skin temperature로 등장하였으므로, (B) − (A) 순서가 잡히고, 내용의 전개상 이 뒤에 (C) 단락이 오는 것이 자연스러우므로, 주어진 부분에 이어지는 전체적인 글의 순서는 ③번의 (B) − (A) − (C)가 가장 적절하다.

정답 ③

008 주어진 문장 다음에 이어질 글의 순서로 가장 적절한 것은?

2019 국가직 9급

South Korea boasts of being the most wired nation on earth.

(A) This addiction has become a national issue in Korea in recent years, as users started dropping dead from exhaustion after playing online games for days on end. A growing number of students have skipped school to stay online, shockingly self-destructive behavior in this intensely competitive society.
(B) In fact, perhaps no other country has so fully embraced the Internet.
(C) But such ready access to the Web has come at a price as legions of obsessed users find that they cannot tear themselves away from their computer screens.

① (A) − (B) − (C)
② (A) − (C) − (B)
③ (B) − (A) − (C)
④ (B) − (C) − (A)

정답 및 해설

해석 남한은 지구상에서 가장 인터넷 연결이 잘된 나라임을 자랑하고 있다.
(B) 사실상 아마도 어떤 다른 국가들도 인터넷을 충분하게 이용하지는 않을 것이다.
(C) 그러나 인터넷에의 그러한 빠른 접근은 이에 빠져있는 다수의 사용자들이 자신을 컴퓨터 화면으로부터 떼어 놓을 수 없다는 것을 발견함에 따라 상당한 대가를 치르고 있다.
(A) 이러한 중독은 사용자들이 며칠간 계속하여 온라인 게임을 한 후, 피로로 인하여 급사하기 시작하면서 최근 한국에서 국가적 논점이 되고 있다. 더 많은 수의 학생들이 인터넷 접속을 유지하기 위해 학교를 빠지고 있는데, 이는 이러한 매우 경쟁적인 사회에서 매우 자기 파괴적인 행동이다.

연결고리 − 지시사 This N / 지시사 such N

해설 (A) 단락 앞부분에 지시사 'This+N'가 (C) 단락 앞부분에 지시사 'such+N'있다는 점에 주목한다. 지시사 'This +N'와 'such+N' 앞에는 N가 직접 등장하거나, N의 내용이 앞에 나와야 한다. (A) 단락 앞부분에 This addiction을 가리키는 말이, (C) 단락에 내용으로 등장해서, (C) − (A) 순서가 잡히고, (C) 단락 앞부분에 such ready access를 가리키는 말이, (B) 단락에 내용으로 등장해서, (B) − (C)순서가 잡혀서, 주어진 부분에 이어지는 전체적인 글의 순서는 ④번의 (B) − (A) − (C)가 가장 적절하다.

정답 ④

009 밑줄 친 부분에 들어갈 말로 가장 적절한 것을 고르시오.

2017 지방직 상반기 9급

London taxi drivers have to undertake years of intense training known as "the knowledge" to gain their operating license, including learning the layout of over twenty-five thousand of the city's streets. A researcher and her team investigated the taxi drivers and the ordinary people. The two groups were asked to watch videos of routes unfamiliar to them through a town in Ireland. They were then asked to take a test about the video that included sketching out routes, identifying landmarks, and estimating distances between places. Both groups did well on much of the test, but the taxi drivers did significantly better on identifying new routes. This result suggests that the taxi drivers' mastery can be _____ to new and unknown areas. Their years of training and learning through deliberate practice prepare them to take on similar challenges even in places they do not know well or at all.

① confined
② devoted
③ generalized
④ contributed

정답 및 해설

해석 런던의 택시 운전기사들은 자신들의 운행 자격을 얻기 위해 그 도시의 이만오천개가 넘는 도로에 대한 배치도를 배우는 것을 포함하여 "지식"으로 알려진 강한 훈련을 몇 년간 받아야 한다. 한 연구자와 그녀의 팀은 택시 운전기사들과 일반인을 조사했다. 이 두 그룹은 아일랜드의 어떤 마을을 통과하는 그들에게 익숙하지 않은 길들의 비디오를 보도록 요청받았다. 그런 다음 그들은 길을 그려내고, 주요 지형물을 구별하고, 장소 사이의 거리를 추정하는 것이 포함된 테스트를 받도록 요청받았다. 이 두 그룹은 테스트의 대부분에서 잘했다. 그러나 택시 운전기사들은 새로운 길을 찾아내는 데 있어서는 상당히 더 잘했다. 이 결과는 택시 운전기사들의 숙련도가 새롭고 알지 못하는 지역에도 일반화된다는 것을 보여 준다. 그들의 수년간의 훈련과 계획된 연습을 통한 학습이 심지어 그들이 잘 알지 못하는 또는 전혀 알지 못하는 장소에서도 유사한 문제를 수행하도록 준비시킨다.
① 제한되는
② 전념하는, 헌신하는
③ 일반화된
④ 기인하는

연결고리 — 지시사 대명사

해설 빈칸 다음 문장 앞에 '대명사' Their가 나온다는 점에 주목한다. 빈칸 다음 문장에서 Their years of training and learning이 가리키는 내용이 빈칸 문장의 내용을 가리키므로, 빈칸 문장과 빈칸 다음 문장의 내용이 연결되어야 한다. 빈칸 뒤에서, their를 받는 taxi drivers가 연습을 통해서 그들이 모르는 지역에서도 임무를 잘 수행한다는 이야기가 나왔으므로, 빈칸 문장에서 taxi drivers가 새롭고 미지의 지역에서도 훈련을 통한 그들의 숙달도가 적용된다는 내용이 나와야 하므로 빈칸에 들어가는 단어는 ③번의 'generalized 일반화된'이 가장 적절하다.

정답 ③

010 주어진 글 다음에 이어질 글의 순서로 가장 적절한 것은?

2017 국가직 상반기 9급

The most innovative of the group therapy approaches was psychodrama, the brainchild of Jacob L. Moreno. Psychodrama as a group therapy started with premises that were quite alien to the Freudian worldview that mental illness essentially occurs within the psyche or mind.

(A) But he also believed that creativity is rarely a solitary process but something brought out by social interactions. He relied heavily on theatrical techniques, including role-playing and improvisation, as a means to promote creativity and general social trust.

(B) Despite his theoretical difference from the mainstream viewpoint, Moreno's influence in shaping psychological consciousness in the twentieth century was considerable. He believed that the nature of human beings is to be creative and that living a creative life is the key to human health and well-being.

(C) His most important theatrical tool was what he called role reversal — asking participants to take on another's persona. The act of pretending "as if" one were in another's skin was designed to help bring out the empathic impulse and to develop it to higher levels of expression.

① (A) − (C) − (B)
② (B) − (A) − (C)
③ (B) − (C) − (A)
④ (C) − (B) − (A)

정답 및 해설

- **해석** 가장 혁신적인 집단치료 접근법은 Jacob L. Moreno의 독창적인 생각인 심리극(사이코드라마)이었다. 집단치료요법으로써 사이코드라마는 정신병은 본질적으로 정신 또는 마음 안에서 일어난다는 프로이드의 세계관과는 상당히 상반되는 전제조건으로 시작되었다.
  (B) 주류 관점과는 다른 그의 이론적 차이에도 불구하고, 20세기에 정신적 의식을 형성하는 데 있어 Moreno의 영향력은 상당했다. 그는 인간의 본질은 창조하는 것이고 창조적인 생활이 인간의 건강과 복지의 핵심이라고 믿었다.
  (A) 그러나 그는 또한 창조성이 거의 유일한 과정은 아니며 사회적인 상호관계에 의해 무언가가 발휘된다고 믿었다. 그는 창조성을 증대하고 일반적인 사회적 신뢰를 증대하는 수단으로써 롤플레잉과 즉흥극을 포함한 연극적 기법에 상당히 의존했다.
  (C) 그의 가장 중요한 연극적 도구는 그가 역할 바꾸기라고 부르는 즉, 참가자들에게 다른 사람의 모습을 하도록 요구하는 것이었다. 마치 한 사람이 다른 사람의 가죽을 쓴 것인 양하는 행동은 동정적 충동을 이끌어내는 데 도움을 주고 그것을 더 높은 수준의 표현으로 발전시키기 위해 고안되었다.

- 연결고리 − 지시사 소유격 대명사+N
- **해설** (A) 단락 앞에 대명사 he, (B) (C) 단락 앞에 his N가 있다는 점에 주목한다. (B) 앞에 있는 his theoretical difference의 내용이 주어진 부분에 등장해서, [주어진 부분] − (B)의 순서가 잡히고, (C) 앞에 있는 His most important theatrical tool의 내용이 (A)에 등장해서, (A) − (C)의 순서가 잡히므로, 주어진 부분에 이어지는 전체적인 글의 순서는 ②번의 (B) − (A) − (C)가 가장 적절하다.
- **정답** ②

연결고리 3 + VS −

두 문장 간의 관계를 보는데 있어서, 극단적인 흐름의 연결고리로, +와 −로 흐름을 나눌 수 있는 경우, 이를 활용하는 방법이 있다.

001 밑줄 친 부분에 들어갈 말로 가장 적절한 것을 고르시오.

2017 국가직 상반기 9급

Why might people hovering near the poverty line be more likely to help their fellow humans? Part of it, Keltner thinks, is that poor people must often band together to make it through tough times — a process that probably makes them more socially astute. He says "When you face uncertainty, it makes you orient to other people. You build up these strong social networks." When a poor young mother has a new baby, for instance, she may need help securing food, supplies and childcare, and if she has healthy social times, members of her community will pitch in. But limited income is hardly a prerequisite for developing this kind of empathy and social responsiveness. Regardless of the size of our bank accounts, suffering becomes a conduit to altruism or heroism when our own pain compels us to be _____ other people's needs and to intervene when we see someone in the clutches of the kind of suffering we know so well.

① less involved in
② less preoccupied with
③ more attentive to
④ more indifferent to

정답 및 해설

해석 왜 빈곤의 경계선에 맴도는 사람들이 동료들을 더 도와줄 가능성이 높은가? 켈트너는 가난한 사람들의 경우 힘든 시기를 견뎌내기 위해 종종 함께 뭉쳐야만 한다고 생각한다 — 아마도 이들을 좀 더 사회적으로 기민하게 만드는 과정이라 할 수 있다. 그는 '만약 여러분이 불확실성에 직면한다면 그것이 여러분으로 하여금 좀 더 다른 사람에게 맞추도록 만들어 준다. 당신은 이와 같은 강력한 사회적 관계망을 형성하게 될 것이다.'고 말한다. 예를 들어, 만약 가난한 젊은 엄마에게 갓 태어난 아기가 있다면 그녀는 음식과 생필품, 그리고 육아를 확보하기 위한 도움이 필요할 수도 있을 것이다. 그리고 만약 그녀가 건전한 사회생활을 하고 있다면 그녀의 공동체 멤버들은 도움을 줄 것이다. 그러나 제한된 수입원이 이러한 공감력과 사회적 반응성을 개발하는 데 있어 필수 전제 조건일 수는 없다. 우리의 은행 계좌 잔액의 양과는 상관없이 고통이 이타주의 혹은 영웅주의와의 연결점이 된다. 우리가 아주 잘 알고 있는 누군가가 어떤 종류의 고통에 빠져 있는 것을 볼 때, 우리 자신의 고통이 우리로 하여금 다른 사람의 요구에 <u>더 주의를 기울이고</u> 개입하게 만든다.

연결고리 − + vs −

해설 빈칸 뒤에 있는 목적어 other people's needs를 선지에 있는 표현에 적용해보면,
① (어려움에 처한) 다른 사람들의 요구에 'less involved in 덜 참여하게 된다.'가 되어서 '−'의 의미
② (어려움에 처한) 다른 사람들의 요구에 'less preoccupied with 덜 사로잡히게 된다.'가 되어 '−'의 의미
③ (어려움에 처한) 다른 사람들의 요구에 'more attentive to 더 주의를 기울이게 된다.'가 되어 '+'의 의미
④ (어려움에 처한) 다른 사람들의 요구에 'more indifferent to 더 무관심하게 된다.'가 되어 '−'의 의미
가 되어 가장 적절한 것은 ③번이다.

정답 ③

002 밑줄 친 부분에 들어갈 말로 가장 적절한 것을 고르시오.

2016 국가직 9급

There's a knock at your door. Standing in front of you is a young man who needs help. He's injured and is bleeding. You take him in and help him, make him feel comfortable and safe and phone for an ambulance. This is clearly the right thing to do. But if you help him just because you feel sorry for him, according to Immanuel Kant, _____. Your sympathy is irrelevant to the morality of your action. That's part of your character, but nothing to do with right and wrong. Morality for Kant wasn't just about what you do, but about why you do it. Those who do the right thing don't do it simply because of how they feel: the decision has to be based on reason, reason that tells you what your duty is, regardless of how you happen to feel.

① that wouldn't be a moral action at all
② your action is founded on reason
③ then you're exhibiting ethical behavior
④ you're encouraging him to be an honest person

정답 및 해설

해석 당신의 문에 노크소리가 들렸다. 당신 앞에는 도움이 필요한 한 젊은이가 서 있다. 그는 다쳤고 피를 흘리고 있다. 당신은 그를 데리고 들어와 도와주고 그가 편안하고 안전하도록 느끼게 해주며, 전화로 구급차를 불러준다. 이것은 분명이 올바른 일을 한 것이다. 그러나 임마누엘 칸트에 의하면, 만약 당신이 그가 불쌍하다는 마음에서 그를 도와줄 경우, <u>그것은 절대로 도덕적인 행동이 될 수 없다.</u> 너의 동정심은 너의 행동의 도덕성과는 관련이 없다. 그것은 너의 성격의 일부일 뿐이며, 옳고 그른 것과는 관련이 없다. 칸트에게 있어 도덕성이랑 단지 네가 무엇을 하는지에 관한 것이 아니라, 네가 왜 그러한 행동을 하는지에 관한 것이다. 올바른 일을 하는 사람은 단지 그들이 느끼는 감정 때문에 그 일을 하는 것이 아니다. 그 결정은 이성에 의거하며, 그 이성은 너에게 네가 어떠한 감정을 느끼는 것과는 상관없이 너의 의무가 무엇인지를 알려준다.
① 그것은 절대로 도덕적인 행동이 될 수 없다.
② 너의 행동은 이성에 근거한다.
③ 너는 도덕적인 행동을 보여주고 있다.
④ 너는 그에게 정직한 사람이 되도록 격려하고 있다.

연결고리 — + vs −

해설 <u>먼저, 빈칸 문장 앞에 But이 있다는 점에 주목한다.</u> But 앞에 내용이 전반적으로 '+'의 내용이다. (But 앞에 있는 단어 — comfortable, safe, right thing to do) 따라서, But 뒤에 있는 빈칸에는 Immanuel Kant의 이야기로 '−'의 의미가 와야 한다.
① 그것은 절대로 도덕적인 행동이 될 수 없다. → '−'의 의미
② 너의 행동은 이성에 근거한다. → '+'의 의미
③ 너는 도덕적인 행동을 보여주고 있다. → '+'의 의미
④ 너는 그에게 정직한 사람이 되도록 격려하고 있다. → '+'의 의미
따라서 빈칸에 들어갈 말로 가장 적절한 것은 ①번이다.

정답 ①

003 다음 빈칸에 들어갈 말로 가장 적절한 것은?

2017 지방직 2차

A police sergeant with 15 years of experience was dismayed after being _____ for promotion in favor of a young officer.

① run over
② asked out
③ carried out
④ passed over

정답 및 해설

해석 15년의 경력의 한 경찰 경사는 젊은 경찰관에게 유리하도록 (그가) 승진에서 제외된 이후에 놀라 당황하였다.
① 차에 치였다
② 데이트 신청 받았다
③ 수행 되어졌다
④ 제외되었다

연결고리 — + vs —

해설 빈칸 앞에 있는 after 이전의 내용이 주어 자리에 온 A police sergeant 입장에서 '—'의 의미이므로, 빈칸이 있는 after 이후의 내용도 '—'의 의미가 와야 한다. 따라서 승진에서 '제외된'이 가장 적절하므로 ④번이 가장 적절하다.

정답 ④

004 밑줄 친 부분에 들어갈 말로 가장 적절한 것은?

2019 6월 서울시 9급

Generally speaking, people living in 2018 are pretty fortunate when you compare modern times to the full scale of human history. Life expectancy _____ at around 72 years, and diseases like smallpox and diphtheria, which were widespread and deadly only a century ago, are preventable, curable, or altogether eradicated.

① curtails
② hovers
③ initiates
④ aggravates

정답 및 해설

해석 일반적으로 말해서, 2018년에 사는 사람들은 현대 사회를 인간의 역사와 전체적으로 비교할 때 상당히 운이 좋다. 기대 수명은 72세 정도를 맴돌고, 천연두나 디프테리아와 같은 질병들은, 한 세기 전만 해도 널리 퍼져있었고 치명적이었는데, 예방가능하고, 치료할 수 있고, 모두 뿌리 뽑혔다.

연결고리 − + vs −

해설 빈칸 뒤에 and가 있다는 점에 수복한다. 빈칸 뒤에 있는 and 이후에 '질병들이 예방되어질 수 있고, 치료되어질 수 있고, 완전히 박멸될 수 있다'는 '+'의 의미가 나왔으므로, and 이전에 있는 빈칸이 들어간 부분의 주어 자리에 온 Life expectancy도 '+'의미가 나와야 한다.
① (기대 수명이 약 72세에서) 축소 (삭감 / 단축) 시키다 → '−'의 의미
② (기대 수명이 약 72세에서) 맴돌다, 서성이다 → '+'의 의미
③ (기대 수명이 약 72세에서) 개시되게 하다, 착수시키다 → '='의 의미
④ (기대 수명이 약 72세에서) 악화시키다 → '−'의 의미
따라서 ②번이 가장 적절하다.

정답 ②

005 밑줄 친 부분에 들어갈 말로 가장 적절한 것은?

2019 6월 서울시 9급

To imagine that there are concrete patterns to past events, which can provide _____ for our lives and decisions, is to project on to history a hope for a certainty which it cannot fulfill.

① hallucinations
② templates
③ inquiries
④ commotion

정답 및 해설

해설 과거의 사건들에 구체적인 패턴이 있음을 상상하는 것은, 우리의 삶과 결정을 위한 본보기를 제공할 수 있는데, 그것은 역사가 충족시킬 수 없는 확실한 것에 대한 희망을 역사에 투영시킨다.
① 환각, 환영, 착각
② 형판, 견본, 본보기
③ 연구, 탐구, 조사, 질문
④ 소란, 소동

연결고리 − + vs −

해설 빈칸이 들어간 , , 삽입절을 뺀 문장의 나머지 부분이 '과거의 사건들에 구체적인 패턴이 있음을 상상하는 것이 희망을 역사에 투영시킨다.'라는 '＋'의 의미를 가지고 있으므로, 빈칸이 들어간 삽입절에 내용도 '＋'의 의미여야 한다. 따라서 가장 적절한 것은 ②번의 'templates 형판, 견본, 본보기'가 가장 적절하다.

정답 ②

006 다음 문장에서 밑줄 친 부분의 의미와 가장 가까운 것은? 2016 경찰직 2차

Having a strong mind-set as an athlete is crucial, and it will lead you to win this game.

① inferior
② perpetual
③ pivotal
④ conscientious

정답 및 해설

해석 운동선수로 강인한 마음가짐을 가지는 것은 **중요하나**, 그리고 그것이 당신이 이 경기를 이기도록 할 것이다.
① 열등한, 질 낮은
② 영원한, 영구적인
③ 중심(축)이 되는, 중요한
④ 양심적인 / 성실한

연결고리 − + vs −

해설 밑줄 뒤에 and가 있다는 점에 주목한다. and 뒤에 '이 경기를 이기도록 할 것이다'라는 '+'의 의미가 나왔으므로, and 앞에 있는 부분도 '+'의 내용이 나와야 한다. 따라서 and 앞에 있는 주어 자리에 있는 Having a strong mind-set과 함께 '+'의 의미를 갖는 ③번이 가장 적절하다.

정답 ③

007   밑줄 친 부분에 들어갈 말로 가장 적절한 것은?   2016 국가직 9급

> The campaign to eliminate pollution will prove _____ unless it has the understanding and full cooperation of the public.

① enticing
② enhanced
③ fertile
④ futile

정답 및 해설

해석 대중의 이해와 전적인 협조가 없다면, 환경오염을 제거하는 캠페인은 헛된 것임이 입증될 것이다.

연결고리 – + vs –

해설 빈칸 앞부분, 주어 자리에 있는 The campaign과 선지를 비교해보면,
① enticing 유혹적인 → '+'의 의미
② enhanced 향상된 → '+'의 의미
③ fertile 비옥한, 생산성이 있는 → '+'의 의미
④ futile 헛된, 소용없는 → '−'의 의미
따라서 '+'의 의미를 갖는 나머지 선지 셋과 다르게 ④번만 '−'의 의미를 갖게 되므로, ④번이 정답이다.

정답 ④

008 밑줄 친 부분에 들어갈 말로 가장 적절한 것은?

2021 지방직 9급

Globalization leads more countries to open their markets, allowing them to trade goods and services freely at a lower cost with greater _____.

① extinction
② depression
③ efficiency
④ caution

정답 및 해설

해설 세계화는 더 많은 나라들이 그들의 시장을 개방하도록 이끌며, 더 낮은 비용과 더 높은 효율성으로 상품과 서비스를 자유롭게 거래할 수 있게 한다.
① 멸종
② 우울(증), 경기침체
③ 효율성
④ 주의, 조심, 경고

연결고리 − + vs −

해설 제시된 문장이, Globalization(세계화)에 대하여 전반적으로 '+'의 의미를 말하고 있다. 따라서 제시된 문장이 '+'의 의미를 유지시켜주는 ③번의 'efficiency 효율성'이 가장 적절하다.

정답 ②

연결고리 4 앞, 뒤 부정어

빈칸이나 의심하고 있는 밑줄 단어 앞뒤에 위치하는 **부정어**는 출제자의 함정장치이기 때문에, 조심해야 한다. 예를 들어 문맥상 'high'라는 단어가 맞는 것 같지만, 앞에 'not'이라는 부정어가 있으면, 오히려 선지에서는 'high'의 반대 의미를 갖는 'low'에 해당하는 단어를 골라야 한다.

001 밑줄 친 부분 중 글의 흐름상 가장 어색한 것은?

2018 국가직 9급

Most people like to talk, but few people like to listen, yet listening well is a ① rare talent that everyone should treasure. Because they hear more, good listeners tend to know more and to be more sensitive to what is going on around them than most people. In addition, good listeners are inclined to accept or tolerate rather than to judge and criticize. Therefore, they have ② fewer enemies than most people. In fact, they are probably the most beloved of people. However, there are ③ exceptions to that generality. For example, John Steinbeck is said to have been an excellent listener, yet he was hated by some of the people he wrote about. No doubt his ability to listen contributed to his capacity to write. Nevertheless, the result of his listening didn't make him ④ unpopular.

정답 및 해설

해석 대부분의 사람들은 말하기를 좋아하지만, 듣는 것을 좋아하는 사람들은 거의 없다. 하지만 잘 듣는 것은 모든 사람들이 소중하게 여겨야 하는 드문 재능이다. 그들은 더 많이 듣기 때문에 훌륭한 청자들은 대부분의 사람들보다 그들 주변에서 무슨 일이 일어나고 있는지에 대해 더 많이 알고 더 민감한 경향이 있다. 게다가 훌륭한 청자들은 판단하고 비판하기보다 수용하거나 용인하는 경향이 있다. 따라서 그들은 대부분의 사람들보다 더 적은 적들을 가지고 있다. 사실 그들은 아마 가장 사랑받는 사람들이다. 하지만 그런 일반론에 예외가 있다. 예를 들어 John Steinbeck은 뛰어난 청자였다고 알려졌지만 그는 그가 썼던(그의 글에서 언급했던) 일부 사람들에게 미움을 받았다. 경청하는 그의 능력이 그의 쓰기 능력에 기여한 것은 의심의 여지가 없다. 그럼에도 불구하고 그의 경청의 결과는 그를 인기 없게(→ 인기 있게) 만들지 않았다.

연결고리 - 연결사 Nevertheless / 부정어 not

해설 ④번 앞에 Nevertheless와 didn't에 부정어 not이 있다는 점에 주목한다. Nevertheless 앞에 '그의 듣기 능력이 그의 글쓰기 능력에 기여했다'로 '+'의 의미가 나왔다. 따라서 Nevertheless 뒤에서 '−'의 의미가 나와야 한다. 그런데 ④번 밑줄 앞에 부정어 not이 있으므로, 밑줄에는 오히려 '+'의 의미가 나와야 한다. 따라서 ④번 밑줄에 있는 unpopular가 popular로 바뀌어야 한다.

정답 ④

연결고리 5   only A

only A도 출제자의 함정장치이기 때문에, 조심해야 한다.
* only A ⇨ 단지 A일 때만 ⇨ A가 아닐 때는 아니다 [A(X) → X]
예를 들어, 숙제를 끝낼 때만, 밥을 먹는다. → 숙제를 끝내지 않았을 때는 밥을 먹지 않는다.

001 밑줄 친 부분에 들어갈 말로 가장 적절한 것을 고르시오.
2019 지방직 9급

Language proper is itself double-layered. Single noises are only occasionally meaningful: mostly, the various speech sounds convey coherent messages only when combined into an overlapping chain, like different colors of ice-cream melting into one another. In birdsong also, _____: the sequence is what matters. In both humans and birds, control of this specialized sound-system is exercised by one half of the brain, normally the left half, and the system is learned relatively early in life. And just as many human languages have dialects, so do some bird species: in California, the white-crowned sparrow has songs so different from area to area that Californians can supposedly tell where they are in the state by listening to these sparrows.

① individual notes are often of little value
② rhythmic sounds are important
③ dialects play a critical role
④ no sound-system exists

정답 및 해설

해석 언어의 의식은 그 자체가 이중적 층을 이루고 있다. 개별적 소음들은 단지 가끔씩만 의미가 있다; 대부분의 경우 다채로운 말의 소리가 중복되는 연결고리를 통해 결합되었을 때에만이 의미 있는 메시지를 전달하게 되는데 이는 마치 다양한 색깔의 아이스크림이 녹아 서로 섞이는 것과 같다. 새소리에 있어서도 또한 <u>개별적 음조들은 종종 거의 의미가 없다</u>: 배열순서가 중요하다. 인간과 새 둘 다에게 있어 이러한 특화된 음성 체계를 조절하는 것은 뇌의 절반, 주로 왼쪽 절반에 의해 행하여지며 그 체계는 상대적으로 삶의 초기에 학습된다. 그리고 많은 인간의 언어가 방언을 가지고 있듯이 몇몇 종의 새들 역시 그러하다: 캘리포니아에서 흰줄무늬 참새는 지역마다 다른 노랫소리를 갖고 있어서 캘리포니아 사람들은 아마도 이러한 참새 소리를 들음으로써 자신이 그 주의 어디에 있는지를 구별할 수 있을 것이다.
① 개별적 음조들은 종종 거의 의미가 없다
② 리듬감 있는 소리가 중요하다
③ 방언이 중요한 역할을 한다
④ 어떤 소리 체계도 존재하지 않는다

연결고리 — only A

해설 먼저, 빈칸 앞에 also가 있으므로, 빈칸이 들어간 문장의 내용이 그 앞에 있는 부분의 내용과 대등한 것이어야 한다. 그런데, 빈칸 앞부분의 내용은 'only A'를 잘 이해해야 한다. 앞부분의 내용은 '개별적 소음들은 단지 가끔씩만 의미가 있다; 대부분의 경우 다채로운 말의 소리가 중복되는 연결고리를 통해 결합되었을 때에만이 의미 있는 메시지를 전달하게 된다.'이다. 그런데, 이 직역의 의미를 풀어보면, '말의 소리가 중복되는 연결고리를 통해 결합되어지지 않았을 때는 의미 있는 메시지를 전달하지 못하게 된다.'가 된다. 따라서 ①번 '개별적 음조들은 종종 거의 의미가 없다'가 가장 적절하다.

정답 ①

Chapter 02 순삭(순간 삭제)

이 '순삭' contents에서는 복잡하고 긴 문장을 단순화하여 핵심 정보를 빨리 파악하는 10가지 방법을 제시한다.

0 Premise (전제)

1 내용 일치/불일치 유형 – 적용 X
내용 일치, 불일치 유형에서는 적용할 수 없다.

2 주로 대의 파악, 빈칸 추론 (이외의 유형도 유효)
내용 일치, 불일치 유형을 제외한 모든 유형에 적용할 수 있지만, 특히 대의 파악(주제, 제목, 요지, 주장)이나 빈칸 유형에서 크게 도움이 된다.

3 삭제 후 의미 파악이 안 되는 경우, 삭제 부분 다시 해석!
10가지 원칙에 따라 일부 내용을 삭제해서 의미 파악을 시도해봤는데, 내용이 정리가 안 되는 경우는 삭제된 부분을 다시 해석해 봐야 한다.

4 예외 존재 but 확률이 높음!
가끔 이 10가지 원칙이 통하지 않는 경우가 존재하지만, 꽤 확률이 높게 통하는 원칙들이므로 꾸준한 연습과 훈련을 해서 이 원칙들을 체화시키는 것이 중요하다.

순삭 1 | 삽입

image NOTE

① ~ , X , ~ .
　　　└ 삽입
② ~ ─ X ─ ~ .
　　　└ 삽입

* **삽입된 부분**은 부수적인 정보이므로, **문장이 복잡**해지면 또는 **시간이 부족**하면 **해석하지 않는다**.
  (단, 일치 − 불일치 문제는 반드시 해석!)

① Recent measurements using radiometers on satellites suggest that solar energy, which is an input to our climate system, can vary considerably.
위성에 있는 복사 측정기를 사용한 최근의 측정이 태양 에너지, (우리의 기후체계에 투입되는), 상당히 달라질 수 있음을 제시하고 있다.

② Pamela Dalton, a psychologist at Monell Chemical Sense Center, proved that expectations actually change the perception of smell.
Pamela Dalton, (Monell Chemical Sense Center의 심리학자인), 예측이 실제로 후각을 변화시킨다는 것을 입증했다.

③ When the nerve is damaged, she says, people become extra sensitive to the feel or texture of fatty food, such as butter, which tend to be creamy and slippery.
신경이 손상될 때, (그녀가 말하기를), 사람들은 크림 같고 미끄러운 버터와 같은 지방이 들어간 음식의 촉감이나 질감에 더 민감해진다.

④ Teddy bears that had a more baby-like appearance — however slight this may have been initially — were thus more popular with customers.
더 아기와 같은 모습을 가진 테디 베어가 − (이것이 처음에는 아무리 사소하다고 할지라도) − 그러므로 고객들에게 더 인기가 있다.

⑤ Though making a verbal commitment, no matter how bold and how inspiring, does not ensure that we reach our destination, it does enhance the likelihood of success.
비록 말로 약속하는 것이, (아무리 대담하고 영감을 준다고 할지라도), 반드시 우리가 우리의 목표에 도달하는 것을 보장한다고 할지라도, 그것은 분명히 성공의 가능성을 높여준다.

⑥ Print, with its standard format and type, introduced exact mass reproduction, which meant that two readers separated by distance could discuss and compare identical books, right down to a specific word on a page.
인쇄가, (그것의 기준이 되는 구성 방식과 형태를 가지고 있는), 정확한 대량 복제를 도입했다, 그것은 멀리 분리된 두 명의 독자들이 똑같은 책을 한 페이지에 있는 구체적인 단어까지 토론하고 비교하는 것을 가능하게 하였다.

순삭 2 양보절

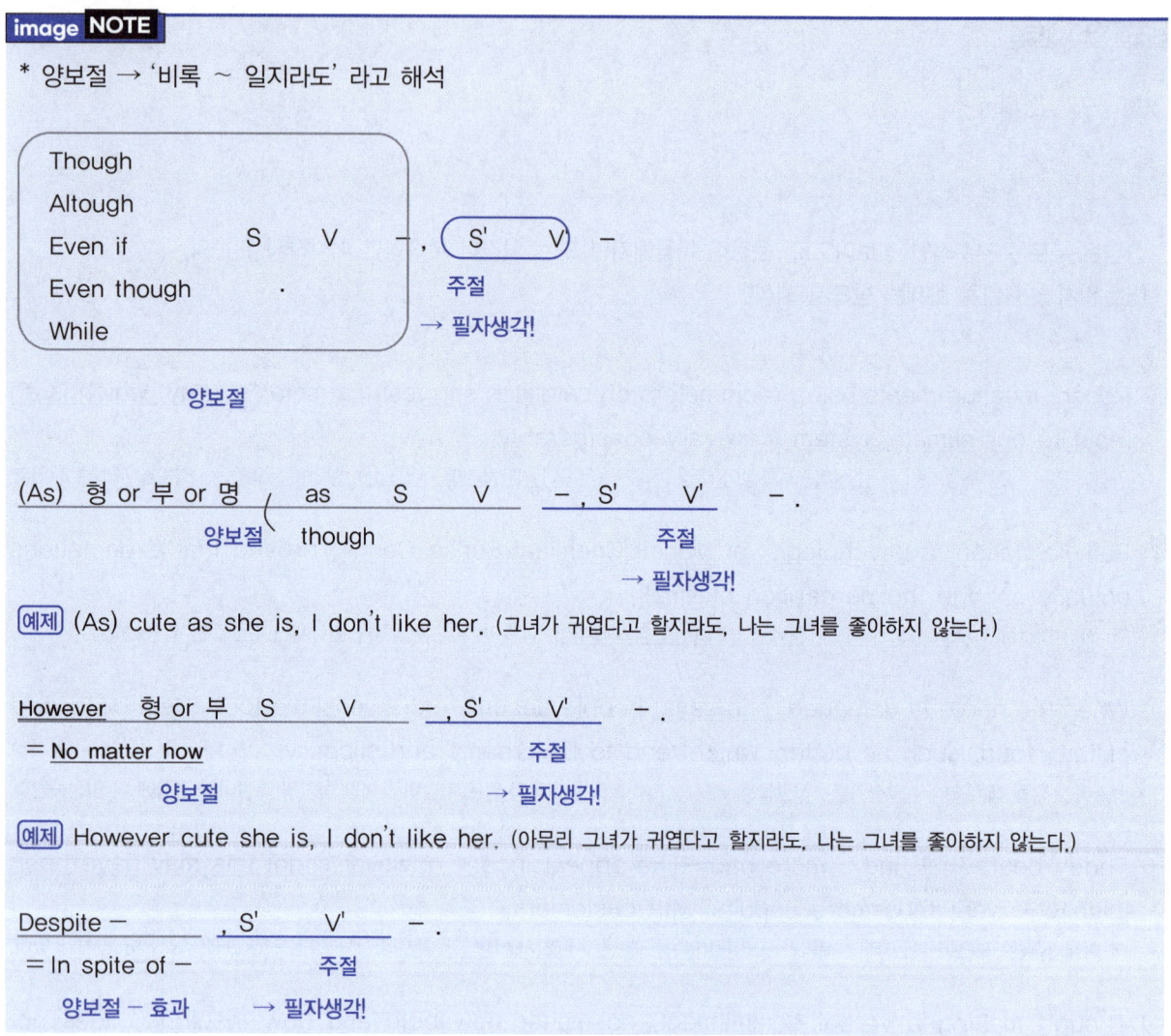

* 양보절과 주절이 나오면 주절에 필자가 말하고 싶은 중요정보가 나오므로, **문장이 복잡**해지거나 **시간이 부족**하면 **양보절은 해석하지 않는다.** (단, 일치 – 불일치 문제는 반드시 해석!)

① <u>Although the well-being of societies has hitherto been judged according to economic measures</u>, economic indicators alone are not enough to reveal the quality of life within nations.
<u>(비록 지금까지 사회의 행복이 경제적 기준에 따라 판단된다고 할지라도)</u>, 경제적 지표만으로는 국가의 삶의 질을 드러내기에는 충분하지 않다.

② Though this may not have been the intent of the reformers, children were to contribute far more to the national economy as consumers than they ever did as laborers.
(비록 이것이 개혁가의 의도는 아니었을지라도), 아이들은 과거에 노동자로서 사회에 기여한 것보다 국가 경제에 소비자로 훨씬 더 많이 기여했다.

③ While monetary considerations are currently dominant in policy debates, other goals should be kept in mind.
(비록 화폐와 관련된 고려사항이 정책 토론에서 현재 지배적인 것이라고 할지라도), 다른 목표들이 마음에 깊이 간직되어야 한다.

④ While it is easy to watch television, it is hard to write analytically about it.
(비록 텔레비전을 보는 것이 쉽다고 할지라도), 그것[텔레비전]에 관하여 분석적으로 글을 쓰는 것은 어려운 일이다.

⑤ As eloquent as well-chosen words are, silence is equally, and often more, eloquent.
(잘 선택된 단어가 설득력이 있다고 할지라도), 침묵이 똑같이, 그리고 더 많이, 설득력이 있다.

⑥ No matter what you can afford, save great wine for special occasions.
(네가 많은 여유가 있다고 할지라도), 좋은 와인은 특별한 행사를 위하여 아껴 두어라.

⑦ Although the color advertisements did produce more attention, they did not attract as many readers per dollar as the black and white advertisements.
(비록 색깔이 들어간 광고가 많은 관심을 끈다고 할지라도), 그 광고들은 흑백 광고가 1달러당 끌어들인 시청자만큼의 관심을 끌지는 못했다.

⑧ Even if successful people have a lot in their head, they have found a method that the many commitments don't impede each other, but instead they are brought into a good inner order. And this order is quite simple: the most important thing first.
(설령 성공한 사람들이 머릿속에 많은 것을 가지고 있다고 할지라도), 그들은 많은 일이 서로 방해를 하는 것이 아니라, 그것들이 좋은 질서(순서) 상태로 가는 방법을 발견했다. 그리고 이 질서(순서)는 매우 단순하다: 가장 중요한 것을 먼저.

⑨ Strange as it may seem, the Sahara was once an expanse of grassland that supported the kind of animal life associated with the African plains.
(이상하게 보인다고 할지라도), 사하라 사막은 예전에 아프리카 평원과 관련된 여러 동물을 도와주었던 광활한 초지였다.

순삭 3   A 정보

image NOTE

(A가 아니라 B)
not A but B = ~~B and not A~~
             = ~~B, not A~~

(A뿐만 아니라 B)
not only A but (also) B = B ~~as well as A~~
   = just
   = merely

(A라기보다는 B)

not so much A as B = not A so much as B
                   = ~~B rather than A~~

* Grammar : A, B '병렬'
* Reading : A < B

* not과 but의 A, B 접속사가 나오면 B에 필자가 말하고 싶은 중요 정보가 나오므로, **문장이 복잡**해지면 또는 **시간이 부족**하면 A정보는 **해석하지 않는다**. (단, 일치 – 불일치 문제는 반드시 해석!)

① The main purpose of criticizing is not to be negative but to be constructive: to fix something.
비판의 주요한 목적은 (부정적인 것이 아니라) 건설적인 것이다: 무엇인가를 고치는 것.

② We feel immediate pleasure in warming up from being cold. Pleasure results not from the warmth in itself, but from the approach to ideal body temperature.
우리는 추위로부터 따뜻해질 때 즉각적인 쾌락을 느낀다. 쾌락은 (따뜻함 그 자체가 아니라) 이상적인 체온으로의 접근에서 나온다.

③ But markets aren't merely meeting or a series of transactions, but they are social institutions that must be built up and maintained.
그러나 시장은 만남이나 연속된 거래를 하는 곳일 뿐만 아니라, 시장은 만들어져서 유지되어야 하는 사회적 제도이다.

④ Futurists are not so much interested in predicting as in creating desirable futures.
미래학자는 (예측하는 것에 관심이 있다기보다는) 바람직한 미래를 만드는 것에 관심이 있다.

⑤ Bettie has confirmed that gestures play a complementary role to spoken utterances rather than being merely derivative or supplementary.
Bettie는 몸짓이 우리가 하는 말에 (단지 파생적이거나 보조적인 것이라기보다는) 보충적인 역할을 한다는 것을 확인하였다.

⑥ Modern psychological theory states that the process of understanding is a matter of construction, not reproduction, which means that the process of understanding takes the form of the interpretation of data coming from the outside and generated by our mind.
현대 심리학 이론은 이해의 과정이 (재해석이 아니라), 건설의 문제라고 말한다. 이게 의미하는 것은 이해의 과정은 외부에서 들어오고 마음속에서 발생한 데이터를 재해석하는 형태를 가진다는 것이다.

⑦ A scientist solves one problem, and the result is not that he is more secure or certain, but that ten other new problems open up in place of the single solved one.
한 과학자가 하나의 문제를 해결한다, 그리고 그 결과로 (그가 더 안전하고 확실하다는 것이 아니라), 다른 10가지의 새로운 문제가 한 가지의 해결된 문제를 대신하여 발생한다.

⑧ The heat which is the effect of rising temperatures is not only melting glaciers and sea ice; it's also shifting precipitation patterns and settling animals on the move.
상승하는 온도의 결과인 열은 (빙하와 바다 얼음을 녹일 뿐만 아니라); 그것은 강수 패턴을 변화시키고 동물들을 다른 곳으로 이동시킨다.

⑨ Attempting to revive sluggish demand for domestic flights, airlines have been working with travel agencies, as well as federal and regional governments, to offer travel packages for day trips around Korea that are cheaper — and faster — than taking a train.
국내 비행에 대한 부진한 수요를 되살리려는 시도로, 항공사들은 (연방 정부와 지자체뿐만 아니라) 기차를 타는 것보다 더 싸고 — 더 빠른 — 한국 내 여행 패키지를 제공하는 항공사들과 협업해 오고 있다.

⑩ Feedback, particularly the negative kind, should be descriptive rather than judgmental or evaluative.
피드백은, 특별히 부정적인 종류인, (판단하거나 평가하는 것이라기보다는) 설명적이어야 한다.

순삭 4 원인

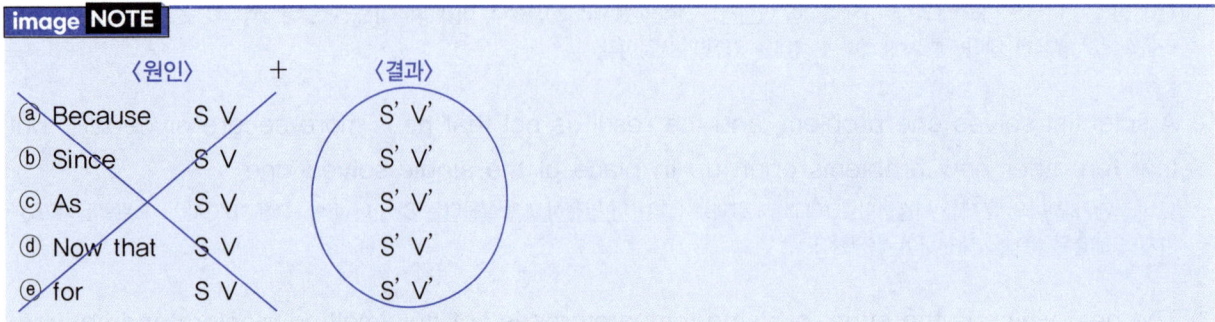

* 원인과 결과가 나오면 결과에 필자가 말하고 싶은 중요 정보가 나오므로, **문장이 복잡**해지면 또는 **시간이 부속**하면 **원인**은 **해석하지 않는다**. (단, 일치 – 불일치 문제는 반드시 해석!)

① The pretties bowers attract much more females than the least pretty ones. Thus, <u>because the males themselves are mostly fairly uninteresting</u>, successful males are those who create the most attractive external ornaments.
* bower – (일종의) 나무 그늘
가장 아름다운 나무 그늘이 아름답지 않은 것보다 훨씬 더 많은 암컷을 유인한다. 따라서, (수컷 그 자체가 주로 관심의 대상이 아니기 때문에), 성공한 수컷은 가장 매력적인 외부 장식품을 만들어 내는 수컷이다.

② Many people enjoy hunting wild species of mushrooms in the spring season, <u>because they are excellent edible mushrooms and are highly prized.</u>
많은 사람이 봄에 야생 버섯을 채취하는 것을 즐긴다. (왜냐하면 그것들(봄의 야생 버섯)이 식용으로 훌륭한 버섯이고 상품 가치가 매우 높기 때문이다.)

③ <u>Because those of soil erosion are so much higher than soil formation rates</u>, that means a net loss of soil.
(그러한 토양 침식 속도가 토양 형성 속도보다 훨씬 더 높기 때문에), 그것은 순전한 토양 손실을 의미하는 것이다.

④ If a released prisoner were to return to enlighten his former fellow prisoners, they would not believe him, <u>for they couldn't imagine a world beyond the shadows dominating their existence.</u>
석방된 죄수가 이전의 동료 죄수를 계몽시키기 위하여 되돌아온다고 할지라도, (그들(죄수들)은 그들의 존재를 지배하고 있는 그림자 너머의 세상을 상상할 수 없기 때문에), 그들은 그(석방된 죄수)를 믿지 않을 것이다.

순삭 5 and / or 앞, 뒤 둘 중 하나

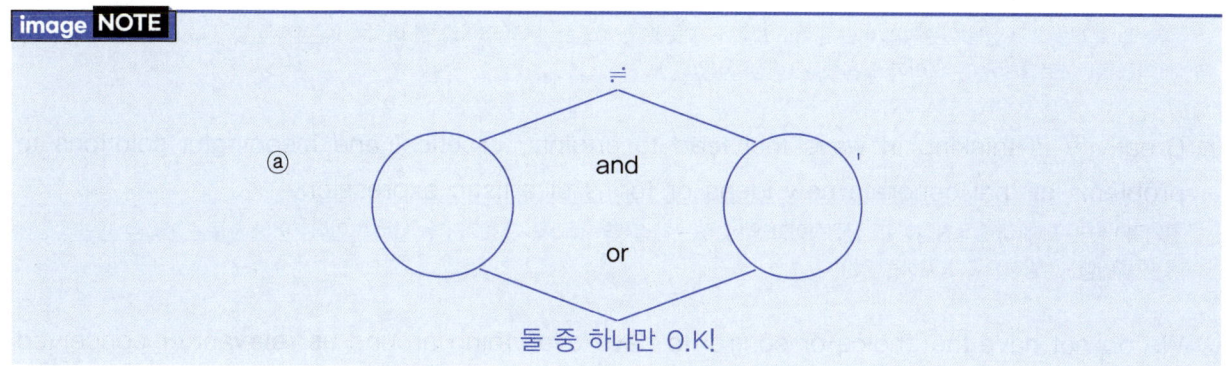

* and와 or 앞과 뒤에는 비슷한 내용이 나오므로, 문장이 복잡해지거나 시간이 부족하면 또는 앞과 뒤의 내용 중 한 부분만 이해가 된다면, and, or 앞과 뒤에 있는 내용 중 한 부분만 해석해도 된다. (단, 일치 – 불일치 문제는 반드시 해석!)

① Active, energetic, and rambunctious boys are not bad boys and should not be made to feel so.
능동적이고, 활기가 넘치고, (사납게 날뛰는) 남자아이들이 나쁜 아이들이 아니고, 그렇게 느끼게 만들어서도 안 된다.

② All boys need to romp and learn that even in energetic play, there are rules and order.
모든 남자아이는 (즐겁게 뛰놀고) 활기찬 놀이에서조차도, 규칙과 질서가 있다는 것을 배울 필요가 있다.

③ The listener should try to hear me and my position and understand where the other person is coming from.
듣는 사람은 나의 이야기와 나의 입장에 대하여 듣고 (다른 사람의 입장을 이해하려고) 노력해야 한다.

④ Minorities tend not to have much power or status and may even be dismissed as troublemakers, extremists or simply 'weirdos'.
소수집단은 많은 권력과 지위를 가지고 있지 않는 경향이 있고, 심지어는 말썽꾼, 극단주의자 (또는 단지 '괴짜')라고 거부당할지도 모른다.

⑤ The more we can zero in on and accentuate the similarities we have with someone else, the more likely we are to get along.
우리가 다른 사람들과 공유하고 있는 유사성을 (에 집중하고) 강조할수록, 우리는 그 사람과 사이좋게 지낼 가능성이 커진다.

⑥ The earlier a person begins alcohol use, the greater the chances are of the person becoming an alcoholic later and suffering negative physical withdrawal symptoms.
어떤 사람이 음주를 빨리 시작할수록, 그 사람이 나중에 알콜 중독자가 되고 (부정적인 신체적 금단증상을 겪을) 가능성이 있다.

⑦ In fact, the results failed to show any evidence of such consistency. On one day, one of the boys would be full of beans and very chatty, while on the next day the very same boy was quiet and withdrawn.
실제로, 결과는 그와 같은 일관성의 어떤 증거도 보여주지 못했다. 하루는, 남자아이 중 한 아이가 (에너지가 넘치고) 수다스러웠고, 반면에 다음 날 바로 똑같은 아이가 조용했고 (내성적이었다.)

⑧ Creativity is thinking in ways that lead to original, practical and meaningful solutions to problems or that generate new ideas or forms of artistic expression.
창의력이란 문제에 대한 독창적이고, 실질적이고 의미 있는 해결책의 결과를 가져오거나 (새로운 아이디어나 새로운 예술적 표현의 형태를 만들어내는) 방식으로 생각하는 것이다.

⑨ We do not have the choice or control to have everything around us relevant or conceived during our time, but what we do have control of should be a reflection of the time in which we exist and communicate with the present.
우리는 우리를 둘러싸고 있는 모든 것들을 우리의 시간 동안에 관련 있게 만들거나 (생각해내는) 선택권이나 통제력을 가지고 있지 않다. 그러나 우리가 반드시 통제하는 것은 우리가 존재하고 (현재와 소통하는) 시간의 반영이어야 한다.

순삭 6 that절 유도 표현

image NOTE

① ~~S V3 that~~ " ⓢ ⓥ ~ . "
목적절 that절 속에 중요한 내용이 나온다.
② ~~S be V that~~ " ⓢ ⓥ ~ . "
주격보어 자리에 오는 that절 속에 중요한 내용이 나온다.
+
* 동격의 that절에도 중요한 내용이 나올 수 있다.
* '가주어 it – 진주어 that' 구문에서 진주어 that절 속에 중요한 내용이 나올 수 있다.

* 보통은 that절 속에 필자가 말하고 싶은 중요 정보가 나오므로, **문장이 복잡**해지면 또는 **시간이 부족**하면 **that절 유도표현**은 **해석하지 않는다**. (단, 일치 – 불일치 문제는 반드시 해석!)

① Recent measurements using radiometers on satellites suggest that solar energy, which is an input to our climate system, can very considerably.
(위성에 있는 복사 측정기를 사용한 최근의 측정이) 태양 에너지, 우리의 기후체계에 투입되는, 상당히 달라질 수 있음을 (제시하고 있다).

② How, then, do minorities ever have any influence over the majority? The social psychologist Serge Moscovici claims that the answer lies in their behavioural style, that is, the way the minority gets its point across.
그렇다면, 어떻게 소수집단이 다수집단에게 어떤 영향을 미쳤는가? (사회 심리학자 Serge Moscovici는) 정답이 그들의 행동 양식, 즉 소수집단이 자신의 주장을 이해시키는 방식에 있다고 (주장한다).

③ I believe that most procrastinations are due to the fear of making a decision.
(나는) 대부분 지연(뒤로 미룸)이 의사 결정에 대한 두려움 때문이라고 (믿는다).

④ The experiment shows that prejudices are very effective at distorting the senses.
Bellie's experimental work Indicates that gestures are particularly important for conveying information about the speed and direction of movement, about the relative position of people and objects, and about the relative size of people and objects.
(실험이) 선입견은 감각을 왜곡하는 데 매우 효과적이라는 것을 (보여준다).
(Bettie의 실험이) 몸짓이 운동의 속도와 방향, 사람들과 사물의 상대적 위치, 그리고 사람들과 사물의 상대적 크기에 관한 정보를 전달하는 데 특히 중요하다는 것을 (가르쳐 준다).

⑤ A study by two researchers at the Graduate School of Social Work at Boston College found that a child's sense of well-being is affected less by the long hours their parents put in a work and more by the mood their parents are in when they come home.
(Boston College의 사회복지 대학원의 두 연구자가 실행한 연구가) 한 아이의 행복은 그들의 부모가 직장에서 보내는 긴 시간에 덜 영향을 받고, 부모가 집에 왔을 때의 기분에 의해서 더 영향을 받는다는 것을 (발견했다).

⑥ To explain the findings, lead researcher Linda Bartoshuk from the University of Florida says repeated ear infections might permanently damage a nerve called chorda tympani.
(그 발견을 설명하기 위하여, 플로리다 대학의 수석 연구자인 Linda Bartoshuk이) 반복된 귀 감염이 chorda tympani라고 불리는 신경을 영구적으로 손상 시킬 수도 있다고 (말한다).

⑦ There is no doubt that mountainous areas with low valleys among them tend to have higher species richness than surrounding areas of flat land.
낮은 골짜기를 가진 산악지역이 주변을 둘러싼 평평한 지역보다 더 풍부한 종 구성을 가지는 경향이 있다는 것은 (의심할 여지가 없다).

⑧ Indeed it often happens that a female whose mate is defeated and his territory conquered promptly attaches herself to the victor.
자신의 수컷이 (다른 수컷에게) 지고 영역을 정복당한 암컷이 즉시 승자에게 자신의 몸을 붙이는 것(승자인 수컷에게 가는 것)은 (실제로 종종 발생하는 일이다).

⑨ If the listener is to appreciate the form and beauty of symphony, it is imperative that he should understand such structure of symphony.
만약에 음악을 듣는 사람이 교향곡의 형태와 아름다움을 감상할 의도가 있다면, 그 사람이 그 교향곡의 구조를 이해해야 하는 것은 (필수적이다).

⑩ The point is that many have attempted to create great art, but only a very tiny percentage have become true masters.
(포인트는) 많은 사람이 위대한 예술을 창작하려고 시도했지만, 단지 소수의 비율의 사람만이 진정한 대가가 되었다는 (것이다).

⑪ One striking finding is that everyone appears to use a similar set of spontaneous gestures, irrespective of what language they speak.
(한 가지 놀라운 발견은) (그들이 무슨 언어로 말하는지와 관계없이), 모든 사람이 비슷한 종류의 자발적인 몸짓을 사용하는 것처럼 보인다는 (것이다).

⑫ Psychologist Mihaly Csikszentmihaly suggests that the common idea of a creative individual coming up with great insights, discoveries, works, or inventions in isolation is wrong.
(심리학자 Mihaly Csikszentmihaly가) 창의적인 개인이 고립된 상태로 위대한 통찰력, 발견, 작품, 또는 발명을 생각해낸다는 것은 잘못된 것이라고 (제안한다.)

⑬ Recent evidence suggests that the common ancestor of Neanderthals and modern people, living about 400,000 years ago, may have already been using pretty sophisticated language.
(최근의 증거가) 약 40만 년 전에 살았던 네안데르탈인과 현생 인류의 공통 조상이 꽤 정교한 언어를 이미 사용하는 중이었을지도 모른다는 것을 (제시하고 있다).

⑭ He believed that the nature of human beings is to be creative and that living a creative life is the key to human health and well-being.
(그는) 인간의 본성이 창의적이고 창의적인 삶을 사는 것이 인간의 건강과 행복에 중요한 요소라고 (믿었다).

⑮ The secret of successful people is usually that they are able to concentrate totally on one thing.
(성공한 사람들의 비결은) 보통 그들이 한 가지에 완전히 집중할 수 있다는 (것이다).

⑯ It is possible that the Mongolian tales of cruelty were exaggerated so that they would appear more frightening to their enemies.
몽골인들의 잔인함에 관한 이야기는 그들이 적들에게 더 두렵게 보이도록 과장되었다는 것은 (가능성이 있다).

⑰ It is well known that vitamin D deficiency can affect one's muscles, bones and immunity and is even associated with cancer.
비타민 D 결핍이 한 사람의 근육, 뼈, 면역성에 영향을 미칠 수 있으며 심지어 암과도 관련이 있다는 것은 (잘 알려져 있다).

순삭 7 이중 부정

image NOTE

* 부정어 ~ 부정어 ⇒ 긍정
  − × − = +

* 문장 내에서 **부정어**가 가까운 곳에 **연속**해서 나오면, **긍정으로 해석**한다.

① Without the influence of minorities, we would have no innovation, no social change.
   소수집단의 영향력 없다면 우리는 혁신도 사회적 변화도 없을 것이다.
   ⇨ 소수집단의 영향력으로 우리는 혁신과 사회적 변화를 가질 수 있다.

② It's not unfair that people who exert more effort to a project should receive more advantage from it.
   한 프로젝트에 더 많은 노력을 기울인 사람이 그것으로부터 더 많은 이익을 받아야 한다는 것은 불공정한 것이 아니다.
   ⇨ 한 프로젝트에 더 많은 노력을 기울인 사람이 그것으로부터 더 많은 이익을 받아야 한다는 것은 공정한 것이다.

순삭 8 than ~ / as ~

image NOTE
① ~ 비교급 ~~than~~ ~
② ~ as .... ~~as~~ ~

* '비교급' 구문에서 than 뒤에 나오는 비교의 대상이나, 'as 원급 as' 구문에서 뒤에 나오는 비교의 대상은 상대적으로 중요한 정보가 아니다. 따라서 **비교의 대상**은 **문장이 복잡**해지면 또는 **시간이 부족**하면 **해석하지 않는다**. (단, 일치-불일치 문제는 반드시 해석!)

① I think that more time is wasted, more headaches caused, and more opportunities missed by indecision than by any other time-consuming habit.
나는 어떤 (다른 시간을 잡아먹는 습관보다) 우유부단함으로 더 많은 시간이 낭비되고, 더 많은 두통이 야기되고, 더 많은 기회를 놓친다고 생각한다.

② A new study suggests that children who often get serious ear infections are twice as likely to become obese later in life as kids with healthier ears.
한 새로운 연구가 귓병을 앓은 아이들이 (건강한 귀를 가진 아이들보다) 후년에 비만이 될 가능성이 두 배 높을 것이라고 제시한다.

③ There is no doubt that mountainous areas with low valleys among them tend to have higher species richness than surrounding areas of flat land.
낮은 골짜기를 가진 산악지역이 (주변을 둘러싼 평평한 지역보다) 더 풍부한 종 구성을 가지는 경향이 있다는 것은 의심할 여지가 없다.

④ By giving the film Apocalypse Now a setting that was contemporary at the time of its release, audiences were able to experience and identify with its themes more easily than they would have if the film had been a literal adaptation of the novel.
영화 Apocalypse Now에 개봉 당시의 시대와 동시대적인 배경을 설정함으로써, 관객은 (그 영화가 소설 그대로의 각본에 충실했을 때보다) 그 영화의 주제를 쉽게 경험하고 주제에 동일시할 수 있었다.

⑤ The control of communication apprehension lies in removing as many of the areas of uncertainty and unfamiliarity as constructing those of certainty and familiarity.
의사소통 이해에 대한 통제는 (확실함과 친숙함의 분야를 만드는 것만큼) 불확실함과 친숙하지 않은 많은 분야를 제거하는 것에 놓여있다.

⑥ Those who have doubts about the uses of surveillance cameras are worried that they are not as effective in preventing crime as have been believed.
감시카메라의 사용에 관하여 의심을 가진 사람들이 그것들(감시카메라)이 (믿고 있는 것처럼) 범죄를 예방하는 데 효과적이지 않을 것에 관하여 걱정하고 있다.

⑦ Reading can be more efficiently learned together with peers than either alone or with teachers.
독서는 (혼자이거나 선생님과 함께할 때보다) 친구들과 함께 더 효율적으로 학습될 수 있다.

순삭 9 문장 속 예시

image NOTE

* ~ ~~A such as~~   ~~A − ex~~ ~
     ~~like~~
     ~~including~~

* 앞 문장이나 앞부분의 예시를 유도하는 for example과 같은 연결사와 다르게, 'such as, like, including'은 문장 내의 앞 단어에 대한 예시를 유도한다. 따라서 문장이 복잡해지면 또는 시간이 부족하면 such as, like, including 뒤에 나온 예시는 해석하지 않는다. (단, 일치 − 불일치 문제는 반드시 해석!)

① In many countries, including Britain, Germany, and the Unities States, it was women's support for winning the war that helped them finally win the right to vote.
(영국, 독일, 그리고 미국을 포함한) 많은 국가에서, 여성들이 결국 투표권을 얻게 도와준 것은 바로 전쟁에서의 승리에 대한 그들의 노력 때문이었다.

② States that previously lowered the drinking age to 18, like Massachusetts, Michigan, and Maine, experienced an increase in alcohol-related crashes among the 18 to 20 age group.
(Massachusetts, Michigan, 그리고 Maine과 같은) 이전에 음주 연령을 18세로 낮추었던 주들이 18세에서 20세의 연령대 사이에서 음주와 관련된 사고의 증가를 경험하였다.

③ The ancient Greeks sought to improve memory through brain training methods such as memory palaces and the method of loci.
고대 그리스인들은 (memory palaces와 method of loci와 같은) 뇌 훈련 방식을 통하여 기억력을 향상하려고 애썼다.

순삭 10 부사절 접속사

image NOTE
● S V , S' V' - .
  └ 부사절 접속사
⇒ S V . S' V' - .

* unless나 lest와 같은 부정의 의미가 있는 접속사를 제외하고 문장이 복잡해지면 또는 시간이 부족하면 접속사는 해석하지 않는다. (단, 일치 – 불일치 문제는 반드시 해석!)

① <u>As</u> millions of men left to fight in World War I, women took over their jobs and kept national economies going.
  수백만 명의 남자들이 1차 세계대전에 전쟁하러 떠났을 때, 여성들이 그들의 일을 떠맡았고 국가 경제가 돌아가도록 하였다.
  ⇨ 수백만 명의 남자들이 1차 세계대전에 전쟁하러 떠났다. 여성들이 그들의 일을 떠맡았고 국가 경제가 돌아가도록 하였다.

② <u>When</u> people move from one country to another or from one area to another, their economic status may change.
  사람들이 한 나라에서 다른 나라로 또는 한 지역에서 다른 지역으로 이동할 때, 그들의 경제적 지위는 변할지도 모른다.
  ⇨ 사람들이 한 나라에서 다른 나라로 또는 한 지역에서 다른 지역으로 이동하였다. 그들의 경제적 지위는 변할지도 모른다.

③ There are considerable geographical variations in the proportion of women who are in the labour force, <u>as</u> comparative statistics collected by the International Labour Organization reveal.
  국제노동기구에 의해 수집된 비교 통계수치가 드러낸 것처럼, 노동력에 참여한 여성의 비율에 있어서 상당한 지리적 차이가 존재한다.
  ⇨ 국제노동기구에 의해 수집된 비교 통계수치가 드러내고 있다. 노동력에 참여한 여성의 비율에 있어서 상당한 지리적 차이가 존재한다.

Chapter 03 독해 유형 총정리

01 STS, MDTS

1 STS

STS | Strategies for Topic Sentence
'필자 생각'이 들어간 문장임을 보여주는 표현들

STS 1 의무/필요

1. 조동사
must
= have to
should
= ought to
need (to)

*S 의무, 필요
　*You > We > 일반 S

2. etc
compulsive (강제적인) ← compel (강요하다)
obligatory (의무적인) ← oblige (강요하다)
necessary (필요한)
necessity (필요성) ← need (필요하다)

STS 2 '중요한'의 의미를 가진 형용사

1. '중요한'의 의미를 가진 형용사
important
significant
vital
crucial
critical

2. etc
(동사) matter, count → 중요하다

(명사) importance, significance, consequence → 중요성

* of + 추상명사 = 형용사
of importance
of consequence } 중요한
of significance

STS 3 결론/요약

1. 결론 유도 장치

   ('그래서', '그러므로')

   So
   Therefore
   Thus
   Hence
   That's why

   ('결과적으로', '따라서')

   in conclusion
   to conclude
   as a result
   consequently
   in consequence
   accordingly
   for these (this) reason(s)

   * That's why → 그래서, 그러므로
   This
   Which
   CF That's because → 그것은 ~이기 때문이다.

2. 요약장치

   ('요약하자면')

   in short   in brief
   to be brief   in a word
   in sum   to sum up
   to summarize

+ L.S → T.S (Topic Sentence)   * L.S : Last Setence(마지막 문장)

= 중요 문

STS 4 역접장치

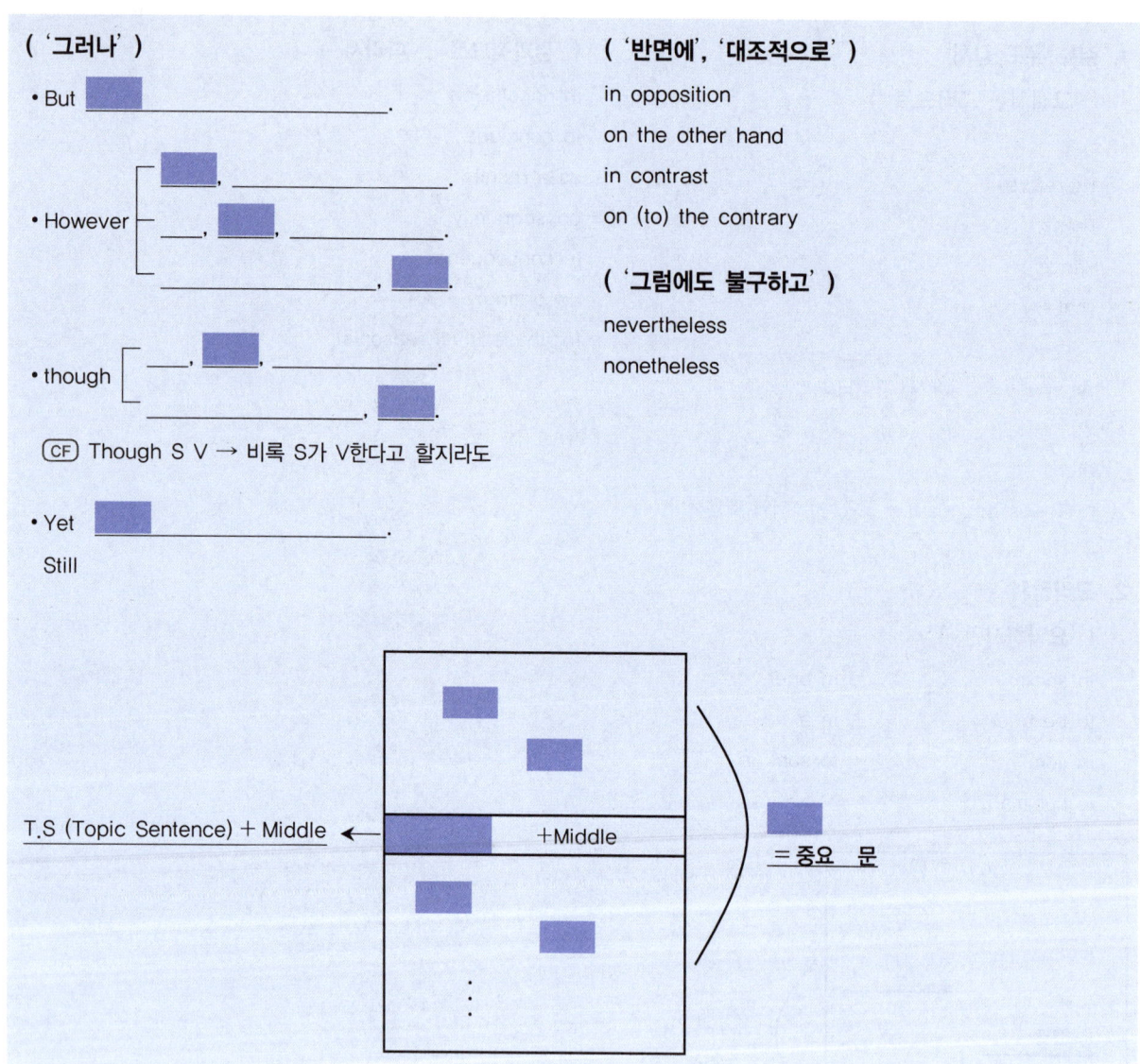

STS 5 | not과 but의 A B 접속사

(A가 아니라 B)
not A but B = B and not A
            = B, not A

(A뿐만 아니라 B)
not **only** A but (also) B = B as well as A
  = **just**
  = **merely**

(A라기보다는 B)
not so much A as B = not A so much as B

* Grammar : A, B '병렬'
* Reading : A < B *

STS 6 | 명령문

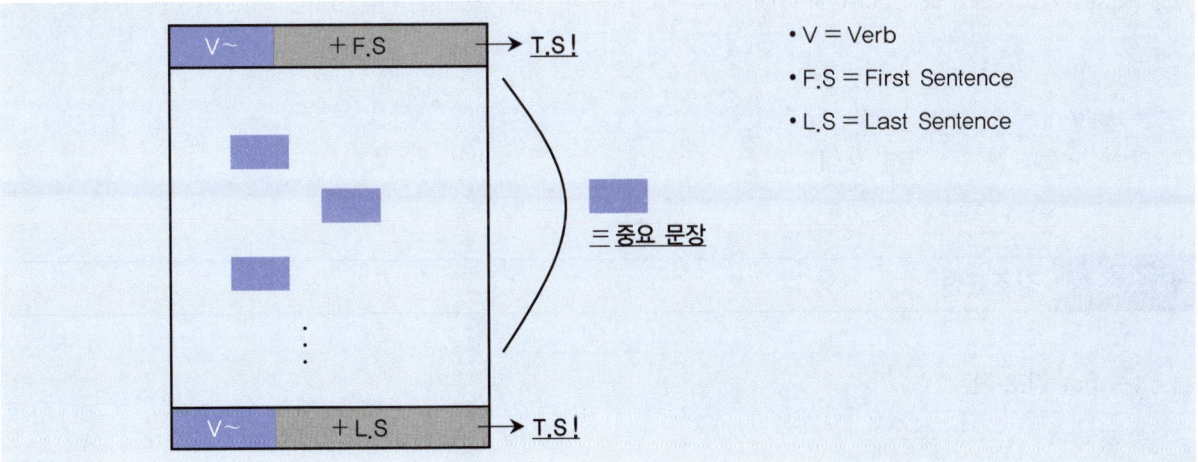

- V = Verb
- F.S = First Sentence
- L.S = Last Sentence

STS 7 양보절과 주절

* 양보절 → '비록 ~ 일지라도' 라고 해석

Though
Altough
Even if　　S　V　–, (S'　V') – .
Even though　　주절
While　　→ 필자 생각!

양보절

(As) 형 or 부 or 명　as　S　V　–, S'　V'　–.

양보절 (though　　주절
→ 필자 생각!

예 (As) cute as she is, I don't like her. (그녀가 귀엽다고 할지라도, 나는 그녀를 좋아하지 않는다.)

However　형 or 부　S　V　–, S'　V　–.
= No matter how　　주절
양보절　　→ 필자 생각!

예 However cute she is, I don't like her. (아무리 그녀가 귀엽다고 할지라도, 나는 그녀를 좋아하지 않는다.)

Despite –, S'　V'　–.
= In spite of –　　주절
양보절 – 효과　　→ 필자 생각!

STS 8 강조표현

1. It – that 강조구문

① 모양

↱ 단어, 구, 절
It　beV　[강조내용]　that　–　.
　is　人　–　who
　was　物　–　which
　(has been　:　:
　had

② 해석

It　beV　②[강조내용]　that　①–　.
↳ –인 것은 바로 [강조내용] 이다.

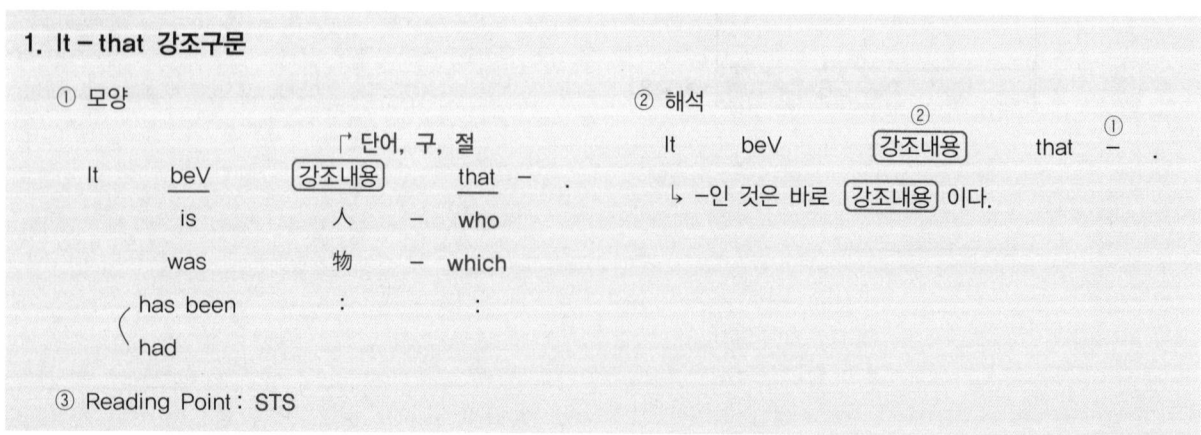

③ Reading Point : STS

2. 강조의 Only / 강조의 do / the very N

- 강조의 Only   '단지 −만', '꼭 −만'
- 강조의 do   do
                    does ⎬ V원형 : V 강조
                    did
- the very N   '바로 그 N' : N 강조

3. 최상급 / 비교급 강조 6가지

① 최상급 ┬ opinion STS
        └ fact

② 최상급 기본 모양   (the) −(e)st ⎰ in 단수 N
                    most −   ⎱ of 복수 N
                                    that have p.p

③ 최상급 해석   '가장 …한/하게'

④ 최상급 모양 X   ① 부정어 as … as A
   최상급 의미 O   ② 부정어 비교급 than A
                    ③ A 비교급 than any other 단수 N
                    ④ A 비교급 than all the other 복수 N

예 Beauty is the greatest recommendation in the world. 아름다움이 세상에서 가장 위대한 추천서이다.
= **No** recommendation is <u>as</u> great <u>as</u> beauty in the world. 세상에서 어떤 추천도 아름다움만큼 위대하지는 않다.
= **No** recommendation is great<u>er</u> <u>than</u> beauty in the world. 세상에서 어떤 추천도 아름다움보다 위대하지는 않다.
= Beauty is great<u>er</u> <u>than</u> <u>any</u> <u>other</u> <u>recommendation</u>. 아름다움이 어떤 다른 추천보다 더 위대하다.
= Beauty is great<u>er</u> <u>than</u> <u>all</u> <u>the</u> <u>other</u> <u>recommendations</u>. 아름다움이 모든 다른 추천보다 더 위대하다.
CF The Sahara is the largest desert in the world. (fact) 사하라가 세상에서 가장 큰 사막이다.

+ 비교급 강조 6 ┬ opinion STS
              └ fact

훨씬 더 −er
        more
  → much, even, still, far, by far, a lot

Beauty is a <u>far</u> great<u>er</u> recommendation than any letter of introduction. (Aristotle)
아름다움이 어떤 소개장보다 훨씬 더 위대한 추천이다. (아리스토텔레스)

STS 9   1인칭의 활용

I think (생각한다) / believe (믿는다) / guarantee (보장한다) / encourage (권장한다) / wish (바란다) / hope(희망한다) / suggest (제안한다) / etc + that   S   V

In my opinion (내 의견으로는) / (As) to me (나에게 있어서) / (As) for me (나에 관한 한) / As far as I'm concerned (나에 관해서는) / etc + S   V

My belief (나의 신념은) / My advice (나의 충고는) / My opinion (나의 의견은) / My claim etc (나의 주장은) / is + that   S   V

STS 10   필자의 판단 주입 어휘와 표현의 이용

1. 긍정적인 (+) / 부정적인 (−) 의 감정 어휘

① 긍정적인 (+) 감정, 주관 어휘

the best way (최고의 방법) / the real thing (실질적인 것은) / good (좋은) / right (올바른) / true (진실된) / truth (진실) / wonderful (아주 멋진) / logical (논리적인) / effective (효과적인) / value (가치), valuable (가치 있는), invaluable (매우 가치 있는) / etc

② 부정적인 (−) 감정, 주관 어휘

flaw (결점) / drawback (결점) / mistake (실수) / misunderstanding (오해) / wrong (잘못된) / illogical (비논리적인) / ineffective (비효과적인) / valueless (가치 없는) / etc

2. It's time that / to v

① 모양   It is (high / about / 생략 가능) time (that S should V 원형 / S V 과거형 / to V)

② 해석   '−해야 할 (때이다. / 시간)'

③ Reading Point   STS

3. 이성적 판단

It is essential(imperative, natural, reasonable) that A is B.

→ A가 B라는 것은 필수적(반드시 해야 하는, 당연한, 합리적인)이다.

It makes sense that A is B.

→ A가 B라는 것은 합리적이다.

(It is) No wonder that A is B.

→ A가 B라는 것은 놀라운 일이 아니다. (A가 B라는 것은 당연하다.)

It goes without saying that A is B.
= It is needless to say that A is B.

→ A가 B라는 것은 말할 것도 없이 분명한 사실이다.

4. 기타 감정

→ '중요 문장' 전 흥미 유발

surprise (놀라움) / surprising (놀라운) / astonishing (놀라운) / amazing (놀라운) / embarrassing (당황스러운) / perplexing (당황스러운) / puzzling (당황스러운) / etc

---

STS 11 | The + 비교급, the + 비교급

1. 모양

The + 비교급 (S V) –, the + 비교급 (S' V') –.
　　　　　　생략 가능　　　　　　　　　　생략 가능

2. 해석

The + 비교급　S　V　–, the + 비교급　S'　V'　–.
　　　　　　　　①　　　　　　　　　　　　　　②

→ ①할수록, ②하다.

3. Reading Point

* ┌ ① : 원인
　└ ② : 결과

* STS

2 MDTS

MDTS | Methods of Developing Topic Sentence
〈전개 방식〉

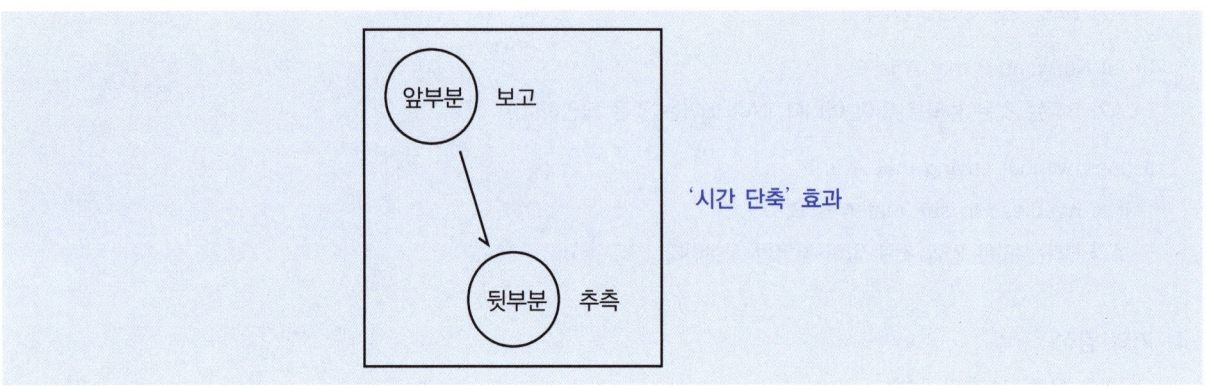

1 연구 - 실험의 인용

1. 연구 - 실험

study (연구) / experiment (실험) / research (연구) / etc

→ 과정
→ 결과 (STS 12 연구 - 실험의 결과)

2. 실험자 - 피실험자

* 연구자 / 실험자
  - Experimenter
    Researcher
  - 실험자 이름 (人 이름)
    etc

* 피실험자
  - subject(s)
    participant(s)
    volunteer(s)
    group
    etc

3. 연구 과정
- A ask B / B be asked

A : 연구자 / 실험자　　B : 피실험자

4. 연구 결과

Ⓢ	Ⓥ
Study (studies) (연구)	find (found) (발견했다)
Experiment (experiments) (실험)	suggest (suggested) (제안했다)
Research (researches) (연구)	show (showed) (보여줬다)
Analysis (analyses) (분석)	tell (told) (말했다)
Test (tests) (테스트, 검사)	indicate (indicated) (나타냈다, 보여줬다)
Statistics (통계수치)	confirm (confirmed) (입증했다)
etc	etc

According to ┌ study / experiment (연구 / 실험에 따르면) …
　　　　　　└ researcher / experimenter (연구자 / 실험자에 따르면) …

---

2 권위자

* 권위자 / 전문가
→ 말, 주장 (STS 13 권위자 – 말, 주장)

The professor (교수),　학자,　says(said) ~
The doctor (박사, 이사),　대학,　insists(insisted) ~
Experts (전문가들),　기관,　etc
* 人 이름　　　　　　　etc

CF 人 이름
① 권위자, 전문가　　　　　→ 말, 주장 – STS
② Story – 등장인물　　　　→ episode
③ 예시 〈특히, 人 이름 열거〉→ 앞문장 중요

3. 의문문의 활용

1. 첫 문장이 의문문

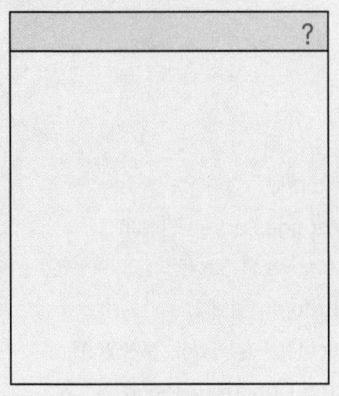

→ 흥미유발, 소재 제시
   중간 의문문 역할

예 Can beauty be measured?

2. 중간 의문문*

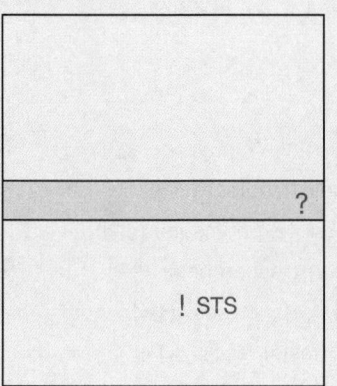

! STS   •! : 의문문의 답

→ 답 (STS 14 의문문 + 답)

3. 마지막 문장이 의문문

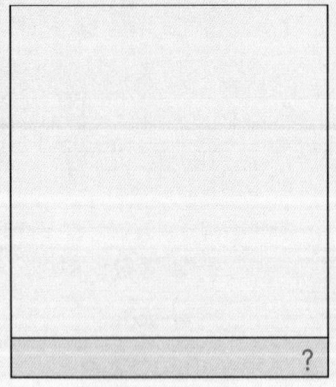

→ 수사의문문 모양 → 의미
             긍정 → 부정
             부정 → 긍정

예 Who can say it was foolish of her to say so?
   (누가 그녀가 그렇게 이야기한다고 해서 멍청했다고 말할 수 있겠는가?)
= No one can say it was foolish of her to say so.
   (어떤 누구도 그녀가 그렇게 이야기한다고 해서 멍청했다고 말할 수 없다.)

예 Who can't make such a simple bookshelf?
   (누가 그와 같이 간단한 책 선반을 만들 수 없겠는가?)
= Anyone can make such a simple bookshelf.
   (어떤 사람이든 그와 같이 간단한 책 선반을 만들 수 있다.)

4 통념비판의 원리

└ STS 15 통념에 대한 비판

*1st

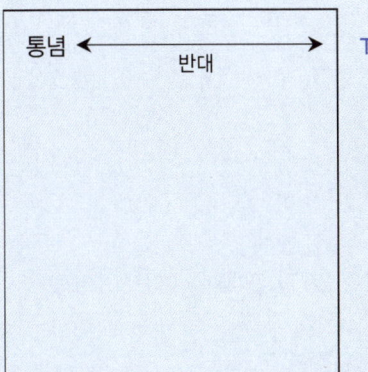

* 통념 I : '통념'이라는 의미를 가진 단어가 직접 제시되는 경우
  conventional   wisdom
  common ┌ idea
         └ notion
  myth
  etc

*통념 II : '통념'임을 보여주는 여러가지 문장의 모양들

① 일반인 주어   We (우리는), They (그들은), One (어떤 사람이), Some people (몇몇 사람들이),
                (Most) people ((대부분의) 사람들이), etc
② 동사   say (말한다), believe (믿는다), think (생각한다), insist (주장한다), argue (주장한다),
                look upon (간주한다), regard (간주한다), assume (가정한다), etc
③ 명사   saying (말), belief (신념), thought (생각), argument (주장), notion (관념), idea (생각), etc
④ 형용사/부사   common (흔한), widespread (널리 퍼진), prevalent (널리 퍼져 있는), frequently (자주, 흔히),
                often (자주, 흔히), etc

문장 형식   a) S①   V②   that –
            b) It be V② –p.p that –
            c) 소유격① N③ is that –
            d) It be 형④   that –

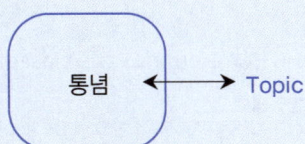

예 a) Most people think that Won-young is more attractive than Karina.
        (대부분의 사람들은 원영이 카리나보다 더 매력적이라고 생각한다.)
    b) It is thought that Won-young is more attractive than Karina.
        (원영이 카리나보다 더 매력적이라고 생각되어진다.)
    c) Most people's thought is that Won-young is more attractive than Karina.
        (대부분의 사람들의 생각은 원영이 카리나보다 더 매력적이라는 것이다.)
    d) It is widespread that Won-young is more attractive than Karina.
        (원영이 카리나보다 더 매력적이라는 것이 널리 퍼져있는 생각이다.)

* 2nd – 통념에 대한 비판이 등장

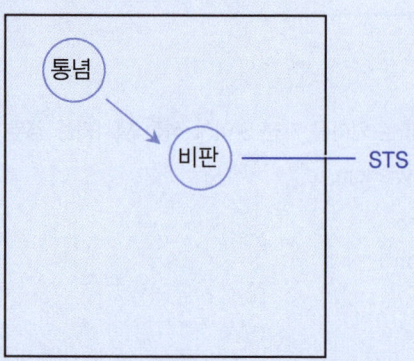

① 연결사　　　But (그러나), However (그러나), In fact (사실상, 실제로), In reality (사실상, 실제로), Actually (사실상, 실제로), etc

② 단어　　　　misconception (오해), misunderstanding (오해), etc

③ 문장 표현　　This (it) is not true.
　　　　　　　(이것은 (그것은) 진실이 아니다.)
　　　　　　　This (it) is not the case.
　　　　　　　(이것은 (그것은) 사실이 아니다.)
　　　　　　　This (it) is not so.
　　　　　　　(이것은 (그것은) 그렇지가 않다.)
　　　　　　　This (it) is an absurd opinion (idea).
　　　　　　　(이것은 (그것은) 터무니 없는 의견(생각)이다.)
　　　　　　　They are wrong (mistaken).
　　　　　　　(그들은 옳지 않다 (잘못되었다).

④ 기타 표현　　untrue (진실이 아닌), false (거짓의), error (오류), biased (편향된), prejudiced (선입견에 찬),
　　　　　　　inconsistent (일관성이 없는), etc

5. 문제점 발생 – 해결책 제시

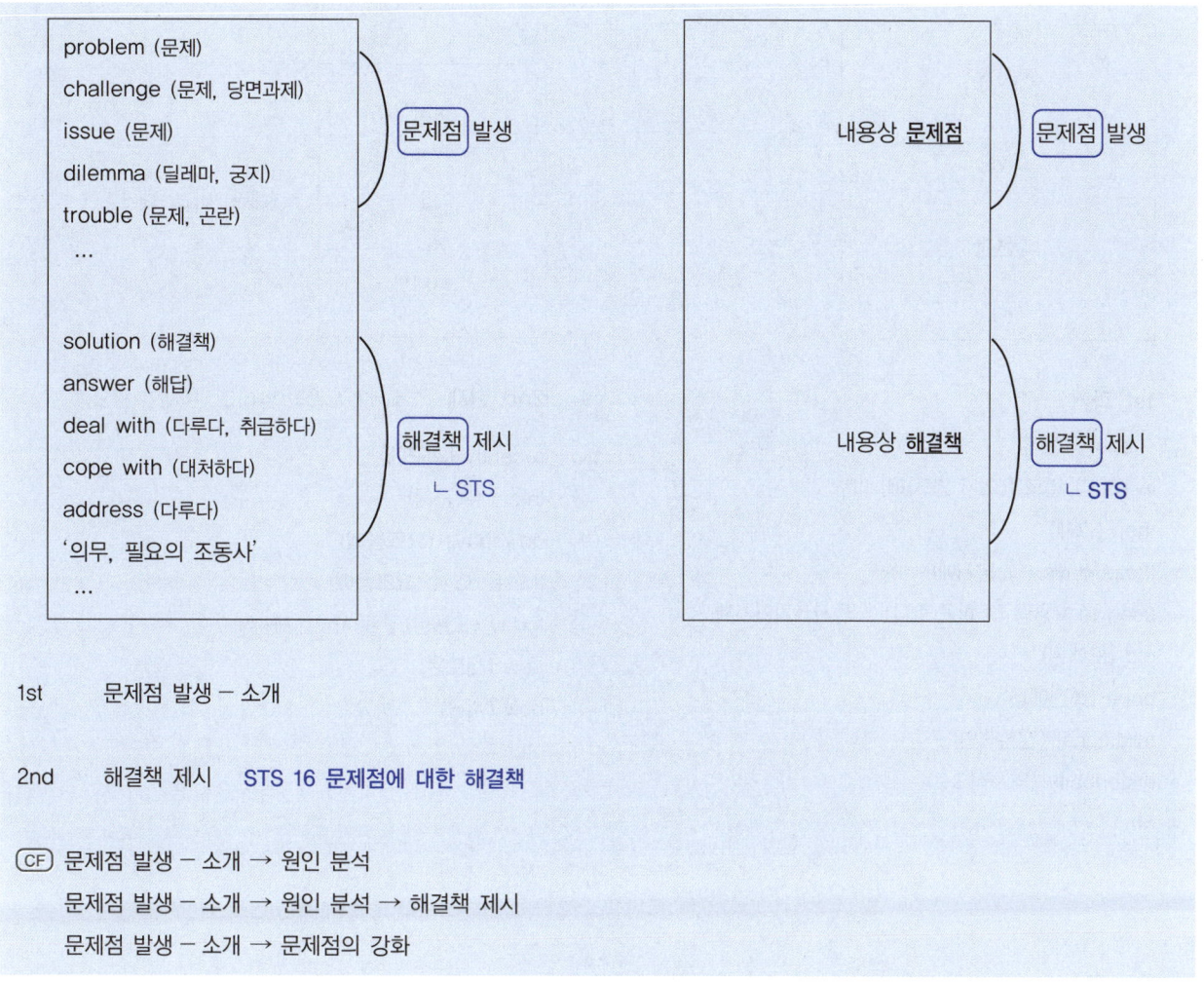

1st 문제점 발생 – 소개

2nd 해결책 제시　STS 16 문제점에 대한 해결책

(CF) 문제점 발생 – 소개 → 원인 분석
　　문제점 발생 – 소개 → 원인 분석 → 해결책 제시
　　문제점 발생 – 소개 → 문제점의 강화

6 시간상의 대조

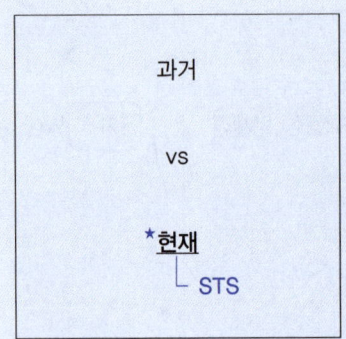 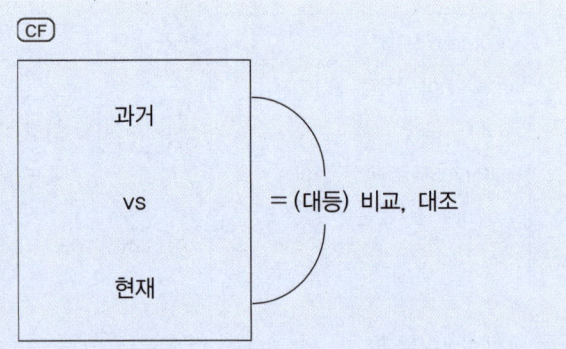

1st 과거   vs   **2nd 현재** {STS 17 시간상의 대조 (현재가 중요)}

- ago (~전에)
- in (과거) 연도 ((과거 연도)에)
- then (그때)
- those days (그 당시에)
- used to V원형 (~하곤 했다) / 동사-과거시제
- old (오래된)
- once (예전에)
- traditional (전통적인)
- historically (역사적으로)
- etc

- recently (최근에)
- lately (최근에)
- nowadays (요즈음에)
- these days (요즈음에)
- today (오늘날) / 동사-현재시제
- new (새로운)
- now (지금)
- etc

7 예시

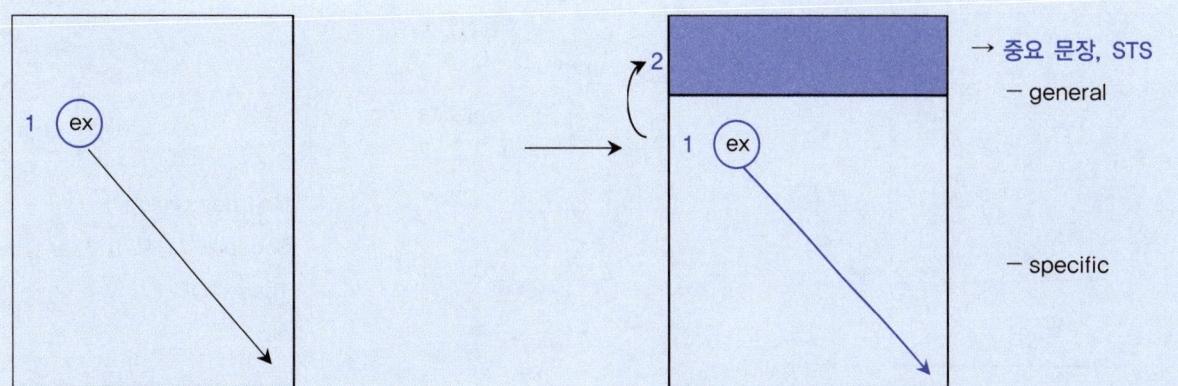

* 예시 표현 (앞 문장 / 앞 부분)
① For example (예를 들어서) / For instance (예를 들어서)/etc
② Imagine (상상해 봅시다) / Suppose (가정해 봅시다) /
   Consider (고려해 봅시다) / Let's say (말해 봅시다) /etc
③ 고유 N
④ 人 이름
⑤ If S V / When S V
⑥ 수치 나열
⑦ a(n) + 사람

* 예시표현 (문장 내 앞 부분)
such as = like (~와 같은)
including (~을 포함하여)

예 There are writing tools such as pencil, ball-pen, fountain pen, and highlight pen.
연필, 볼펜, 만년필, 그리고 형광펜과 같은 필기도구가 있다.

8 Story/일화

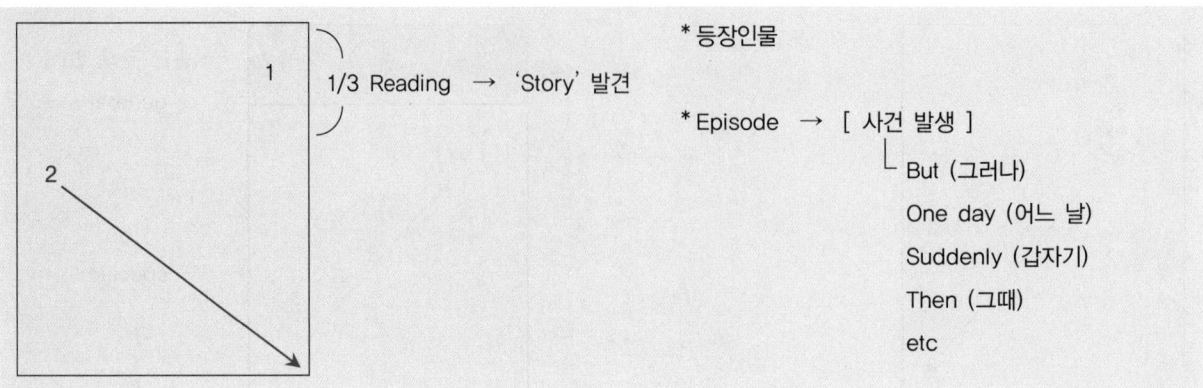

9 설명문

1. T.S / 필자 생각 - 없는 경우

```
 ┌───────┐
 │     1 │  ┐
 │       │  ├ 1/3 Reading → '설명문' 발견
 │ 2     │  ┘    원리, 현상, 방법 …
 │   ↘   │
 │     ↘ │
 └───────┘
```

2. T.S / 필자 생각 - 있는 경우

```
 ┌───────┐
 │     1 │  ┐
 │       │  ├ 1/3 Reading → '설명문' 발견
 │ 2     │  ┘
 │   ↘   │
 │ STS ↘ │
 └───────┘
```

10 열거

1. '열거'할 것을 시사하는 구체적인 표현이 있는 경우
— 주로 [두괄식]

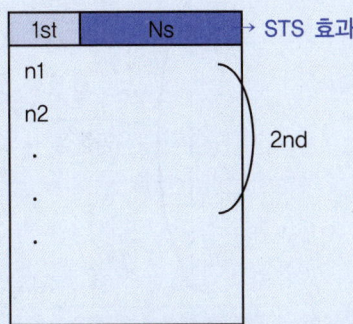

• Ns → 복수명사

1st 수적인 개념의 표현들 등장   +   **2nd 구체적인 열거**
{STS 19 구체적인 열거의 앞 부분(문장)}

— many, a lot of, lots of, a number of, → 많은
  several, → (몇)몇의, 여러 개의
  various, a variety of, diverse, → 다양한
  different, → 다른, 여러 개의
  etc
  + Ns

— two (둘), three (셋), four (넷), etc

— some (몇은), others (다른 사람들(것)은),
  still others (또 다른 사람들(것)은)
— the first (첫 번째는), the second (두 번째는),
  the third (세 번째는 … , the last (마지막은)
— one (첫째는), another (또 다른 것은), the next
  (그 다음은) … , the final (마지막은)
— also (또한),
  in addition, additionally, moreover, what is
  more, furthermore, besides (게다가, 더욱이)
  etc

2. '열거'할 것을 시사하는 구체적인 표현이 없는 경우
— 주로 [미괄식]

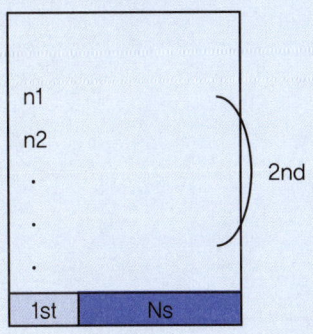

└ 필자가 앞에서 열거한 내용들을 정리

11 나열식 구조

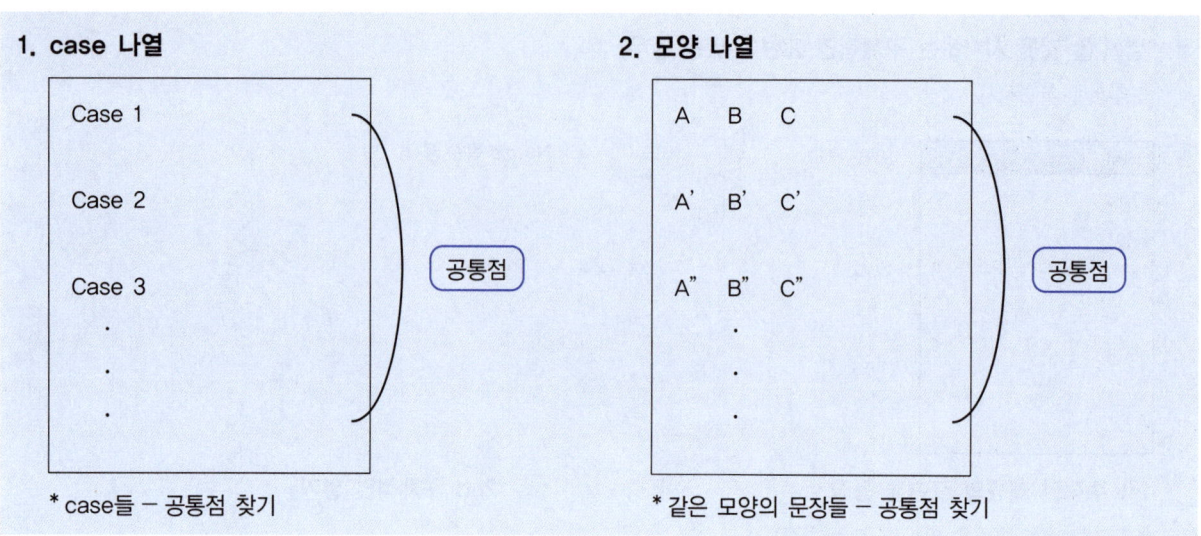

12 인과관계

- 원인(cause)과 결과(effect) 사이의 관계를 밝히는 전개 방식
- [최초 원인(cause)과 최종 결과(effect)] 상대적 중요

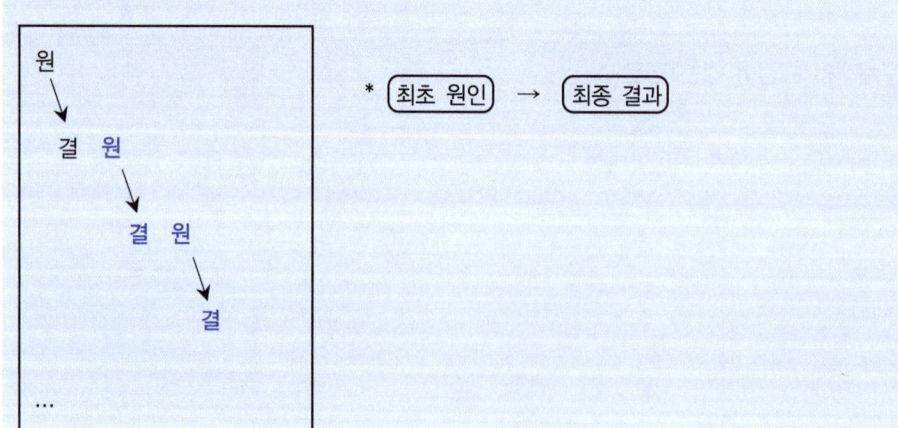

1 Reading Theme ⇨ STS 1-3

001 다음 글의 요지로 가장 적절한 것은?

Most linguists and local community members agree that education and literacy in the local language are necessary to maintain vitality, or to revitalize a language threatened with endangerment. Some local communities reject this notion, wanting to preserve their oral traditions and to rely solely on them. There is, however, a cost to this decision, as it limits the domains in which the language can be used. Regardless, most regard literacy as essential for local languages. Yet more than half of all languages have no written form, and so a writing system needs to be developed for them in order to use them in education and literacy programs. Basic pedagogical and reference materials are needed, including textbooks, dictionaries and usable descriptive grammars. Such materials are readily available for languages of wider communication, but not for the majority of local languages. In addition, reading material is needed for literacy as well.

① 선진국에서 활용되는 교육 자료를 현지어 교육에 적극적인 도입이 필요하다.
② 읽기와 쓰기는 취학 전 교육 과정에 도입해야 한다.
③ 현지어를 살리기 위한 기초 조성을 위한 문자 체계화 교육 자료가 필요하다.
④ 현지어를 살리는 데 언어 사용자의 문화 정체성은 중요하다.

정답 및 해설

해석 대부분의 언어학자와 지역 공동체 구성원들은 현지어로 하는 교육과 그 언어를 읽고 쓸 수 있는 능력이 (언어의) 생명력을 유지하거나 멸종위기의 위협을 받고 있는 언어에 새로운 활력을 주는 데 필수적이라는 것에 동의한다. 어떤 지역 공동체들은 이러한 생각을 거부하고, 자신들의 구어(口語)적 전통을 지키고 오직 그것에만 의존하기를 원한다. 그러나, 이러한 결정은 언어가 사용될 수 있는 범위를 제한하기 때문에 대가가 따른다. 여하튼, 대부분은 읽고 쓸 수 있는 능력을 현지어에 필수적인 것으로 간주한다. 하지만, 모든 언어의 절반 이상은 문자 형태를 가지고 있지 않으며, 따라서 그런 언어들을 교육과 읽고 쓰기 과정에 이용하기 위해서는 문자 체계가 개발될 필요가 있다. 교과서, 사전, 활용 가능한 기술 문법책을 포함한 기본적인 교육적 자료와 참고용 자료가 필요하다. 그러한 자료들은 보다 널리 소통되는 언어들의 경우에는 손쉽게 활용할 수 있지만, 대부분의 현지어에 있어서는 그렇지 않다. 게다가 읽고 쓰는 능력을 위해서는 읽기 자료도 또한 필요하다.

해설 STS [Yet / needs to / needed]가 들어간 문장 'Yet more than half of all languages have no written form, and so a writing system needs to be developed for them in order to use them in education and literacy programs. Basic pedagogical and reference materials are needed,'이 답 도출 문장이다.

정답 ③

002 다음 글의 주제로 가장 적절한 것은?

We are about to embark on creating one of the most important habits of all: gratitude. After conducting and reviewing hundreds of studies, the University of California, Berkeley, concluded that gratitude is one of the most reliable methods for increasing happiness and life satisfaction. It boosts feelings of optimism, joy, pleasure, and enthusiasm. It reduces anxiety and depression, strengthens the immune system, lowers blood pressure, reduces symptoms of illness, and makes us less bothered by aches and pains. It encourages us to exercise more and take better care of our health. Grateful people get more hours of sleep each night, spend less time awake before falling asleep, and feel more refreshed upon awakening. Gratitude makes people more resilient and helps them recover from traumatic events.

① the significance of finding happiness in everyday life
② the function of gratitude as a good habit
③ impacts of exercise on reducing anxiety and depression
④ characteristics of those who feel grateful even in adversity

정답 및 해설

해석 이제 우리는 가장 중요한 습관 중 하나, 즉 감사하는 마음을 (습관으로) 만들기 시작하려고 한다. 수백 개의 연구를 하고 검토한 후에, 버클리 소재 캘리포니아 대학은 감사하는 마음이 행복과 삶의 만족감을 증가시키는 가장 신뢰할 수 있는 방법중 하나라는 결론을 내렸다. 그것[감사하는 마음]은 낙관주의, 기쁨, 즐거움, 그리고 열정의 느낌을 증가시킨다. 그것은 불안과 우울증을 줄여 주고, 면역 체계를 강화시키고, 혈압을 낮추고, 질병의 증상을 줄여 주고, 우리를 아픔과 통증에 덜 시달리게 해준다. 그것은 우리에게 운동을 더 많이 하고 우리의 건강을 더 잘 돌보도록 고무한다. 감사하는 사람들은 매일 밤 더 많은 시간 잠을 자고, 잠이 들기 전에 깨어 있는 시간이 더 적고, 깨어날 때 더 상쾌함을 느낀다. 감사하는 마음은 사람들을 더욱 회복력 있게 만들고 대단히 충격적인 사건에서 회복하도록 도와준다.
① 일상에서 행복을 발견하는 것의 중요성
② 좋은 습관으로서의 감사의 기능
③ 운동이 불안과 우울감을 줄이는 데 미치는 영향
④ 역경 속에서조차도 감사함을 느끼는 사람들의 특징들

해설 STS [최상급 / important]가 들어간 첫 문장 We are about to embark on creating one of the most important habits of all: gratitude.
STS [최상급 / 연구결과]가 들어간 문장 After conducting and reviewing hundreds of studies, the University of California, Berkeley, concluded that gratitude is one of the most reliable methods for increasing happiness and life satisfaction.
이 두 문장이 답 도출 근거 문장들이다.

정답 ②

003 다음 글의 주제로 가장 적절한 것은?

> Since the pull of gravity influences the stability of the body during the performance of physical activity, the balance or appropriate distribution of those gravitational forces upon the body is essential to promoting stability or 'balance'. The location of the centre of gravity, or the point around which the mass or sum of gravitational forces is equally distributed or 'balanced', is thus of vital importance in the performance of physical skills. We know that the lower the centre of gravity and the closer it is to the base of support, the more stable an object. Thus when rugby players scrummage they attempt to get their body weight as low as possible to avoid being pushed backwards. Likewise, when those involved in a tug-of-war pull on the rope they try to lower their centre of gravity by leaning backwards and planting their feet well in front of them to increase stability and decrease their chances of being pulled forward by their opponents.

① the benefits of doing physical activities
② how gravity works in space
③ the importance of balanced center of gravity in physical activities
④ why physical activity is vital for students

정답 및 해설

해석 중력의 당김이 신체 활동 수행 중에 신체의 안정성에 영향을 미치기 때문에, 신체에 대한 중력의 균형, 즉 적절한 분배는 안정성, 즉 '균형'을 촉진하는 데 필수적이다. 따라서 무게 중심, 즉 그 주위로 질량 또는 중력의 합이 균일하게 분포하거나 '균형이 잡힌' 지점의 위치는 신체 기능 수행에 있어 대단히 중요하다. 우리는 무게 중심이 더 낮고 지지 기반에 가까워질수록 물체가 더 안정적이라는 것을 알고 있다. 따라서 럭비 선수들이 스크럼을 짤 때 그들은 뒤로 밀리는 것을 피하기 위해 그들의 체중[체중 중심]을 가능한 한 낮게 누리려고 노력한다. 마찬가지로 줄다리기에 참여한 사람들이 줄을 당길 때는, 안정성을 높이고 상대편에 의해 자신들이 앞으로 끌려갈 가능성을 줄이기 위해 뒤로 몸을 기울이고 발을 자신들의 앞에 잘 자리잡도록 하여 무게 중심을 낮추려고 노력한다.
① 신체적 활동을 하는 것의 장점들
② 우주에서 중력이 작동하는 방법
③ 신체 활동에서 균형 잡힌 무게 중심의 중요성
④ 신체 활동이 학생에게 중요한 이유

해설 STS [thus / of vital importance]가 들어간 문장 'The location of the centre of gravity, or the point around which the mass or sum of gravitational forces is equally distributed or 'balanced' is thus of vital importance in the performance of physical skills.'이 답 도출 근거 문장이다.

정답 ③

2 Reading Types - 주제 / 제목 / 요지 / 주장 1

2-1 BASIC

001 다음 글의 주제로 가장 적절한 것은?

> Knowing when something happened is important. Understanding why historic events took place is also important. To do this, historians often turn to geography. Weather patterns, the water supply, and the landscape of a place all affect the lives of the people who live there. For example, to explain why the ancient Egyptians developed a successful civilization, you must look at the geography of Egypt. Egyptian civilization was built on the banks of the Nile River, which flooded each year, depositing soil on its banks. The rich soil could help farmers grow enough crops to feed the people in the cities. That meant everyone did not have to farm, so some people could perform other jobs that helped develop the civilization.

① influences of the Nile River on Egyptian farming
② importance of geography in understanding history
③ differences between geography and geology
④ varieties of Egyptian civilization

정답 및 해설

- **해석** 어떤 일이 언제 발생했는지를 아는 것은 중요하다. 역사적으로 중요한 사건들이 왜 발생했는지를 이해하는 것도 중요하다. 이것을 행하기 위해서 역사 학자들은 흔히 지리에 의존한다. 여러 가지 날씨 패턴, 급수 시설, 어느 장소의 풍광 등 모든 것이 그곳에 사는 사람들의 갖가지 삶에 영향을 미친다. 예를 들면, 고대 이집트인들이 성공적인 문명을 발전시켰던 이유를 설명하려면, 당신은 이집트의 지리를 관찰해야 한다. 이집트 문명은 나일강의 양안에 세워졌는데, 매년 범람하여 그 양안에 흙을 퇴적시켰다. 그 비옥한 토양은 농부들이 그 도시들에 사는 사람들을 먹여 살리기에 충분한 곡식을 재배하도록 도움을 줄 수 있었다. 그것은 모든 사람들이 농사를 지을 필요가 있는 것은 아님을 의미했다. 그래서 어떤 사람들은 그 문명을 발전시키는 것을 도왔던 다른 여러 가지 일들을 수행할 수 있었다.
  ① 나일강이 이집트 농사에 미치는 영향들
  ② 역사 이해에 있어 지리의 중요성
  ③ 지리학과 지질학의 차이점들
  ④ 이집트 문명의 다양성
- **해설** 역사적 사건의 발생 시기와 원인 파악에 있어 지리의 도움이 필요하다는 이야기를 하면서 그 예로서 이집트 문명의 발달이 나일강 덕택이라고 글을 전개하고 있으므로 ② '역사 이해에 있어 지리의 중요성'이 글의 주제로 적절하다.
- **정답** ②

002 다음 글의 주제로 가장 적절한 것은?

The highlight of any shuttle mission is the spacewalk: glamorous, dangerous, and so photogenic. But of the nearly 100 U.S. astronauts who have stepped into the void, only six have been women. It isn't a question of having the right stuff. One problem is that space suits weren't designed for women. The present-day suit, designed by NASA in the 1970s, was meant to be sensible, flexible, durable, and big. The suits are reusable, and thus designed with arm and leg segments of various lengths that are attached to hard *fiberglass torsos. The sizes of the torsos begin at medium and range up to extra large. While that sizing works for 90 percent of men, it will fit only the tallest 60 percent of women.

① 우주인 선발 과정의 어려움
② 여성 우주인이 드문 이유
③ 우주인의 신체적 조건
④ 우주복 설계의 요건

정답 및 해설

해석 모든 우주 왕복선의 임무 중 가장 두드러진 부분은 우주 유영이다. 매혹적이고, 위험하면서도, 사진 촬영에 아주 적합하기 때문이다. 하지만 진공 상태를 걸어봤던 거의 100명의 미국 우주 비행사 중 겨우 6명이 여성이었다. 그것은 (여성이) 적합한 조건을 가지고 있는가의 문제가 아니다. 우주복이 여성을 위해 설계되지 않았던 점이 한 가지 문제이다. 1970년대 NASA에 의해 설계된 현재의 우주복은 기능 위주고, 유연하며, 튼튼하고, 크도록 만들어졌다. 우주복은 재사용할 수 있으므로 딱딱하면서 유리 섬유로 된 몸통에 부착되는 다양한 길이를 가진 팔과 다리 단면에 맞도록 설계된다. 몸통의 크기는 중형에서 시작하여 특대형까지 있다. 그것은 남성의 90%에게 맞는 크기이지만 여성에게는 가장 키가 큰 60%에게만 맞을 크기이다.

해설 우주복이 남성의 신체에 맞도록 설계되었기에 여성 우주인이 드물 수밖에 없다는 요지의 글이다. 'One problem'으로 시작하는 네 번째 문장과 마지막 문장을 잘 해석해 보면 이를 추론해 낼 수 있다.

정답 ②

003 다음 글의 주제로 가장 적절한 것은?

The punishment of criminals has always been a problem for society. Citizens have had to decide whether offenders such as first-degree murderers should be killed in a gas chamber, imprisoned for life, or rehabilitated and given a second chance in society. Many citizens argue that serious criminals should be executed. They believe that killing criminals will set an example for others and also rid society of a troublesome burden. On the contrary, other citizens say that no one has the right to take a life and that capital punishment is not a deterrent to crime. They believe that society as well as the criminal is responsible for the crimes and that killing the criminal does not solve the problems of either society or the criminal.

① responsibility for increasing murder rates
② side effects of capital punishment
③ pros and cons of capital punishment
④ varieties of punishments on offenders

정답 및 해설

- **해석** 죄인들의 처벌은 늘 사회에 있어 문젯거리였다. 시민들은 1급 살인자와 같은 범죄자들을 가스실에서 사형시켜야 할지, 종신형시킬지, 또는 사회에 복귀시켜서 사회에서 다시 한 번 기회를 줄지 등을 결정해야 했다. 많은 시민이 강력범들은 사형시켜야 한다고 주장했다. 그들은 범죄자를 사형시키는 것이 다른 사람들에게 모범을 보이고 또한 사회로부터 골치 아픈 부담을 없앨 것이라고 생각한다. 반면에, 다른 시민들은 누구에게도 생명을 빼앗을 권리는 없으며 사형은 범죄의 억제책이 아니라고 말한다. 그들은 범죄자뿐만 아니라 사회도 범죄에 책임이 있으며 범죄자를 사형시키는 것은 사회나 범죄자 어느 쪽의 문제도 해결해 주지 못한다고 생각한다.
  ① 증가하는 살인율에 대한 책임감
  ② 사형제도의 부작용들
  ③ 사형제도의 찬성과 반대
  ④ 범죄자에 대한 처벌의 다양성
- **해설** 'On the contrary'를 기준으로 앞부분에서는 사형 집행(capital punishment)에 대한 찬성쪽 의견이, 뒷부분에서는 반대쪽 의견이 기술되어 있다. 따라서 주제는 ③ '사형집행에 대한 찬반양론(pros and cons of capital punishment)'이다.
- **정답** ③

2-2 기출문제

001 다음 글의 요지로 가장 한 것은?

2016 교육행정직 9급

> Similarity can consist of being part of the same group, even if the party in distress is a stranger. In one study, students were made to think about their favorite soccer team, thereby activating their identity as a fan of that team. Each participant was then made to walk to another building. On the way, he encountered a student who was injured and either wearing a shirt of the participant's favorite team, a shirt of a competitor, or a shirt with no team name. The injured student received more help when wearing a shirt of the participant's favorite team than when wearing either of the other kinds of shirts. People who are fans of the same soccer team form an ingroup, and generally speaking, we are more likely to help ingroup rather than outgroup members.

① Social identity is strongly related to people's hobbies.
② Outgroup members regard similarity as a key to friendship.
③ People are likely to mimic one another to get help.
④ Similarity plays a role in likelihood of being helped.

정답 및 해설

- **해석** 유사점은 어려움에 처한 사람이 낯선 사람이라 해도 같은 집단의 일원이라는 사실로 이뤄질 수도 있다. 한 연구에서 학생들은 자신들이 좋아하는 축구팀에 대해 생각하고 이로 인해 그 팀의 팬으로서 자신들의 정체성을 드러내게 되었다. 각 참가자들은 그런 다음 다른 건물로 걸어가게 되었다. 도중에 그는 부상당한 그러면서 참가자가 좋아하는 팀의 셔츠, 경쟁 팀의 셔츠 또는 전혀 팀명이 없는 셔츠를 입은 학생을 만났다. 이 부상 당한 학생은 다른 티를 입었을 때보다 참가자가 좋아하는 팀의 셔츠를 입었을 때 더 많은 도움을 받았다. 같은 축구팀의 팬인 사람들은 내집단을 형성하고 일반적으로 외집단 구성원들보다 내집단 구성원들을 도울 가능성이 더 높다.
  ① 사회 정체성이 사람들의 취미와 강력히 관련이 있다.
  ② 외집단 구성원은 유사점을 우정의 한 열쇠로 간주한다.
  ③ 사람들은 도움을 얻기 위해서 서로를 흉내 낼 수도 있다.
  ④ 유사점이 도움을 받을 가능성에 한 역할을 한다.
- **해설** STS [연구결과]가 들어간 문장 'The injured student received more help when wearing a shirt of the participant's favorite team than when wearing either of the other kinds of shirts. People who are fans of the same soccer team form an ingroup, and generally speaking, we are more likely to help ingroup rather than outgroup members.'이 답 도출 근거 문장들이다.
- **정답** ④

2-3 ADVANCED

001 주어진 글의 주제로 가장 적절한 것을 고르시오.

> Uncertainty avoidance deals with a society's tolerance for uncertainty and ambiguity; it ultimately refers to man's search for truth. It indicates to what extent a culture programs its members to feel either uncomfortable or comfortable in unstructured situations. Unstructured situations are novel, unknown, surprising, and different from usual. Uncertainty avoiding cultures try to minimize the possibility of such situations by strict laws and rules, safety and security measures. For example, in Germany there is a reasonable high uncertainty avoidance level which is 65 compared to countries as Singapore and neighbouring country Denmark, which is level 8 and level 23 respectively. Germans are not to keen on uncertainty, by planning everything carefully they try to avoid the uncertainty. In Germany there is a society that relies on rules, laws and regulations. Germany wants to reduce its risks to the minimum and proceed with changes step by step.

① Enacting Laws to Clarify Structures
② Risk Management Skills are Key to Life
③ Uncertainty Avoidance: A Cultural Matter
④ Why Germans Always Try to Avoid Uncertainty

정답 및 해설

해석 불확실성 회피는 불확실성과 모호성에 대한 사회의 관용을 다룬다. 그것은 궁극적으로 사람이 진리를 추구하는 것을 가리킨다. 그것은 문화가 그 구성원들에게 비체계적 상황에서 불편하거나 편한 느낌을 어느 정도까지 가지는지 나타낸다. 비구조적인 상황들은 참신하고, 알려지지 않았으며, 놀랍고, 평소와 다르다. 불확실함을 피하려고 하는 문화들은 엄격한 법률과 규칙, 안전 및 보안 조치로 그러한 상황의 가능성을 최소화하려고 한다. 예를 들어 독일에서는 상당히 높은 불확실성 회피 수준인 레벨 65이고, 이는 각각 레벨 8과 레벨 23인 싱가포르와 이웃 국가인 덴마크에 비해 매우 높다. 독일인들은 불확실성을 싫어하여 모든 것을 신중하게 계획함으로써 불확실성을 피하려고 노력한다. 독일에는 규칙, 법률 및 규정에 의존하는 사회가 있다. 독일은 위험을 최소한으로 줄이고 변화를 단계적으로 진행하기를 원한다.
① 구조를 분명하게 하기 위한 법률을 제정하기
② 위험 관리 기술이 인생에서 중요한 것이다
③ 불확실성 회피: 문화적인 문제
④ 독일인이 불확실성을 항상 회피하고자 하는 이유

해설 STS [예시 앞부분]가 들어간 문장 'Uncertainty avoiding cultures try to minimize the possibility of such situations by strict laws and rules, safety and security measures.'이 답 도출 근거 문장이다.

정답 ③

1 Reading Theme - STS 4-6

001 다음 글의 제목으로 가장 적절한 것은?

> Clearly, danced rituals did not seem like a waste of energy to prehistoric peoples. They took the time to fashion masks and costumes; they joyfully burned calories in the execution of the dance; they preferred to record these scenes over any other group activity. Thus anthropologist Victor Turner's attribution of danced ritual to an occasional, marginal, or liminal status seems especially unjustified in the prehistoric case - and more representative of the production-oriented mentality of our own industrial age than of prehistoric priorities. Surely these people knew hardship and were often threatened by food shortages, disease, and wild animals. But ritual, of a danced and possibly ecstatic nature, was central to their lives. Perhaps only because our own lives, so much easier in many ways, are also so constrained by the imperative to work, we have to wonder why.

① How Dancing Connects Our Body with Our Soul
② Why Danced Rituals Have Been Regarded as Trivial
③ The Modification of Sacred Rituals for New Purposes
④ Danced Rituals: The Essence of the Prehistoric People's Lives

---

정답 및 해설

해석 분명히, 춤을 추는 의식은 선사 시대 종족들에게는 에너지의 낭비로 보이지 않았다. 그들은 시간을 들여 가면과 의상을 만들었고, 그 춤을 추는 데 즐겁게 칼로리를 소모하였으며, 이 장면들을 기록하는 것을 집단의 다른 어떤 활동보다 더 선호했다. 따라서 인류학자 Victor Turner가 춤을 추는 의식을, 가끔 일어나거나, 지엽적이거나, 또는 초기 단계의 지위로 귀속시킨 것은 선사 시대의 경우에는 특히 정당하지 않은 것 같고, 선사 시대의 우선 사항보다는 오늘날 우리가 사는 산업 시대의 생산 지향적인 사고방식을 더 잘 나타내는 것 같다. 분명히 이 사람들은 고난을 알고 있었으며, 식량 부족, 질병, 야생 동물에 의해 자주 위협받았다. 그러나 춤으로 이루어지며 어쩌면 황홀 상태의 성격을 가진 의식은 그들의 삶에 중요했다. 아마도 단지 여러 면에서 훨씬 더 수월한 우리 자신의 삶이, 일을 해야 하는 의무에 의해서 또한 많은 제약을 받기 때문에, 우리는 '왜 그런지'를 궁금해야 한다.
① 춤이 우리의 신체와 영혼을 연결해 주는 방법
② 춤을 추는 의식이 사소한 것으로 간주 되는 이유
③ 새로운 목적을 위한 신성한 의식의 변경
④ 춤을 추는 의식: 선사시대 사람들의 삶의 본질

해설 STS [But / central]가 들어간 문장 'But ritual, of a danced and possibly ecstatic nature, was central to their lives.'이 답 도출 근거 문장이다.

정답 ④

002 다음 글의 요지로 가장 적절한 것은?

Mozart, one of the best-known composers, made enough money to live a good life. However, he was not smart enough to manage his income, and he died a poor man. Yet most average people manage their finances well. Albert Einstein was a poor communicator and had difficulty in articulating his thoughts, despite his profoundly superb intelligence. Thus, we see that when a person enjoys an unusual amount of intelligence or talent in one field, it is usually confined to that particular field. Thus, not only are all humans not equally intelligent, but those who are truly intelligent are also not equally as intelligent in every field. Examples such as Leonardo da Vinci, who enjoyed talent in many different fields, are very rare exceptions to the rule.

① 음악과 물리학은 실용적 가치가 있다.
② 예술의 지나친 상업화는 바람직하지 않다.
③ 천재성은 일반적으로 한 분야에서만 빛난다.
④ 연습을 통해 뇌의 전 영역을 활용할 수 있다.

정답 및 해설

해석 가장 잘 알려진 작곡가 중의 한 명인 Mozart는 괜찮은 삶을 살기에 충분한 정도의 돈을 벌었다. 하지만 수입 관리 면에서 총명하지 못해 가난하게 생을 마쳤다. 그러나 대부분의 보통 사람들은 자신의 재정을 잘 관리한다. Albert Einstein은 심대하게 뛰어난 지력에도 불구하고 자기 의사를 제대로 전달하지 못하는 사람이라서 자신의 생각을 분명히 표현하는 데 어려움을 겪었다. 그래서 우리는 어떤 사람이 한 분야에서 흔치 않을 정도의 지능이나 재능을 가지고 있다 해도, 그것은 일반적으로 그 특정 분야에 국한된다는 것을 알고 있다. 그래서 모든 인간은 지력이 똑같지 않을 뿐만 아니라, 정말로 지력이 뛰어난 사람들도 모든 분야에서 똑같이 그만큼 지적이지는 않다. 서로 다른 많은 분야에서 재능을 가졌던 Leonardo da Vinci와 같은 예는 그 통칙이 아주 드문 예외이다.

해설 STS [Thus / not only A but also B / ex의 앞부분]이 들어간 문장 'Thus, not only are all humans not equally intelligent, but those who are truly intelligent are also not equally as intelligent in every field.'이 답 도출 근거 문장이다.

정답 ③

003 다음 글의 요지로 가장 적절한 것은?

> Three-year-olds don't have to deal with the same rules and realities adults do. Because of that, children tend to be more imaginative and creative with their ideas. They see possibilities where the rest of us see rules, boundaries, or impossibilities. That's why they're famous for writing on walls — you see a perfectly painted living room that shouldn't be touched; they see a blank canvas. Even if it's just for 30 minutes, seeing life from the angle of a semi-careless child can give you a new perspective on how you spend your time and deal with household problems or work challenges. For that reason alone, it's valuable to imagine yourself acting as you would if you were just a child: free-spirited, boundless, uncontrollably creative, and unafraid to try new things.

① 어린아이의 관점으로 삶을 바라보면 새로운 시각을 얻을 수 있다.
② 가정과 직장에서 생기는 어려움을 극복하기 위해서는 적절한 휴식이 중요하다.
③ 어린아이가 상상력과 창의성을 잃지 않도록 규율을 완화할 필요가 있다.
④ 글쓰기와 그림 그리기 능력은 성인이 되어서도 노력을 통해 계발될 수 있다.

정답 및 해설

해석 3살배기 아이들은 어른들이 다루는 것과 똑같은 규칙들과 현실을 다룰 필요가 없다. 그렇기 때문에, 아이들은 아이디어 면에서 상상력이 더 풍부하고 창의적인 경향이 있다. 아이들은 나머지 우리가 규칙, 한계 또는 불가능성을 보는 곳에서 가능성을 본다. 그러한 이유로 아이들이 벽에 뭔가를 쓰는 것으로 잘 알려져 있는데 여러분은 건드리면 안 될 완벽하게 색칠된 거실을 보지만, 아이들은 빈 캔버스를 본다. 비록 불과 30분이라고 해도, 어느 정도 근심 없는 아이의 관점에서 삶을 바라보는 것은 여러분이 시간을 보내고 가정 문제나 직장 문제를 다루는 방법에 대한 새로운 관점을 여러분에게 줄 수 있다. 그러한 이유만으로도, 만약 여러분이 그저 어린 아이라면 행동하게 될 것처럼 자유분방하고, 거침이 없고, 통제할 수 없을 정도로 창의적이고 새로운 것을 시도하는 것을 두려워하지 않으며 행동하는 자신을 상상해 보는 것은 가치 있는 일이다.

해설 STS [Even if 양보절+주절]가 들어간 문장 'Even if it's just for 30 minutes, seeing life from the angle of a semi-careless child can give you a new perspective on how you spend your time and deal with household problems or work challenges.' 이 답 도출 근거 문장이다.

정답 ①

2 Reading Types - 주제 / 제목 / 요지 / 주장 2

2-1 BASIC

001 다음 글의 주제로 가장 적절한 것은?

> Any time people or groups appear to be cruel to one another, the popular, inadequate view is that it is a manifestation of "the survival of the fittest." Many people assume that, in society as well as in nature, to be strong and aggressive is the only condition for survival. In fact, evolution requires creatures to show a whole range of different behaviors in order to successfully ensure their survival. Many animals rely on each other for survival, which means that caring and sympathetic behavior is one of the key factors in their evolution. In Tai National Park, Ivory Coast, chimps have been seen to take care of groupmates wounded by leopards, for example by carefully removing blood and dirt and waving away flies that gather near the wounds. They protect their injured mates, and travel slowly if they cannot keep up. All of this makes perfect sense given that chimps live in groups and they instinctively know that they cannot reap the benefits of group without contributing to it.

① the survival of the fittest
② the cause of evolution
③ the sympathetic nature of chimps
④ helping each other for survival

정답 및 해설

- **해석** 사람들이나 집단들이 서로 잔인하게 구는 것 같을 때 언제나 일반적이고 적절하지 않은 관점은 그것이 '적자생존'의 발현이라는 것이다. 많은 사람이 자연계에서뿐만 아니라 (인간) 사회에서 강하고 공격적인 것이 생존의 유일한 조건이라고 생각한다. 사실은 진화하기 위해서는 생명체는 생존을 성공적으로 확보하기 위해 완전히 다른 행동들을 보여 줘야 한다. 많은 동물이 생존을 위해 서로에게 의지하는데, 이것은 보살피거나 동정적인 행위가 그것들의 진화에 있어서 핵심적 요인 중에 하나라는 것을 의미한다. Ivory Coast(코트디부와르)의 Tai 국립공원에서 침팬지는 표범에게 부상을 입은 무리의 다른 침팬지를 돌보는 것이 목격됐는데, 그 돌보는 방법은 예를 들어 피와 티끌을 조심스럽게 제거하거나 상처 가까이에 모이는 파리를 손을 저어 쫓는 것이었다. 그것들은 부상을 입은 침팬지를 보호하고, 부상 입은 침팬지가 따라오지 못하면 천천히 이동한다. 침팬지들이 떼를 지어 살고, 집단 생활에 기여하지 않고서는 그 혜택도 누릴 수 없음을 본능적으로 알고 있다고 가정한다면, 이 행위는 모두 충분히 이치에 닿는다.
  ① 적자생존
  ② 진화의 원인
  ③ 침팬지의 연민의 본질
  ④ 생존을 위해 서로를 돕기
- **해설** 인간이 서로에게 잔인하게 굴 때 그런 모습이 적자생존의 논리로 정당화되는 것을 유전적으로 인간과 매우 유사한 침팬지의 예를 들어 반박하는 글이다. 그 예를 통해서 생존을 위해서는 서로를 보살피고 도와야만 함(helping each other for survival)을 밝히고 있다. 단락의 구조는 [일반적 생각-반론 제기-반론의 근거 제시]로 되어 있다.
- **정답** ④

002 다음 글의 제목으로 가장 적절한 것은?

Processing a TV message is much more like the all-at-once processing of the ear than the linear processing of the eye reading a printed page. According to McLuhan, television is fundamentally an acoustic medium. To make this point clear, he invited people to try a simple experiment. First, turn the sound down on the TV set for one minute during your favorite program. Now, for another minute, adjust the TV set so that you can hear the sound but you can't see any picture. Which condition was more frustrating? Which condition gave you less information? McLuhan believed that people who tried this little exercise would invariably report more frustration in the condition where the picture was visible but the sound was inaudible.

① TV Messages: More Visual or Acoustic?
② Surveys of Favorite TV Programs
③ TV as Efficient Equipment for the Deaf
④ Effects of Advertisements on TV Viewers

정답 및 해설

해석 어떤 TV 메시지를 처리하는 것은 인쇄된 한 페이지 글을 읽는 눈의 연속적 처리보다는 오히려 귀의 많은 일을 동시에 처리하는 일 쪽에 훨씬 더 가깝다. McLuhan의 의견에 따르자면, TV는 근본적으로 하나의 음향 매체이다. 이러한 견해를 분명히 하기 위해, 그는 사람들에게 한 가지 단순한 실험을 해 보도록 권유했다. 먼저, 당신이 제일 좋아하는 프로그램을 보는 중에 1분 동안 TV 수상기에서 소리의 음량을 줄여라. 이제, 또 1분 동안 소리는 들을 수 있지만 어떤 영상도 볼 수 없도록 TV 수상기를 조절해라. 어느 쪽 상황이 더 실망스럽게 했는가? 어느 쪽 상황이 당신에게 정보를 덜 주었는가? McLuhan은 이런 사소한 연습을 해 본 사람들은 영상은 보았지만 소리가 들리지 않았던 그런 상황에서 더 많은 좌절을 겪었다고 한결같이 말하곤 했다고 믿었다.
① TV 메시지: 더 시각적인가 아니면 청각적인가?
② 좋아하는 TV 프로그램에 대한 조사
③ 청각 장애인을 위한 효율적인 장비로서 TV
④ 광고가 TV 시청자들에게 미치는 영향들

해설 TV가 시각적인 면보다는 청각적인 속성을 더 많이 가지고 있는 매체라는 요지의 글로 TV 메시지가 시각적인 쪽에 가까운지, 청각적인 쪽에 가까운지에 대한 견해를 예를 들어 비교 설명하고 있다. 따라서 제목은 ① 'TV 메시지: 시각적인 면이 더 많은가, 청각적인 면이 더 많은가?'가 가장 적절하다. 제목에 흔히 쓰이는 콜론(:)은 콜론 앞에 나온 내용에 대한 설명을 그 뒤에 언급할 때 사용한다.

정답 ①

003 다음 글의 제목으로 가장 적절한 것은?

The deliberate exploitation of animal resources began some 10,000 years ago when our ancestors took the first tentative steps towards domestication. Animal domestication exacted a fundamental change in the nature of human-animal relations, for it transformed this relationship from being simply one of hunter and prey to one of master and servant. Through domestication, humans turned their attention from the dead to the living animal and, more importantly, the primary product of the live animal-its offspring. In this way, a continual and renewable natural resource was established. Under the umbrella of human protection, domesticated animal species have flourished and multiplied in numbers, while their cousins in the wild have been pushed to the brink of extinction.

① The Protection of Endangered Animals
② The Exploitation of Natural Resources
③ The Effect of Humans on the Ecosystem
④ The Significance of Animal Domestication

정답 및 해설

해석 동물 자원의 의도적인 개발은 우리 조상들이 가축화를 향한 시험적인 첫걸음을 내딛었던 약 만 년 전에 시작되었다. 동물의 가축화는 인간과 동물 사이의 관계의 본질에 있어 근본적인 변화를 요구했는데, 이는 이러한 관계를 단순히 사냥꾼과 먹이의 관계에서 주인과 하인의 관계로 변모시켰기 때문이다. 가축화를 통해 인간은 그들의 관심을 죽은 동물에서 살아 있는 동물, 더욱 중요하게는 살아 있는 동물의 주요한 산물인 그것의 새끼에게로 돌렸다. 이런 식으로 계속적이고 재생 가능한 천연자원이 확보되었다. 인간의 보호라는 우산하에서 가축화된 동물의 종은 번식하고 수적으로 증가한 반면에, 야생에 사는 그것들의 동족들은 멸종 직전까지 내몰리게 되었다.
① 멸종위기에 처한 종을 보호하기
② 천연자원의 이용
③ 인간이 생태계에 미치는 영향
④ 동물 가축화의 중요성

해설 이 글에서 차례로 언급되고 있는 인간과 동물이 주인과 하인의 관계로 변모되었다는 것, 인간의 안정적인 식량원이 확보되었다는 것, 가축화된 동물의 종이 번식하게 된 것 등은 모두 야생 동물의 가축화가 갖는 의미와 중요성에 관한 내용으로 압축될 수 있다. 따라서 글의 제목으로는 ④ '동물 가축화의 중요성'이 적절하다.

정답 ④

2-2 기출문제

001 다음 글의 요지로 가장 적절한 것은?
2015 사회복지직 9급

> Supporters of positive computing make the case that technology should contribute to well-being and human potential. The real potential for positive computing to make a difference in our lives is in the next generation of wearable computing devices. One idea for how wearables might lead to increased well-being and mindfulness is in the current generation of fitness trackers and health devices. Designed to measure physical factors such as heart rate and the amount of sleep we get, they could theoretically become positive feedback devices for regulating moods. These devices would not just be ergonomically well-designed and aesthetically pleasing to the eye, but they would also lead to experiences that remove barriers to well-being.

① Wearable computing devices can contribute to well-being.
② Positive computing can contribute to national power.
③ Wearable computing devices increase living costs.
④ Positive computing develops science.

정답 및 해설

해석 적극적 컴퓨터 활용의 지지자들은 과학 기술이 행복과 인간의 잠재성에 기여해야 한다고 입장을 밝힌다. 우리 삶에 변화를 가져오는 적극적 컴퓨터 활용의 실질적인 잠재력은 차세대 웨어러블 디바이스에 있다. 웨어러블 기기가 어떻게 향상된 행복과 명상으로 이끌어줄지에 대한 한 가지 아이디어는 현재 사용되는 운동 상태 추적기와 건강 관련 기기에서 찾아볼 수 있다. 심박수와 우리가 취하는 수면량 같은 신체적 요소들을 측정하도록 만들어진 웨어러블 기기들은 이론적으로 기분 조절을 위한 적극적인 피드백 기기가 될 수 있다. 이런 기구들은 인간공학적으로 잘 만들어지고, 미적으로도 눈에 즐거울 뿐만 아니라 또한 행복에 있어 방해 요소들을 제거해주는 경험으로 이끌어 줄 것이다.
① 웨어러블 컴퓨터 활용 기기는 행복에 기여할 수 있다.
② 적극적인 컴퓨터 활용은 국력에 기여할 수 있다.
③ 웨어러블 컴퓨터 활용 기기는 생계비용을 증가시킨다.
④ 적극적인 컴퓨터 활용이 과학을 발전시킨다.

해설 STS [not just A but also B]가 들어간 문장 'These devices would not just be ergonomically well-designed and aesthetically pleasing to the eye, but they would also lead to experiences that remove barriers to well-being.'이 답 도출 근거 문장들이다.

정답 ①

2-3 ADVANCED

001 다음 글의 주제로 가장 적절한 것을 고르시오.

> What resilient people have in common is that they tend to be flexible — flexible in the way that they think about challenges, and flexible in the way that they react emotionally to stress. They are not wedded to a specific style of coping. Instead, they shift from one coping strategy to another depending upon the circumstances. Furthermore, they possess traits such as: learning from failure; using emotions such as grief and anger to fuel compassion and courage; and searching for opportunity and meaning in adversity. As the American entrepreneur and motivational speaker Pete Koerner contends: 'Life is change. If you're changing anyway, why not change for the better? Better or worse are your only choices; you can't stay where you are forever.' Changes should be welcomed, rather than avoided.

① how change plays an important role in our lives
② difference between hardship and change
③ key characteristics of the resilient
④ why most people are afraid of change

정답 및 해설

해석 회복력 있는 사람들이 공통으로 가지고 있는 특징은 융통성이 있다는 것이다. 그들은 도전에 대해 생각하는 방식과 스트레스에 정서적으로 반응하는 방식이 유연하다. 그들은 또한 특정한 대처 방법에 집착하지 않는다. 대신 상황에 따라 하나의 대처 방법에서 다른 대처 방법으로 옮겨간다. 또한, 그들은 실패로부터 배우기, 연민과 용기를 유발하기 위해 슬픔과 분노와 같은 감정을 사용하기, 역경 속에서 기회와 의미를 찾는 등의 특징을 가지고 있다. 미국 기업가이자 동기 부여 연설가인 피트 코너 (Peter Koerner)는 '인생은 변화입니다. 당신이 어쨌든 변화해야 하는 운명이라면, 더 낫게 변화하지 않겠습니까? 변화에 대한 당신의 선택지는 더 나아지거나, 더 나빠지거나 둘 중 하나밖에 없습니다. 당신은 어차피 지금 당신이 있는 곳에 영원히 머물러 있을 수 없습니다.'라고 말한다. 변화를 회피하지 말고 환영해야 한다.
① 변화가 우리의 삶에서 중요한 역할을 하는 방법
② 역경과 변화의 차이점
③ 회복력이 있는 사람들의 핵심적인 특징들
④ 대부분 사람이 변화를 두려워하는 이유

해설 지문은 회복력 있는 사람들의 특징인 융통성과 변화 지향성에 대하여 이야기하고 있다. 따라서 회복력이 있는 사람들의 특징이 이 글의 주제임을 알 수 있으므로 ③이 적절하다.

정답 ③

1 Reading Theme - STS 7-9

001 다음 글에서 필자가 주장하는 바로 가장 적절한 것은?

> Parents must teach their only child to be an attention giver or else they become complicit in raising a child who believes attention getting is what matters most. Sometimes parents believe that if they model attention giving to the only child, from their example, attention giving is what the child will learn. Unfortunately, a more common outcome of their beneficence is for the child to become an attention getter instead. As one mother of an only child wrote: "Only children who don't develop good listening skills may grow up believing that what they have to say is more important than what anyone else has to say. Even though we may enjoy listening to our only child, they should hear us as well. The child who continually interrupts adults or always has to draw attention to herself is a child who isn't thinking enough about those around her." If she grows up with this priority in mind, she may be "spoiled" for later relationships.

① 부모는 외동아이를 형제나 친구같이 대해 주어야 한다.
② 부모는 남에게 관심을 기울이도록 외동아이를 가르쳐야 한다.
③ 부모는 외동아이에게 또래와의 접촉 기회를 더 많이 주어야 한다.
④ 외동아이의 지적 호기심을 북돋우려면 간섭을 삼가야 한다.

정답 및 해설

해석 부모는 외동아이에게 (남에게) 관심을 기울이는 사람이 되라고 가르쳐야 하는데, 그렇게 하지 않으면 그들은 (남의) 관심을 받는 것이 가장 중요한 것이라고 생각하는 아이를 키우는 데 공범이 된다. 때로 부모는, 외동아이에게 관심을 기울이는 모범을 보이면, 관심을 기울이는 것이 자신의 본보기로부터 그 아이가 배우게 될 일이라고 생각한다. 불행하게도 그들의 선행의 더 흔한 결과는 그게 아니라 아이들이 관심을 받으려는 아이가 된다는 것이다. 어떤 외동아이의 엄마 한 명이 적었듯이, "훌륭한 경청 기술을 개발하지 못한 외동 아이들은 자신들의 할 말이 다른 누구의 할 말보다도 더 중요하다고 생각하며 성장할 수 있다. 우리가 외동아이의 말을 경청하는 것을 즐길 수도 있지만, 그들 역시 우리의 말을 들어야 한다. 끊임없이 어른의 말을 가로막거나 늘 자신에게로 관심을 끌어야 하는 아이는 자기 주변 사람들에 대해 충분히 생각하고 있지 않은 아이이다." 그 아이가 이런 우선순위(자기가 우선이라는 생각)를 염두에 두고 성장한다면 나중의 인간관계에서는 '버릇 없는' 사람이 될 수 있다.

해설 STS [must]가 들어간 첫 문장 'Parents must teach their only child to be an attention giver or else they become complicit in raising a child who believes attention getting is what matters most.'
STS [양보절+주절 / should]이 들어간 문장 'Even though we may enjoy listening to our only child, they should hear us as well.'이 답 도출 근거 문장들이다.

정답 ②

002 다음 글의 주제로 가장 적절한 것은?

The major changes in eating patterns since the early twentieth century have been toward an increase in the consumption of heavily processed foods containing highly refined, extracted, chemically transformed, and reconstituted ingredients. It is only during the past decade that some of these processed ingredients and foods have begun to be studied in a more systematic manner. It was not until the early 1990s, for example, that researchers began to pay serious attention to chemically reconstituted trans-fats. Until recently, the study of the precise metabolic consequences of high sugar consumption — beyond its caloric value — has similarly been neglected. There are also few studies that examine specific highly processed food products. Instead, nutrition scientists have primarily evaluated highly processed foods on the basis of the relative quantities of the so-called good or bad nutrients they contain, such as their vitamin content or lack of fiber. But this ignores the way processing techniques may also substantially transform and damage the original "food matrix" — that is, the unique combination of food components and the way they are all held together in a whole food.

① nutritional potential of processed foods
② misconceptions about the benefits of processed foods
③ lack of appropriate studies on heavily processed foods
④ major changes of human food consumption patterns

정답 및 해설

해설 20세기 초 이후 식사 패턴의 주된 변화는 고도로 정제되고, 추출되고, 화학적으로 변형되고, 그리고 개조된 성분을 함유하고 있는 고가공 식품의 소비가 증가하는 쪽으로 진행되어 왔다. 이러한 가공된 재료와 식품의 일부가 더 체계적인 방식으로 연구되기 시작한 것은 겨우 지난 십 년간이다. 예를 들어, 1990년대 초반이 되어서야 연구자들은 화학적으로 개조된 '트랜스' 지방에 진지하게 관심을 가지기 시작했다. 최근까지, 칼로리양을 넘어서 고당분 섭취가 신진대사에 끼치는 정확한 결과에 대한 연구 또한 마찬가지로 무시되어 왔다. 특정 고가공 식품을 조사하는 연구 역시 거의 없다. 대신, 영양학자들은 주로 고가공 식품들을 그것들이 함유하고 있는, 가령 비타민 함량이나 섬유질 부족과 같이 소위 좋은 또는 나쁜 영양소의 상대적 양에 기초하여 평가해 왔다. 하지만 이것은 가공 처리 기술이 원래의 '식품 매트릭스', 즉 식품 성분들의 고유한 조합과 한 자연식품에서 그 성분들이 모두 결합되어 있는 방식을 또한 상당히 변형시키고 손상시킬 수도 있다는 측면을 간과한다.
① 가공 처리된 식품의 영양학적 잠재력
② 가공 처리된 식품의 장점에 관한 오해
③ 심하게 가공 처리된 식품에 관한 적절한 연구의 부족
④ 인간의 식품 섭취의 중요한 변화들

해설 STS [It - that 강조구문 / only]가 들어간 문장 'It is only during the past decade that some of these processed ingredients and foods have begun to be studied in a more systematic manner.'이 답 도출 근거 문장이다.

정답 ③

003 다음 글의 요지로 가장 적절한 것은?

Success obviously adds to our enjoyment of games and work. However, contrary to the rhetoric of coaches and inspirational leaders, this does not mean that we have to "win" all the time. A few years ago, there was an advertisement on television featuring basketball player Michael Jordan. In the ad, Jordan explained that from elementary school through his career in the NBA, he had played in 4,900 games. Thirty-nine times he had been in a position to win the game with the last shot - and missed. Was basketball fun for him even though he missed those shots and his team lost those games? I have no doubt that it is more fun to win the game than to lose. However, I believe the biggest source of joy to Jordan and other athletes — as well as to people in the workplace — is the opportunity to use their abilities when it really counts. From the perspective of the individual working person, the key to a great workplace is feeling wanted and important.

① 과거의 성공 경험은 어려운 과업에 대한 동기를 유발하는 데 효과적이다.
② 실패를 숨기지 않고 그 원인을 분석하는 것이 성공의 지름길이다.
③ 사람들은 진정으로 자신의 능력을 필요로 하는 곳에서 즐거움을 느낀다.
④ 스포츠 참여를 통해 규범을 지키는 자세와 공정한 경쟁을 배울 수 있다.

정답 및 해설

해석 성공은 분명히 경기와 일에 대한 우리의 즐거움을 증대시킨다. 하지만, 코치와 감화를 주는 지도자들의 미사어구와는 달리, 이것은 우리가 항상 '이겨야' 한다는 것을 의미하지는 않는다. 몇 년 전에, 농구 선수 Michael Jordan을 출연시킨 텔레비전 광고가 있었다. 그 광고에서 Jordan은 초등학교부터 NBA에서의 경력까지 자신이 4900 경기를 뛰었다고 설명했다. 그는 서른 아홉 번이나 마지막 슛으로 경기를 이길 수 있었는데, 슛을 '놓쳤다.' 그가 그 슛에 실패했고 그의 팀이 경기에서 졌는데도 농구는 그에게 재미있었을까? 경기에서 지는 것보다는 이기는 것이 더 재미있다는 것에는 의심하지 않는다. 하지만, 나는 직장에서의 사람들에게뿐 아니라 Jordan과 다른 운동선수들에게 기쁨의 가장 큰 원천은 정말로 중요할 때 자신의 능력을 사용할 기회라고 믿는다. 직장인의 관점에서 멋진 직장의 비결은 자신이 필요한 존재이고 또 중요하다고 느끼는 것이다.

해설 STS [However / I believe]가 들어간 문장 'However, I believe the biggest source of joy to Jordan and other athletes — as well as to people in the workplace — is the opportunity to use their abilities when it really counts' 이 답 도출 근거 문장이다.

정답 ③

2 Reading Types - 주제 / 제목 / 요지 / 주장 3

2-1 BASIC

001 다음 글의 제목으로 가장 적절한 것은?

> Solving the origins of agriculture in different regions around the globe has been a challenge for archaeologists. Now researchers report finding evidence of early human's grain cultivation in East Asia. They gathered this information from an unlikely source - dog and pig bones. The dog and pig bones came from an archaeological site in a region of northwest China considered to be a possible early center of East Asian agriculture. Chemical traces within the dog bones suggest a diet high in millet, a grain that wild dogs were unlikely to eat in large quantities. "If the dogs were consuming that much millet, their human masters were likely doing the same," said Seth Newsome, at the Carnegie Institution's Geophysical Laboratory, where the chemical analysis was performed.

① The Animals Man Raised for Agriculture
② Animal Bones: Good Source for Fertilizer
③ Dog's Food Shows the Status of Its Owner
④ Early Agriculture Left Traces in Animal Bones

정답 및 해설

해석 전 세계적으로 다른 지역에 있어서의 농업의 기원을 푸는 것은 고고학자들의 과제가 되어 왔다. 현재 연구진들은 동아시아에서 초기 인류의 곡물 경작의 증거를 발견했다고 보고하고 있다. 그들은 있을 것 같지 않은 출처, 즉 개와 돼지의 뼈에서 이 정보를 모았다. 개와 돼지의 뼈는 동아시아 농업의 초기 중심지였을 것이라 여겨지는 중국 북서 지방의 한 고고학 유적지에서 나왔다. 개 뼈의 내부에 있던 화학 성분의 흔적은 들개라면 대량으로 먹었을 것 같지 않은 곡물인 기장이 많이 섞여 있는 사료를 알려 주고 있다. "만일 개가 그렇게 많은 기장을 먹고 있었다면, 그것은 인간 주인들도 아마 똑같이 먹고 있었을 것입니다."라고 화학 분석이 행해졌던 곳인 Carnegie 학회의 지구 물리학 실험실에 있는 Seth Newsome은 말했다.
① 인간이 농업을 위해 사육한 동물들
② 동물의 뼈: 비료의 좋은 재료
③ 개의 먹이는 주인의 지위를 보여준다.
④ 초기 농업은 동물 뼈에 흔적을 남겼다.

해설 전 세계적으로 농업의 기원이 어디인가를 찾는 과정에서 고고학자들은 동아시아의 한 유적지에서 개와 돼지의 뼈 내부에 들어 있는 화학 성분을 통해 그 당시에 인간과 가장 친하게 지내던 개와 돼지가 기장을 많이 먹었다는 것을 발견하고, 이를 토대로 그 당시에 인간은 농사로 기장을 재배했음을 추론할 수 있다는 내용의 글이다. 따라서 이 글의 제목으로는 ④ '초기 농업은 동물의 뼈에 그 흔적을 남겼다'가 적절하다.

정답 ④

002 다음 글의 제목으로 가장 적절한 것은?

In life, Michael Jackson was the king of pop. In death, he also reigns as the king of on-line retailing and radio airplay. The pop star's passing sparked an immediate run on CDs, videos, mp3 downloads and books that showed no signs of abating even a week later. Most music shops were sold out of their supply of Michael Jackson and Jackson 5 CDs and DVDs within minutes of media reports announcing his death. They saw more demand pouring in for his albums of all kinds. And sales of mp3 downloads began to spike. Jackson-related product sales accounted for 19 of the top 25 best-selling CDs; the top seven DVDs; seven of the top 10 mp3 albums; and six of the top 10 mp3 songs-roughly 60% of all music sales.

① Michael Jackson's Life Before and After Death
② Michael Jackson's Death Rekindles Sales Pitch
③ Michael Jackson and His Passion for Music
④ Michael Jackson's Popularity Falls with His Death

정답 및 해설

해석 살아 있을 때 Michael Jackson은 팝의 황제였다. 죽어서도 그는 또한 온라인 판매 및 라디오 방송의 황제로 권세를 누리고 있다. 팝 스타의 죽음은 CD, 비디오, mp3 내려받기와 책에 대한 즉각적인 주문 쇄도를 유발시켰고 이는 일주일 지나서도 누그러질 징후가 보이질 않았다. 대부분의 음악 상점은 그의 죽음을 발표하는 방송 매체의 보도가 나간 지 몇 분 이내에 Michael Jackson과 Jackson 5의 CD와 DVD 재고품이 다 팔려 나갔다. 그들은 그의 모든 종류의 앨범에 대한 더 많은 수요가 쇄도하는 것을 목격했다. 게다가 mp3 내려받기 판매가 급증하기 시작했다. Jackson 관련 제품 판매가 상위 25 베스트셀러 CD 중 19개와 상위 7개의 DVD, 상위 10개의 mp3 앨범 중 7개, 그리고 상위 mp3 10곡 중 6곡을 차지했는데 이는 모든 음악 판매의 60% 정도였다.
① 사망 이전과 이후의 마이클 잭슨의 삶
② 마이클 잭슨의 죽음이 판매를 다시 불러일으키다
③ 마이클 잭슨과 음악에 대한 그의 열정
④ 마이클 잭슨의 인기가 그의 사망과 함께 떨어지다

해설 Michael Jackson의 사망 이후 일주일이 지났음에도 그의 앨범 및 관련 제품이 날개 돋친 듯 팔린다는 내용이므로 Michael Jackson의 죽음이 구매를 되살아나게 한다는 ②가 제목으로 가장 적절하다.

정답 ②

003 다음 글의 제목으로 가장 적절한 것은?

It is said that women just can't help themselves and are more talkative than men. Maybe not. Researchers at the University of Arizona have recently *blasted that myth. They wired a couple of hundred college students with devices that automatically recorded them throughout the day. They were surprised to find men and women both utter about 16,000 words a day on average. As a matter of fact, the top three talkers were all men. Based on the results of this research, the researchers suggest that the chatterbox stereotype of women may not be true after all.

*blast ~이 거짓임을 나타내다

① Men Talk as Much as Women
② Talk about Yourself Not Others
③ What Men and Women Talk about
④ Why Men and Women Argue Differently

정답 및 해설

해석 여성은 도저히 스스로를 어떻게 할 수 없고 남성보다 수다스럽다고들 한다. 그러나 이는 사실이 아닐지도 모른다. 최근 Arizona 대학 연구자들이 그 근거 없는 통념이 거짓임을 밝혀냈다. 그들은 대학생 수백여 명의 몸에 하루 종일 그들을 자동으로 녹음하는 장치를 부착했다. 그들은 남성과 여성 둘 다 평균적으로 하루에 약 1만 6천 단어를 말한다는 것을 발견하고 놀랐다. 사실, 가장 말을 많이 한 사람 1위부터 3위까지는 모두 남성이었다. 이 연구 결과를 바탕으로 그 연구자들은 여성이 수다쟁이라는 고정 관념은 결국 사실이 아닐 수도 있다고 주장한다.
① 남자도 여자만큼 많이 말한다
② 다른 사람이 아닌 너 자신에 관하여 말해라
③ 남자와 여자가 무엇에 대하여 말하는지 (남자와 여자의 이야기 주제)
④ 남자와 여자가 다르게 주장하는 이유

해설 여성이 남성보다 수다스럽다는 근거 없는 통념을 실험을 통해 반박한 내용을 소개하고 있다. 결국 남성이 여성만큼이나 수다스럽다는 것이 이 글의 요지이므로 이를 함축한 제목은 ① '남성도 여성만큼 말을 많이 한다'가 적절하다.

정답 ①

2-2 기출문제

001 다음 글의 제목으로 가장 적절한 것은?

2017 법원직 9급

Amid the confusion and clutter of the natural environment, predators concentrate their search on telltale signs, ignoring everything else. There is a great benefit to this: When you specialize in searching for specific details, even cryptically colored prey can seem obvious. But there is also a cost to paying too close attention, since you can become blind to the alternatives. When a bird searches intently for caterpillars that look like twigs, it misses nearby moths that look like bark. The benefit of concealing coloration is not that it provides a solid guarantee of survival, but that it consistently yields a small advantage in the chance of living through each successive threatening encounter. At a minimum, even a tiny delay between the approach of a predator and its subsequent attack can help a prey animal escape. And at best, the prey will be completely overlooked.

① Predators in Disguise
② Beauty of Concentration
③ Camouflage: A Slight Edge
④ Merits of Specialized Search

정답 및 해설

해석 자연환경의 혼란함과 어수선함 속에서 포식동물들은 그 밖의 다른 것들은 무시한 채 드러나는 징후에만 집중한다. 이것에는 큰 이점이 하나 있다: 어떤 세부적인 것을 찾는 것에 주력할 때, 심지어 애매한 색을 띤 먹잇감도 분명하게 보인다는 것이다. 그러나 너무 집중을 하게 되면 다른 대안들을 볼 수 없게 되기 때문에 그에 따른 대가도 따르기 마련이다. 새가 오로지 작은 나뭇가지처럼 생긴 애벌레만을 찾는다면 가까이에 있는 나무껍질을 닮은 나방은 놓치게 된다. 보호색의 이점은 그것이 생존을 확실히 보장해주는 것이 아니라 연속적인 각각의 위협으로부터 살아남을 가능성에 있어 작은 이점을 끊임없이 준다는 점이다. 최소한으로, 심지어 포식자의 접근과 뒤이은 공격 사이의 아주 적은 시간의 지체조차 먹잇감이 되는 동물이 탈출하는 데 도움을 줄 수 있다. 그리고 잘만하면 먹잇감은 완전히 눈에 띄지 않을 것이다.
① 변장한 포식자들
② 집중의 아름다움
③ 위장: 약간의 우위
④ 집중적인 먹이 찾기의 이점

해설 STS [not A but B]가 들어간 문장 'The benefit of concealing coloration is not that it provides a solid guarantee of survival, but that it consistently yields a small advantage in the chance of living through each successive threatening encounter.' 이 답 도출 근거 문장이다.

정답 ③

2-3 ADVANCED

001 다음 글의 주제로 가장 적절한 것을 고르시오.

> Some scientists have been interested in how domestication changes the behavior of animals. Taking an animal from the wild and placing it in captivity constitutes a relatively major change in the animal's environment. In captivity, animals are usually protected from natural predators, food and water are readily accessible year-round, and groups of animals are often confined to small spaces. Consequently, certain traits selected for in nature are no longer selected in captivity and other behavioral characteristics become more important. These changes in natural selection (in captivity) can result in genetic changes affecting behavior. One important evolutionary change accompanying the domestication process is a reduction in fearfulness of strange or novel objects. This makes good sense since unfamiliar objects in nature are often dangerous (e.g. a predator, toxic food), whereas in captivity, strange objects usually do not jeopardize survival.

① widespread misconceptions on animals in captivity
② impacts of animal domestication on ecosystems
③ rapid reduction of animal habitat and its consequences
④ evolutionary changes of domesticated animals' behavior

정답 및 해설

해석 몇몇 과학자들은 가축화가 동물의 행동을 어떻게 변화시키는지에 대해 관심을 가져왔다. 야생으로부터 동물을 데려다가 사육시키는 것은 그 동물의 환경에 상대적으로 큰 변화를 가져오는 것이다. 사육되는 상태에서 동물들은 자연 속의 포식자로부터 보호를 받게 되고, 먹이와 물을 일 년 내내 쉽게 얻을 수 있으며, 무리를 이루어 종종 작은 공간에 갇혀 지내게 된다. 결과적으로, 자연의 법칙에 따라 선택된 특성들이 사육의 상태에서는 더 이상 선택되지 않고, 다른 행동적 특성들이 더 중요하게 된다. (사육에 따른) 이러한 자연 선택의 변화는 행동에 영향을 미치는 유전적 변화를 초래할 수 있다. 가축화의 과정에 수반되는 한 가지 중요한 점진적인 변화는 낯설고 새로운 대상에 대한 두려움이 줄어드는 것이다. 이것은 일리가 있는 이야기인데 왜냐하면 자연에서는 낯선 대상이 종종 위험한 존재이지만 (가령, 포식자, 독이 있는 음식), 사육되는 상태에서는 일반적으로 낯선 대상이 생존을 위협하지는 않기 때문이다.
① 포획된 동물에 대하여 널리퍼진 오해들
② 생태계에 미치는 동물 사육의 영향들
③ 동물의 서식지의 급격한 감소와 그에 따른 결과들
④ 사육되는 동물들의 행동의 진화적인 변화들

해설 STS [consequently / important]가 들어간 문장 'Consequently, certain traits selected for in nature are no longer selected in captivity and other behavioral characteristics become more important.'이 답 도출 근거 문장이다.

정답 ④

1 Reading Theme - STS 10 - 11 / MDTS 1

001 다음 빈칸에 들어갈 말로 가장 적절한 것은?

> One word about data collection. After spending years being a scientist and working with scientists, one common element stands out for me. Scientists keep on their person a notebook that is used numerous times during the day to record interesting items. The researcher may come across some interesting data that may not seem directly connected to the study at the time but he or she makes some notes about it anyway because that entry may come in handy in the future. Memory is viewed as an ephemeral thing, not to be trusted. Scientists' notebooks are a treasured and essential part of the scientific enterprise. In some cases they have been considered legal documents and used as such in courts of law. There is an ethical expectation that scientists record their data honestly. Many times, working with my mentor, biologist Skip Snow in the Everglades National Park Python Project, I have seen Skip refer to previous entries when confronted with data that he thinks may provide a clue to a new line of investigation. Researchers _____.
>
> *ephemeral 수명이 짧은

① use big data more responsibly
② don't leave home without notebooks
③ can provide many valuable perspectives
④ don't always share the results of their studies

정답 및 해설

해석 데이터 수집에 대해 한마디 하고자 한다. 과학자로서 그리고 (다른) 과학자들과 함께 일하면서 몇 년을 보낸 후에, 한 가지 공통 요소가 내 눈에 띈다. 과학자들은 흥미로운 것들을 기록하기 위해 하루 동안 무수히 여러 번 사용하는 공책을 몸에 지니고 있다. 연구자는 그 당시에는 연구와 직접적으로 관련이 없는 것처럼 보일 수도 있는 어떤 흥미로운 자료를 우연히 발견할 수도 있지만, 그 기록이 미래에 쓸모가 있을 수도 있기 때문에 어쨌든 그것에 대해 몇 가지 메모를 한다. 기억은 수명이 짧은 것으로 생각되며, 따라서 신뢰할 수 없다. 과학자들의 공책은 과학 프로젝트의 가치 있고 필수적인 부분이다. 몇몇 경우에는 그 공책이 법률 문서로 간주되어 법정에서 그런 것으로서 사용되어 오기도 했다. 과학자들은 자신의 자료를 정직하게 기록한다는 윤리적 기대가 있다. 나의 멘토인 생물학자 Skip Snow와 함께 Everglades 국립공원 비단뱀 프로젝트에서 일하면서, 나는 Skip이 새로운 방식의 조사에 실마리를 제공할 수도 있다고 생각하는 자료에 직면했을 때 이전에 한 기록들을 참조하는 것을 많이 봤다. 연구자들은 <u>공책 없이 집을 떠나지 않는다</u>.
① 빅 데이터를 더 책임감 있게 사용해라
② 공책 없이 집을 떠나지 않는다
③ 많은 가치 있는 관점을 제공해줄 수 있다
④ 그들의 연구 결과를 공유하는 것은 아니다

해설 STS [but]이 들어간 첫 문장
'but he or she makes some notes about it anyway because that entry may come in handy in the future.'
STS [essential - 필자의+감정]이 들어간 문장
'Scientists' notebooks are a treasured and essential part of the scientific enterprise.
이 두 문장이 빈칸 답 도출 근거 문장들이다.

정답 ②

002 다음 글에서 필자가 주장하는 바로 가장 적절한 것은?

So many boys, even at a very young age, feel that they need to act like a "sturdy oak." When there are problems at home, when he suffers his own failures or disappointments, or when there's a need for somebody who's physically or emotionally "strong" for others to lean on and he feels he has to be that support, the boy is often pushed to "act like a man," to be the one who is confident and unflinching. No boy should be called upon to be the tough one. No boy should be hardened in this way. So through thick and thin, let your boy know that he doesn't have to act like a "sturdy oak." Talk to him honestly about your own fears and vulnerabilities and encourage him to do the same. The more genuine he feels he can be with you, the more he'll be free to express his vulnerability and the stronger he will become.

① 신체 활동을 통한 남자아이들의 사회화 과정을 존중해야 한다.
② 부모는 자녀가 보고 있을 때 격한 감정의 표출을 삼가야 한다.
③ 남자아이들이 강한 척하지 않고 솔직하게 감정을 표현할 수 있게 해야 한다.
④ 성장함에 따라 남자아이들의 역할 모델이 바뀔 수 있음을 명심해야 한다.

정답 및 해설

해석 참으로 많은 소년이 매우 어린 나이에도 자기들이 '강인한 오크나무'처럼 행동할 필요가 있다고 느낀다. 집에 문제가 있을 때, 자기 자신의 실패나 실망을 겪을 때, 혹은 다른 사람들이 기댈 수 있도록 신체적으로나 정서적으로 '강인한' 어떤 사람이 될 필요가 있고 자신이 그런 도움이 되어야 한다고 느낄 때, 소년은 자주 '남자답게 행동할', 자신감 있고 위축되지 않는 사람이 되어야 할 압박을 받는다. 어떤 소년도 강한 사람이 되도록 요구되어서는 안 된다. 어떤 소년도 이런 방식으로 단단해질 필요가 없다. 그러니 어떤 고난이 있어도, 여러분의 아들이 '강인한 오크나무'처럼 행동할 필요가 없다는 것을 알게 하라. 여러분 자신의 두려움과 취약점에 관해 솔직하게 그에게 이야기해 주고 그도 똑같은 것을 하도록 용기를 주라. 그가 여러분에게 더 진실해질 수 있다고 느낄수록, 그는 그만큼 더 많이 자기의 취약점을 자유롭게 표현할 것이고 그는 더욱 강인해질 것이다.

해설 STS [The+비교급, the+비교급]가 들어간 문장 'The more genuine he feels he can be with you, the more he'll be free to express his vulnerability and the stronger he will become.'이 답 도출 근거 문장이다.

정답 ③

003 다음 글의 제목으로 가장 적절한 것은?

Praise that arouses delight and pride in a baby and toddler can have very different effects on older children, particularly in the classroom. When Roy Baumeister studied the effects of praise, he found that it generated more anxiety than pleasure in school-aged children. Children accustomed to the background hum of praise seemed to become dependent on praise to initiate any activity. A child who was accustomed to classroom praise spent less time focusing on a project and soon stopped working to wait for a teacher's assessment. Praise seemed to hinder concentration, too. Children's absorption in a task (often called flow) seemed to be disrupted by the reminder that someone was watching. When they were singing or playing an instrument, swimming or hitting a ball, or doing anything that involved deep skills run on autopilot, their performance was particularly badly affected by praise.

① Praise Your Child to Help Them Adjust to a New School
② Group Work: A Way to Learn Without Stress
③ The Unintended Drawbacks of Praising Students in Class
④ Being Independent: The First Thing to Teach in School

정답 및 해설

해석 아기와 걸음마를 배우는 아이에 기쁨과 자부심을 불러일으키는 칭찬은 나이가 더 든 어린이들에게, 특히 교실에서는, 아주 다른 영향을 미칠 수 있다. Roy Baumeister가 칭찬의 영향에 관하여 연구했을 때 그는 그것이 학령기의 어린이들에게는 기쁨보다는 불안감을 더 많이 만들어 냈다는 것을 발견했다. 칭찬이라는 배경 소음에 익숙해 있는 어린이들은 어떤 활동이든 시작하려면 칭찬에 의존하게 되는[칭찬이 있어야 하는] 것처럼 보였다. 교실 칭찬에 익숙해진 어린이는 프로젝트에 집중하는 데에는 시간을 적게 보냈고 곧 교사의 평가를 기다리기 위해 작업을 멈췄다. 또한, 칭찬은 집중을 방해하는 것처럼 보였다. 어린이가 과제에 몰두하는 것(많은 경우 '몰입'이라고 하는데)은 누가 보고 있다는 것이 상기됨으로써 방해를 받는 것 같았다. 그들이 노래하거나 악기를 연주하거나, 수영하거나 공을 치거나, 또는 자동으로 작동되는 심오한 기술과 관련된 어떤 것이든 할 때, 그들의 수행은 칭찬에 매우 나쁘게 영향을 받았다.
① 새로운 학교에 적응하는 것을 도울 수 있도록 당신의 자녀를 칭찬해라
② 집단 과업: 스트레스 없이 학습하는 방법
③ 수업에서 학생을 칭찬했을 때 생기는 의도하지 않은 단점들
④ 독립하기: 학교에서 가르쳐야 할 첫 번째 것

해설 STS [연구의 결과]가 들어간 문장 'When Roy Baumeister studied the effects of praise, he found that it generated more anxiety than pleasure in school-aged children.'이 답 도출 근거 문장이다.

정답 ③

2 Reading Types – 주제 / 제목 / 요지 / 주장 4

2-1 BASIC

001 다음 글의 제목으로 가장 적절한 것은?

> Allow me to give you a little advice about writing fiction. First, make your characters believable. In real life, everyone is unique. If all your characters speak the same way and react to things in the same way, you'll lose your readers from the start. Once your readers believe in your characters, you must get them to care. Each reader must be able to identify with at least one character, to almost become that character in his or her mind. You can do this by developing characters with genuine human traits, both good and bad. Now it's time to weave your tale, to create a plot. Your readers are part of the story now; they are involved. One last thing is, your story must touch the reader's emotions. If you can make them laugh and cry along with your characters, you will be a successful writer.

① Researchers on Genuine Human Traits
② Identifying with Characters of a Story
③ Some Tips for Writing Fiction
④ The Three Factors for a Story Plot

정답 및 해설

- **해석** 소설 쓰기에 대한 충고를 좀 하고 싶다. 우선, 당신의 등장인물들을 믿을 만하게 만들어라. 실제 생활에서 모든 사람은 독특하다. 만일 모든 등장인물들이 똑같은 방식으로 말하고 똑같은 방식으로 어떤 일에 반응한다면, 당신은 시작부터 독자들을 잃게 될 것이다. 일단 독자들이 당신의 인물들을 믿게 되면, 그들이 (계속해서) 관심을 가지도록 해야 한다. 각각의 독자가 적어도 하나의 인물과 공감대를 형성해서, 자신의 마음속에서 거의 그 인물이 될 수 있어야 한다. 당신은 좋든 나쁘든 진정한 인간의 특징을 가진 인물을 만들어 냄으로써 이것을 할 수 있다. 이제 당신의 이야기를 짜고 줄거리를 만들어 낼 시간이다. 당신의 독자들은 이제 이야기의 일부가 된다. 그들은 몰입해 있는 것이다. 마지막으로 당신의 이야기는 독자들의 감정을 감동시켜야 한다. 만일 당신이 그들을 당신의 인물들과 함께 웃고 울게 만들 수 있다면, 당신은 성공적인 작가인 것이다.
  ① 진정한 인간의 성향에 관한 연구들
  ② 이야기의 등장인물과 동일시하기
  ③ 소설 쓰기에 관한 몇 가지 조언들
  ④ 이야기 구성의 세 개의 요소들

- **해설** 첫 번째 문장에서 알 수 있듯이 이 글은 '소설 쓰기에 대한 충고(a little advice about writing fiction)'에 대한 글이다. 이후 'First~', 'One last thing is ~' 등에서 구체적인 내용을 단계별로 설명하고 있다.

- **정답** ③

002 다음 글의 요지로 가장 적절한 것은?

Old Hawk gestured up at the tall, old cottonwood. It was so large that a grown man could not put his arms around it. "This tree," he said, "has stood guard over our family all its life. Strength is what I feel each time I look at it. Yet, there have been moments when its great strength was also its weakness." "That's hard to believe," Jeremy said. "It's the biggest tree for miles around." Old Hawk pointed at the chokecherry trees in a dry river bed not far away. "Look there," he said, "those chokecherry trees are small and weak in comparison to this cottonwood. But when you were a child, they survived a storm without losing a branch. This old cottonwood, on the other hand, lost several branches. It stood up to the storm, but it could not bend with the wind the way the chokecherry trees could."

① 강한 것이 약한 것을 이긴다.
② 강점이 약점이 될 수도 있다.
③ 신념이 꿈을 실현시킨다.
④ 서식 환경이 나무의 용도를 결정한다.

정답 및 해설

- **해석** Old Hawk는 그 키가 크고 나이 많은 넓은 잎 양버들을 손짓으로 가리켰다. 그 나무는 너무나 커서 성인 남자가 두 팔로 안을 수 없었다. "이 나무는 평생 우리 가족을 지켜왔어요. 나는 이 나무를 볼 때마다 힘을 느낄 수 있어요. 하지만 그 큰 힘이 또한 약점인 순간들이 있었지요."라고 그는 말했다. "그 말은 믿기 어려운데요."라고 Jeremy는 말했다. "이 나무는 주변의 수마일 내에서 가장 큰 나무예요." Old Hawk는 그리 멀지 않은 곳의 물이 마른 강 바닥에 있는 산벚나무들을 가리키며 말했다. "저기를 봐요. 저 산벚나무들은 이 넓은 잎 양버들과 비교하면 작고 연약해요. 하지만 당신이 어린애였을 때 가지 하나 잃지 않고 폭풍우에도 살아남았어요. 반면에 이 나이 많은 넓은 잎 양버들은 가지를 몇 개 잃었어요. 이 나무는 그 폭풍우에 버티고 섰지만 산벚나무들이 하듯이 바람이 부는 대로 구부릴 수 없었죠."
- **해설** 크고 강한 힘이 느껴지는 넓은 잎 양버들이 폭풍우에 맞서긴 했지만, 작고 연약한 산벚나무들처럼 폭풍우가 부는 대로 몸을 구부리지 못해서 가지를 여러 개 잃어버렸다는 이야기로, 글의 요지는 ② '강점이 약점이 될 수도 있다.'임을 추론할 수 있다.
- **정답** ②

003 다음 글의 요지로 가장 적절한 것은?

In my country there are people who always watch their children and tell them what to do. They don't ever let their children know about anything bad, and the children never have a chance to be tempted. The parents think those children will grow up to be virtuous, but how can they? They don't ever have a chance to practice being good. They are only good because their parents control them. I don't think that is what Aristotle meant about virtue being a habit. You can only form a habit by having a chance or a choice to practice it. For example, you can't form the habit of not stealing if you don't ever have a chance to steal. You have to be tempted and then choose not to steal. That is what virtue is.

① 미덕이란 실천을 통해 얻어지는 습관이다.
② 자녀 교육은 부모의 모범으로부터 시작된다.
③ 사람의 성품은 환경으로부터 큰 영향을 받는다.
④ 어린 시절부터 좋은 습관을 갖는 것이 중요하다.

정답 및 해설

해석 우리나라에는 항상 자녀들을 감시하고 그들에게 무엇을 해야 할지 가르쳐주는 사람들이 있다. 그들은 아이들이 나쁜 것에 관하여 아는 것을 결코 허용하지 않기에 아이들은 유혹을 받을 기회가 전혀 없다. 부모들은 이 아이들이 성장하여 덕이 있는 사람이 될 것이라고 생각하지만 그들이 어떻게 그렇게 될 수 있겠는가? 아이들은 착한 것을 실천에 옮길 기회를 결코 가져 보지 못한다. 그들은 부모들이 그들을 통제하기 때문에 착한 것뿐이다. 나는 Aristotle이 미덕은 습관이라고 한 말이 그런 것을 뜻한다고는 생각하지 않는다. 당신은 습관을 실천할 기회를 갖거나 실천하겠다고 선택할 때에만 습관을 들일 수 있는 것이다. 예를 들어 훔칠 기회를 결코 갖지 않는다면 당신은 훔치지 않는 습관을 들일 수 없다. 당신은 (훔치고 싶은) 유혹을 받은 다음에 훔치지 않기로 결심해야 한다. 그것이 바로 미덕의 본질이다.

해설 글의 중반부의 'I don't think that is what Aristotle meant about virtue being a habit. You can only form a habit by having a chance or a choice to practice it.'에 필자의 주장이 잘 압축되어 있다.

정답 ①

2-2 기출문제

001 다음 글의 제목으로 가장 적절한 것은?　　　　　　　　　　　　　　　　　　　　　　　2018 기상직 9급

> The start of modern democracy reaches back to the 13th century when the nobility in England forced the king to accept the instituting of a Parliament. This later was divided into the aristocratic upper house and a lower house where elected commoners met. The Parliament slowly evolved from a council to an independent arbitrator. In 1688, the king was generally deprived of power, and the Parliament became the actual sovereign of politics with the right to legislate laws. Over time, the upper house increasingly lost significance and the elected lower house assumed more and more authority. English parliamentarianism became the model for the revolutions in America and France. Yet the majority of the population still remained excluded from the political process.

① How to Legislate Laws in Parliament
② Development of Parliamentary Systems
③ Origin of Parliament Election
④ Political Status of medieval King

정답 및 해설

해석 근대 민주주의의 시작은 영국의 귀족들이 의회의 도입을 받아들이도록 왕에게 강요했던 13세기로 거슬러 올라간다. 이것은 후에 귀족으로 구성된 상원과 선출된 평민들이 모인 하원으로 나뉘었다. 의회는 서서히 자문 위원회에서 독자적인 중재자로 발전했다. 1688년에 왕은 전반적으로 권력을 빼앗겼고, 의회가 법을 제정하는 권한을 가진 실질적인 정치 통치자가 되었다. 세월이 흐르면서 상원은 점차 중요성을 잃었고 선출된 하원은 점점 더 많은 권한을 맡았다. 영국의 의회제도는 미국과 프랑스에서의 혁명의 모델이 되었다. 그런데도 인구의 대다수는 여전히 정치 과정에서 배제된 상태로 남았다.
① 의회에서 법을 제정하는 방법
② 의회 제도의 발전
③ 의회 선거의 기원
④ 중세 왕의 정치적 지위

해설 STS가 없는 설명문이다. 시간이 지남에 따라 상원의 힘이 약해지고 하원이 강해졌다는 내용을 시대순으로 서술하고 있다.

정답 ②

1 Reading Theme ⇨ MDTS 2-4

001 다음 글의 주제로 가장 적절한 것은?

> Some believe there is no value to dreams, but it is wrong to dismiss these nocturnal dramas as irrelevant. There is something to be gained in remembering. We can feel more connected, more complete, and more on track. We can receive inspiration, information, and comfort. Albert Einstein stated that his theory of relativity was inspired by a dream. In fact, he claimed that dreams were responsible for many of his discoveries. Asking why we dream makes as much sense as questioning why we breathe. Dreaming is an integral part of a healthy life. The great news is that this is true whether or not we remember our dreams. Many people report being inspired with a new approach for a problem upon awakening, even though they don't remember the specific dream.

① external factors affecting sleep patterns
② reasons why it is difficult to remember dreams
③ value of dreams as a source of inspiration
④ ways to understand and interpret repetitive dreams

정답 및 해설

해석 어떤 사람들은 꿈에 가치가 없다고 믿지만, 밤에 일어나는 이 드라마를 무관한 것으로 일축하는 것은 잘못이다. (꿈을) 기억했을 때 얻어지는 어떤 것이 있다. 우리는 더 연결되어 있고, 더 완전하고, 더 진행이 잘되어 성공할 가능성이 있다고 느낄 수 있다. 우리는 영감, 정보, 위안을 얻을 수 있다. Albert Einstein은 그의 상대성 이론이 꿈에서 영감을 얻은 것이라고 말했다. 사실, 그는 자신의 많은 발견이 꿈의 덕분이라고 주장했다. 우리가 왜 꿈꾸는지를 묻는 것은 왜 우리가 숨 쉬는지를 질문하는 것만큼 아주 타당하다. 꿈은 건강한 삶의 필수적인 부분이다. 아주 좋은 소식은 우리가 우리의 꿈을 기억하든 그렇지 않든 이것이 사실이라는 것이다. 많은 사람은 비록 자기들이 그 구체적인 꿈을 기억하지는 못하지만 잠에서 깨자마자 문제에 대한 새로운 접근법을 생각하게 되었다고 말한다.
① 수면 패턴에 영향을 미치는 외부적인 요소들
② 꿈을 기억하는 것이 어려운 이유
③ 영감의 원천으로서 꿈의 가치
④ 반복적인 꿈을 이해하고 해석하는 방법들

해설 [MDTS-통념과 비판]이 있는 첫 문장 'Some believe there is no value to dreams, but it is wrong to dismiss these nocturnal dramas as irrelevant.'
[STS-권위자의 주장]이 들어간 'Albert Einstein stated that his theory of relativity was inspired by a dream. In fact, he claimed that dreams were responsible for many of his discoveries.'
[STS-양보절과 주절]이 들어간 'Many people report being inspired with a new approach for a problem upon awakening, even though they don't remember the specific dream.'
이 문장들이 답 도출 근거 문장들이다.

정답 ③

002 다음 글의 주제로 가장 적절한 것은?

Why should a plant need to manufacture a large, nutritious fruit? The cost of producing a huge sapote fruit or a crop of fat figs must be considerable. It would clearly be much simpler and cheaper for the tree to drop its seeds rather than making a nutritious, fleshy envelope for them. However, an infant tree attempting to grow near its parent is subject to severe competition for light and soil, both from its parent and from its siblings, and the parent tree must minimize this wasteful competition. Many seedlings do not do well in deep shade. These plants may require the abundance of light provided by a tree fall or forest edge to survive. Only by dispersing will they find such light gaps. Parent trees also provide a resource base for herbivores and pathogens. Any seedling that tries to grow in the shadow of its parent might have to face high risks of predation and disease. By dispersing, a juvenile tree has a chance to get beyond the cluster of predators and pathogens that may attend its parent.

① optimal conditions for trees to produce fruit
② reasons why plants disperse their seeds by producing fruit
③ significance of trees in maintaining ecological balance
④ dynamic interactions of plants with their environment

정답 및 해설

해석 왜 식물은 크고 영양가 있는 열매를 생산할 필요가 있을까? 큰 사포테 열매나 통통한 무화과 수확물을 생산하는 비용은 상당함에 틀림없다. 나무가 자신의 씨앗을 떨어뜨리는 것이 씨앗을 위해 영양분이 많은 다육질의 외피를 만드는 것보다 분명히 훨씬 더 간단하고 저렴할 것이다. 하지만, 모체 나무 근처에서 성장하려고 시도하는 어린 나무는 자신의 모체 나무뿐만 아니라 형제자매 나무와도 빛과 토양을 위한 심한 경쟁을 해야 해서, 모체 나무는 이런 낭비적 경쟁을 최소화해야 한다. 많은 어린 나무는 짙은 그늘에서 잘 살지 못한다. 이러한 식물들은 살아남기 위해 쓰러진 나무 또는 숲 가장자리에 의해 제공되는 풍부한 빛을 필요로 할 것이다. 오직 흩어지는 것을 통해서만 그들은 그러한 빛이 있는 틈을 찾을 것이다. 모체 나무는 또한 초식 동물과 병원균을 위한 자원의 기반도 제공한다. 모체의 그늘에서 자라려고 하는 묘목은 어떤 것이든 포식과 질병의 높은 위험에 직면해야만 할지 모른다. 흩어짐으로써, 어린 나무는 그 모체를 따라다닐지도 모르는 포식자와 병원균의 무리를 벗어날 기회를 갖는다.
① 나무과 과일을 생산하는 최적의 조건들
② 식물이 과일을 생산함으로써 자신들의 씨앗을 퍼뜨리는 이유들
③ 생태학적 균형을 유지하는 데 나무의 중요성
④ 식물과 환경의 역동적인 상호작용들

해설 MDTS [의문문과 답변]
의문문 Why should a plant need to manufacture a large, nutritious fruit?
답변
1. However, an infant tree attempting to grow near its parent is subject to severe competition for light and soil, both from its parent and from its siblings, and the parent tree must minimize this wasteful competition.
2. Only by dispersing will they find such light gaps.
3. By dispersing, a juvenile tree has a chance to get beyond the cluster of predators and pathogens that may attend its parent.

정답 ②

003 다음 글의 제목으로 가장 적절한 것은?

Most of us are embarrassed to admit that our opinions can be strongly affected by an appeal to our emotions. We tend to take pride in our rationality and feel a bit ashamed of our emotions, as if rationality were more likely to be right and the emotions commensurately apt to be wrong. Where rationality is concerned, we feel in control; where emotions dominate, we feel out of control, as if our emotions have a life of their own and are even somewhat alien to us. This is a cultural prejudice. Our emotions, no less than our faculty of reason, are part of us, and there is nothing abnormal or regrettable, let alone shameful, about being moved by emotion. In fact, very few of the major decisions we make are based purely on reason or purely on emotion. Even the most rational of decisions typically have an important emotional component, and many emotionally motivated decisions are quite reasonable.

① Right and Wrong Ethical Decision-Making
② Rationality as a Key Driver for Human Civilization
③ Reason and Emotion: Their Different Functions
④ Emotion: No Less Important Than Rationality

정답 및 해설

해석 우리의 대부분은 우리의 의견이 감정에의 호소에 의해 강한 영향을 받을 수 있다는 것을 인정하는 것을 거북해한다. 우리는 마치 이성이 옳은 가능성이 더 많고 감정은 이와 비례하여 잘못될 가능성이 더 많은 경향이 있는 것처럼 우리의 이성에 자부심을 느끼고 우리의 감정에 대해서는 약간은 부끄럽게 느끼는 경향이 있다. 이성에 관한 한 우리는 통제하고 있다고 느끼고 감정이 지배하는 곳에서는 마치 우리의 감정이 스스로의 생명이 있고 심지어 우리에게 약간 생소한 것인 듯 통제가 불가능하다고 느낀다. 이것은 문화적 편견이다. 우리의 감정은, 이성의 기능보다 못하지 않으며 우리의 일부이며, 감정에 의해서 움직여지는 것은, 수치스러운 것은 고사하고 비정상적이거나 유감스러울 것이 아무것도 없다. 사실 우리가 하는 중요한 결정들 중에 전적으로 이성에 근거하거나 전적으로 감정에 근거하는 것은 거의 없다. 가장 이성적인 결정조차도 보통 중요한 감정적 요소를 가지며, 감정에 자극받은 많은 결정도 매우 이성적이다.
① 올바르고 잘못된 윤리적 의사결정
② 인간 문명의 핵심동력인 이성
③ 이성과 감정: 그것들의 다른 기능들
④ 감정: 이성만큼 중요함

해설 MDTS [통념과 비판]
통념에 대한 비판이 나오는 'This is a cultural prejudice. Our emotions, no less than our faculty of reason, are part of us, and there is nothing abnormal or regrettable, let alone shameful, about being moved by emotion.'
STS [important]가 나오는 'Even the most rational of decisions typically have an important emotional component, and many emotionally motivated decisions are quite reasonable.'이 답 도출 근거 문장들이다.

정답 ④

2 기출문제

001 다음 요지로 가장 적절한 것은?

2017 교육행정직 9급

> Unfortunately, our brain is more affected by negative information. For instance, imagine these two scenarios. In the first you learn that you've won a $500 gift certificate from Saks. You would feel pretty good about that, wouldn't you? In the second scenario, you lose your wallet containing $500. How unhappy would you feel about that? According to the results of risk-taking research, the intensities of your responses to these experiences differ markedly. As the result of what scientists refer to as the brain's negativity bias, the distress you're likely to experience as a result of the loss $500 will greatly exceed the pleasure you feel at winning that gift certificate.

① People more readily experience pleasure than negative emotions.
② The negativity bias of the human brain is reinforced by positive experiences.
③ Balancing positive and negative emotions is the source of happiness.
④ People are more influenced by negative experiences than positive ones.

정답 및 해설

해석 불행히도 우리의 뇌는 긍정적인 정보보다 부정적인 정보에 더 많이 영향을 받는다. 예를 들어, 이 두 시나리오를 상상해보라. 첫 번째 시나리오에서 당신은 당신이 Saks로부터 500달러 상품권에 당첨되었다는 것을 알게 된다. 당신은 그것에 대해 매우 기분이 좋을 것이다. 그렇지 않은가? 두 번째 시나리오에서는 당신이 500달러가 들어 있는 당신의 지갑을 잃어버린다. 그것에 대해 당신은 얼마나 불행하다고 느낄 것인가? 위험부담 연구결과에 따르면 이 경험들에 대한 당신의 반응의 강도는 현저하게 다르다. 과학자들이 뇌의 부정 편향이라고 일컫는 것의 결과에 따르면, 500달러 손실의 결과로 당신이 경험할 법한 고통은 당신이 상품권에 당첨되는 것에 느끼는 기쁨을 크게 상회할 것이다.
① 사람들은 부정적인 감정보다 기쁨을 더 쉽게 경험한다.
② 인간 뇌의 부정 편향은 긍정적인 경험에 의해 강화된다.
③ 긍정적 감정과 부정적 감정의 균형을 맞추는 것이 행복의 근원이다.
④ 사람들은 긍정적인 경험보다 부정적인 경험의 더 영향을 받는다.

해설 STS [예시의 앞부분] 예시가 시작되기 전 앞부분 'Unfortunately, our brain is more affected by negative information.'
STS [연구의 결과]인 'As the result of what scientists refer to as the brain's negativity bias, the distress you're likely to experience as a result of the loss $500 will greatly exceed the pleasure you feel at winning that gift certificate.'
이 두 문장이 답 도출 근거 문장들이다.

정답 ④

002 〈보기〉글의 제목으로 가장 적절한 것은?

2018 서울시 9급

Many visitors to the United States think that Americans take their exercise and free time activities too seriously. Americans often schedule their recreation as if they were scheduling business appointments. They go jogging every day at the same time, play tennis two or three times a week, or swim every Thursday. Foreigners often think that this kind of recreation sounds more like work than relaxation. For many Americans, however, their recreational activities are relaxing and enjoyable, or at least worthwhile, because they contribute to health and physical fitness.

① Health and fitness
② Popular recreational activities in the United States
③ The American approach to recreation
④ The definition of recreation

정답 및 해설

해석 미국의 많은 방문자가 미국 사람들이 운동과 여가시간의 활동을 너무 진지하게 여긴다고 생각한다. 흔히 미국인들은 그들이 마치 비즈니스 약속을 잡듯이 그들의 레크리에이션에 대한 일정을 잡는다. 그들은 매일 같은 시간에 조깅을 하거나 주 2-3회 테니스를 치거나, 또는 매주 목요일에 수영을 한다. 외국인들은 종종 이런 종류의 레크리에이션이 휴식보다 일 같다고 생각한다. 그러나 많은 미국인들에게 그들의 레크리에이션 활동은 편안하고 즐겁거나 또는 적어도 그것들은 건강과 신체 단련에 기여하기 때문에 가치가 있다.
  ① 건강과 운동
  ② 미국에서 인기 있는 레크리에이션 활동들
  ③ 레크리에이션에 대한 미국인들의 접근 방식
  ④ 레크리에이션의 정의

해설 STS [However]가 들어간 문장 'For many Americans, however, their recreational activities are relaxing and enjoyable, or at least worthwhile, because they contribute to health and physical fitness.'이 답 도출 근거 문장이다.

정답 ③

1 Reading Theme ⇨ MDTS 5-7

001 다음 글의 주제로 가장 적절한 것은?

> The most pressing task may lie in the issue of climate change. Long before fossil fuels run out, we'll have to face up to the consequences of using these fuels. Global warming will be a much greater threat in 20 years than it is today. Changes in the atmosphere have never occurred as rapidly as they do now. Our current tools and social structures are not sufficiently effective for us to manage the climate or to prosper in hostile surroundings. We must either learn how to change the climate in our favor or develop technologies that will enable us to survive in different environments. Both are clearly lacking today. The development of science and technology in these areas should therefore be given the highest priority. If we manage to solve these problems in the decades ahead, we have grounds for hoping that our descendants will also survive into the distant future.

① 화석 연료가 고갈되기 전에 대체 자원 개발에 주력해야 한다.
② 지구 온난화의 속도를 전 지구적으로 정확하게 기록해야 한다.
③ 자원 고갈로 인한 국가 간의 충돌을 막을 협약을 제정해야 한다.
④ 기후 변화에 대처하기 위해 과학과 기술의 발전을 최우선시해야 한다.

정답 및 해설

해석 가장 긴급한 과제는 기후 변화 문제에 있을지도 모른다. 화석 연료가 고갈되기 훨씬 이전에, 우리는 이러한 연료 사용에 따른 결과를 직시해야 할 것이다. 지구 온난화는 20년 후면 지금보다 훨씬 더 큰 위험이 될 것이다. 대기 변화가 지금처럼 빠르게 일어난 적은 한 번도 없었다. 우리가 현재 가지고 있는 장비와 사회 구조는 우리가 기후를 관리하거나 또는 적합하지 않은 환경에서 번영해 나갈 수 있을 만큼 충분히 효과적이지는 않다. 우리는 기후를 우리에게 유리한 방향으로 변화 시킬 수 있는 방법을 배우거나 또는 우리가 다른 환경에서도 생존 가능하게 해 주는 기술을 개발해야 한다. 현재 이 두 가지 모두 분명히 부족하다. 그러므로 이러한 분야에서의 과학과 기술의 발전에 최우선 순위가 주어져야 한다. 만약 우리가 향후 수십 년 안에 이러한 문제 들을 해결해 낼 수 있다면, 우리의 후손 또는 먼 미래까지 살아남을 수 있을 것이라는 희망의 근거를 갖게 된다.

해설 MDTS [문제점 발생과 해결책] '해결책' 문장이자 STS 'should' 'therefore' 'priority'가 들어간 문장]이 있는 첫 문장 'The development of science and technology in these areas should therefore be given the highest priority.' 이 문장이 답 도출 근거 문장이다.

정답 ④

002 다음 글의 주제로 가장 적절한 것은?

I would guess that there are a few dancers who believe, as I once did, that injuries are caused primarily by accidents: slipping, tripping, running into someone or something, or forgetting to point your foot at the right instant and inadvertently twisting your ankle. But the longer I've danced, the more I've understood that accidents are quite rare as causes of dance injuries. The majority of injuries are caused - and prevented - by how you work at your dancing, consistently and over time. Working incorrectly just once usually won't hurt you; your body is quite resilient and can bounce back from some amount of abuse. But if you work incorrectly again and again, class after class, performance after performance, day after day, and year after year, your body - or some part of it - will finally give out. It will simply refuse to function anymore.

① the most common types of dance injuries
② the real cause of most dance injuries
③ harmful effects of repetitive dance practice
④ misconceptions about recovering from injuries

정답 및 해설

해석 내가 전에 그랬던 것처럼, 부상이 미끄러짐, 발을 헛디딤, 사람이나 물건과 부딪침, 혹은 적절한 순간에 당신 발의 끝을 세우는 것을 잊어서 본의 아니게 발목을 삐는 것과 같은 사고로 인해 주로 일어난다고 믿는 무용수들이 몇 명 있을 것 같다. 그러나 내가 춤을 더 오랜 시간 동안 출수록, 무용에서 발생하는 부상의 원인이 사고인 경우가 상당히 드물다는 것을 더 많이 이해하게 되었다. 부상의 대다수는 당신이 지속적으로 그리고 시간이 지나면서 춤을 출 때 어떻게 몸을 움직이느냐에 의해 발생하고 또 방지될 수 있다. 한 번만 부정확하게 춤을 추는 것은 대개 당신을 다치게 하지 않는데 당신의 신체는 상당히 회복력이 있고 어느 정도의 혹사로부터 다시 회복될 수 있다. 그러나 당신이 매 수업 시간, 매 공연, 매일, 그리고 매년 계속해서 부정확하게 춤을 추면, 당신의 신체, 혹은 그것의 어떤 부위가 결국 제대로 작동하지 않게 될 것이다. 그것은 그야말로 더는 기능하기를 거부할 것이다.
① 무용과 관련된 부상의 가장 흔한 형태들
② 대부분 무용과 관련된 부상의 실질적인 원인
③ 반복적인 춤 연습의 해로운 효과들
④ 부상으로부터의 회복과 관련된 오해들

해설 전개방식 '시간상의 대조-현재'이자 STS 'but' 'the+비교급, the+비교급'이 들어간 문장 'But the longer I've danced, the more I've understood that accidents are quite rare as causes of dance injuries. The majority of injuries are caused — and prevented — by how you work at your dancing, consistently and over time. 이 답 도출 근거 문장이다.

정답 ②

003 다음 글의 주제로 가장 적절한 것은?

Today's rapidly changing technological landscape can represent a challenge for consumers who might lack trust in technology and be skeptical of its purported benefits. Anthropomorphic thought can help remedy this skepticism and distrust, and is especially consequential in consumer-product interactions where being mindful and conscious are important criteria for evaluation and accountability. For example, in a vehicle simulation study, Waytz and colleagues found that participants reported higher levels of trust in autonomous vehicles (e.g., self-driving cars) that featured anthropomorphic cues (e.g., a name, gender, voice) than in those vehicles that lacked anthropomorphic cues. Moreover, participants in the simulated anthropomorphized vehicle felt less stressed from an observer's point of view, and in the event of an accident, were less likely to blame their vehicles.

*purported (사실이 아닐지도 모르지만) ~라고 알려진
**anthropomorphic (사물 등이) 의인화된

① how simulation studies misrepresent purchasing behavior
② how technological development has changed the automobile industry
③ how to ease consumer reluctance to using advanced technology
④ how some technological advancements have become daily necessities

---

정답 및 해설

해석 오늘날의 급변하는 기술 환경은, 기술에 대한 신뢰가 부족하고 그것의 이점이라고 알려진 것에 대해 회의적일 수 있는 소비자들에게 어려운 문제를 제기할 수도 있다. 의인화된 사고는 이러한 회의와 불신을 바로잡는 데 도움이 될 수 있으며, 유념하고 의식하는 것이 평가와 책임의 중요한 기준이 되는 소비자와 제품 간의 상호 작용에서 특히 중요하다. 예를 들어, 차량 시뮬레이션 연구에서 Waytz와 동료들은 참여자들이 의인화된 신호가 부족한 차량보다 의인화된 신호(예를 들면 이름, 성별, 목소리)를 특징으로 하는 자율주행차량(예를 들면 스스로 운전하는 차)에 대한 신뢰도가 더 높다고 말하는 것을 발견했다. 더욱이, 시뮬레이션된 의인화된 차량의 참여자들은 관찰자의 관점에서 스트레스를 덜 받는다고 느꼈고, 사고가 발생한 경우에 자기들의 차량을 탓할 가능성이 더 적었다.
① 모의실험 연구가 구매 행위를 잘못 표현하는 방법
② 기술 발달이 자동차 산업을 변화시키는 방법
③ 소비자들이 향상된 기술을 사용하는 것의 꺼림을 완화시키는 방법
④ 몇몇 기술의 향상이 일상의 필수품이 되어가는 방식

해설 MDTS [예시 앞부분 / 문제점 발생+해결책 제시]
예시의 앞부분이자 문제점에 대한 해결책인 문장 'Anthropomorphic thought can help remedy this skepticism and distrust, and is especially consequential in consumer-product interactions where being mindful and conscious are important criteria for evaluation and accountability.'이 답 도출 근거 문장이다.

정답 ③

2 기출문제

001 다음 글의 제목으로 가장 적절한 것은? *2018 교육행정직 9급*

> Archaeological finds come in many forms — as artifacts, food remains, houses, human skeletons, and so on. These fins are usually cleaned, identified, and cataloged in the field before being packed for transport to the laboratory. Once back from the field, these data — including not only finds but also the detailed notes, drawings, and other recorded data acquired in the field — are subjected to analysis. At this stage some specific materials, such as radiocarbon samples and pollen grains, are sent to specialists for analysis. Most laboratory analysis involves detailed artifact classification and study of animal bones and other food remains — the basis for the later interpretation of data.

① Various Laboratory Analyses of Archaeological Finds
② Processing and Analysis of Archaeological Finds
③ Importance of Archaeology in Human History
④ Different Types of Archaeological Finds

정답 및 해설

해석 고고학적 발견들은 인공물, 음식물 잔해, 집, 인간의 해골 등으로서 여러 형태로 나온다. 이러한 발견물들은 연구실로의 운반을 위해 포장되기 전에 주로 현장에서 세척되고, 식별되고, 목록화된다. 일단 현장에서 돌아오면 발견물뿐 아니라 상세한 기록들, 스케치들, 그리고 현장에서 얻은 기타 기록된 데이터들 또한 포함한 이 데이터들은 분석을 받는다. 이 단계에서 방사성 탄소 견본과 꽃가루 같은 어떤 특정한 자료들은 분석을 위해 전문가들에게 보내진다. 대부분의 실험실 분석은 데이터의 추후 해석을 위한 근거가 되는 상세한 인공물 분류와 동물 뼈와 기타 음식물 잔해 연구를 포함한다.
① 고고학적 발견물의 다양한 실험실 분석
② 고고학적 발견물의 처리와 분석
③ 인류 역사에서 고고학의 중요성
④ 고고학적 발견물의 다양한 유형들

해설 고고학적 발견물이 발견되고 이동되어 분석하고 처리하는 일련의 과정을 전달하는 설명문이다.

정답 ②

002   다음 글의 주제로 가장 적절한 것은?

2018 법원직 9급

Short-term stress can boost your productivity and immunity. But when stress lingers, you may find yourself struggling. People show some signs when they suffer from more stress than is healthy. First, you can't concentrate. In times of stress, your body goes into fight or flight mode, pouring its efforts into keeping safe from anger. That's why it may be hard to concentrate on a single task, and you're more likely to get distracted. "The brain's response becomes all about survival", says Heidi Hanna, author of Stressaholic: 5 Steps to Transform Your Relationship with Stress. "The fear response takes up all the energy of the brain for how to protect yourself." Second, you tend to get pessimistic. Because you're prime for survival, your brain has more circuits to pay attention to negatives than to positives. "When you're feeling overwhelmed by the chaos of life, take time to appreciate everything that's going well. You have to be intentional about practicing positivity", Hanna says.

① Advantages of short-term stress
② Why people keep distracted
③ Dangers of pessimism
④ Signs of excessive stress

정답 및 해설

- 해석 단기 스트레스는 당신의 생산성과 면역성을 높여줄 수 있다. 그러나 스트레스가 지속되면 당신은 허덕이는 자신을 발견하게 될 수도 있다. 사람들은 건강에 좋은 것보다 더 많은 스트레스로 고통받을 때 몇 가지 신호를 보인다. 첫 번째로 당신은 집중할 수가 없다. 스트레스의 시기에 당신의 신체는 투쟁 혹은 도피 모드로 돌입해 위험으로부터 안전을 유지하는 데 신체의 노력을 쏟게 된다. 그것이 바로 한 가지 일에 집중하는 것이 어려울 수 있는 이유이고 당신은 더 산만해지기 쉽다. "두뇌의 반응은 완전히 생존에만 관련된다"라고 스트레스 중독자: 당신과 스트레스와의 관계를 변화시키는 5단계의 저자 Heidi Hanna는 말한다. "공포 반응은 어떻게 하면 당신 자신을 보호할지에 뇌의 모든 에너지를 소모한다." 두 번째로 당신은 비관적이 되는 경향이 있다. 당신은 생존을 위한 준비가 됐으므로 당신의 두뇌는 긍정적인 것들보다는 부정적인 것들에 주목하도록 해주는 회로를 더 많이 가지게 된다. "당신이 삶이 혼란에 압도 되었다고 느낄 때, 잘 되어가는 모든 것을 감사하는 시간을 가져라. 긍정성을 실행에 옮기는 것에 관해서 당신은 의도적이어야 한다"라고 Hanna는 말한다.
  ① 단기 스트레스의 이점
  ② 왜 사람들은 계속해서 산만한가
  ③ 비관주의의 위험
  ④ 과도한 스트레스의 신호
- 해설 STS [열거의 앞부분] 인 'People show some signs when they suffer from more stress than is healthy.'이 답 도출 근거 문장이다.
- 정답 ④

1 Reading Theme ⇨ MDTS 8-10

001 글의 흐름으로 보아, 주어진 문장이 들어가기에 가장 적절한 것은?

> Some time later, the nobleman happened again to pass that way.

In days of old there was a nobleman traveling in Edinburgh, Scotland, who was approached by a little poor boy begging for money. The man told the child he had no loose change, so the boy offered to go get change. (①) The nobleman, in order to get rid of the young pest, gave the boy a piece of silver, and the boy ran off to get change. (②) On his return, he could not find the man and in fact watched for several days in the place where he had received the money. (③) The boy approached him again, and put the change he had obtained into his hand, counting it with great exactness. (④) The nobleman was so pleased with the child's honesty that he placed him in school, with the assurance of providing for him.

정답 및 해설

해석 옛날에 스코틀랜드의 에든버러를 여행 중인 한 귀족이 있었는데, 돈을 구걸하는 한 가난한 어린 소년이 그에게 다가왔다. 그 남자가 아이에게 잔돈이 없다고 말하니, 소년은 잔돈을 구하러 가겠다고 제안했다. 그 성가신 아이를 쫓아내기 위해, 귀족은 소년에게 은전 한 닢을 주었고, 소년은 잔돈을 구하러 달려갔다. 돌아왔을 때, 그는 그 남자를 찾을 수 없었고, 자신이 돈을 받았던 곳에서 며칠 동안 실제로 기다렸다. 얼마 후 귀족은 그 길을 우연히 다시 지나갔다. 소년은 그에게 다시 다가갔고, 자기가 구한 잔돈을 매우 정확하게 세면서 그의 손에 놓았다. 귀족은 아이의 정직에 매우 기뻐서, 그에게 필요한 것을 대 주겠다는 확약과 함께 그를 학교에 입학시켰다.

해설 주어진 문장은 귀족이 소년과 만났던 그 길을 우연히 다시 지나갔다는 내용이다. 따라서 이 문장의 앞에는 소년이 떠난 귀족을 기다렸다는 내용이 나와야 하고, 뒤에는 다시 나타난 귀족에게 소년이 다가갔다는 내용이 나오는 것이 흐름상 가장 적절하다. 그러므로 주어진 문장이 들어가기에 가장 적절한 곳은 ③이다.

정답 ③

002 다음 글의 제목으로 가장 적절한 것은?

In the first minutes of its existence, the universe cooled so rapidly that it was impossible to manufacture elements heavier or more complex than hydrogen, helium, and (in minute amounts) lithium. In the heat and chaos of the early universe, nothing more complex could survive. From a chemical point of view, the early universe was very simple, far too simple to create complex objects such as our earth or the living organisms that inhabit it. The first stars and galaxies were constructed from little more than hydrogen and helium. But they were a sign of our universe's astonishing capacity to build complex objects from simple building blocks. Once created, stars laid the foundations for even more complex entities, including living organisms, because in their fiery cores they practiced an alchemy that turned hydrogen and helium into all the other elements.

① Amazement of the Galaxies and the Simpleness of the Earth
② The Birth and Development of the Universe: From Simple to Complex
③ Heavy and Complex Factors: Foundations of a Chaotic Universe
④ How Could Early Living Lives Have Survived on Earth?

정답 및 해설

해석 우주는 그것이 생겨난 처음 순간에 너무 빠르게 식어서 수소, 헬륨, (극소수량의) 리튬보다 더 무겁거나 더 복잡한 원소를 만드는 것이 불가능했다. 초기 우주의 열기와 혼돈 속에서 더 복잡한 것은 아무것도 살아남을 수 없었다. 화학적 관점에서는 초기 우주는 매우 단순했는데, 너무나도 단순하여 우리의 지구나 거기에 사는 생물체와 같이 복잡한 물체를 만들 수 없었다. 최초의 항성들과 은하계들은 거의 수소와 헬륨에 지나지 않는 것으로부터 만들어졌다. 그러나 그것들은 단순한 구성 요소로 복잡한 물체를 만드는 우리 우주의 놀라운 능력의 징후였다. 항성들은 일단 생겨난 후, 그것의 불타는 핵에서 수소와 헬륨을 모든 다른 원소로 바꾼 연금술을 행했기 때문에 생물체를 포함한 더욱더 복잡한 독립체를 위한 기초를 세웠다.
① 은하의 놀라움과 지구의 단순함
② 우주의 탄생과 발달: 단순함에서 복잡함으로
③ 무겁고 복잡한 요소들: 혼란한 우주의 기반들
④ 초기 생명체들은 지구에서 어떻게 생존할 수 있었는가?

해설 우주는 처음 생겨났을 때 복잡한 생물체를 만들기에 너무 단순했으나 그 후 매우 단순한 요소로부터 복잡한 독립체를 만드는 놀라운 능력을 발휘했다는 내용의 설명문이다.

정답 ②

003 다음 글에서 전체 흐름과 관계 없는 문장은?

The sight of others acting in a socially responsible manner — by dropping money in a Salvation Army bucket, for instance — can spur an observer to help in two ways. ① First, the observation of others' behavior is frequently the way that people, especially children, learn appropriate conduct. ② Exposing children to prosocial television programming, for example, teaches them to be more cooperative and generous. ③ In addition to this teaching function, a prosocial model can also serve as a reminder, bringing the norm to consciousness in adults who may not have been thinking about helpfulness until they came across an instance of it. ④ Actually, the desire to maintain self-esteem within the helping process can lead to self-damaging decisions. In a classic study by James Bryan and Mary Ann Test, Los Angeles motorists were more likely to stop and help the driver of a disabled car if they'd witnessed another motorist doing so a quarter mile before.

정답 및 해설

해석 예를 들어 다른 사람들이 구세군 자선냄비에 돈을 넣는 것처럼 사회적으로 책임이 있는 방식으로 행동하는 것을 보는 것은 보는 사람으로 하여금 두 가지 방식으로 (남에게) 도움을 주도록 자극할 수 있다. 우선, 다른 사람들의 행동을 보는 것은 흔히 사람들, 특히 어린이들이 적절한 행동을 배우는 방식이다. 예를 들어 아이들이 친사회적인 텔레비전 프로그램을 접하게 하는 것은 그들이 더 협조적이고 관대해지도록 가르친다. 이러한 가르치는 기능 이외에도, 친사회적 본보기는 상기시켜 주는 역할도 할 수 있는데, 이는 도움이 되는 사례를 우연히 보기까지는 그것(도움이 됨)에 관해 생각하지 않았을지도 모르는 성인들이 (그 행동을 보고 난 이후에는) 그 규범(남에게 도움을 주어야 한다는 규범)을 인식하게 한다. (실제로, 도움을 주는 과정에서 자부심을 유지하고자 하는 바람은 자신에게 해로운 결정으로 이어질 수 있다.) James Bryan과 Mary Ann Test에 의해 이루어진 고전적인 연구에서, 로스앤젤레스 운전자들은 만약 4분의 1마일 전에 다른 운전자가 차를 세우고 고장 난 차의 운전자를 돕고 있는 것을 목격했다면 그렇게 할(자신의 차를 세우고 고장 난 차의 운전자를 도울) 가능성이 더 높았다.

해설 친사회적 행동을 목격하는 것이 우리로 하여금 남에게 도움을 주도록 자극할 수 있다는 것이 이 글의 주된 내용이므로, 도움을 주는 과정에서 자부심을 유지하려는 태도의 문제점을 말하고 있는 ④는 글의 전체 흐름과 맞지 않다.

정답 ④

02 Types

1 주제/제목/요지/주장

1. 주/제/요/주 Basic Mind

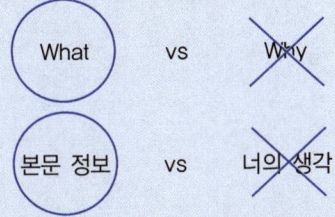

2. 주/제/요/주 Reading Skills

① STS

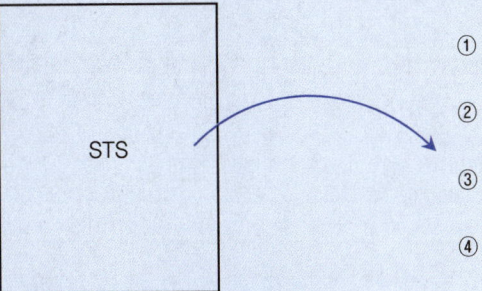

STS

STS 1 의무/필요
STS 2 '중요한' 의미를 가진
STS 3 결론/요약
STS 4 역접
STS 5 not과 but의 A, B 접속사
STS 6 명령문
STS 7 양보절과 주절
STS 8 강조 표현
STS 9 1인칭의 활용
STS 10 필자의 판단/감정

STS 11 The + 비, the + 비
STS 12 연구/실험 – 결과
STS 13 권위자 – 말 주장
STS 14 의문문? + 답변!
STS 15 통념 + 비판
STS 16 문제점 + 해결책
STS 17 시간상의 대조 – 현재
STS 18 예시/비유 – 윗 문장
STS 19 열거 – 윗 문장

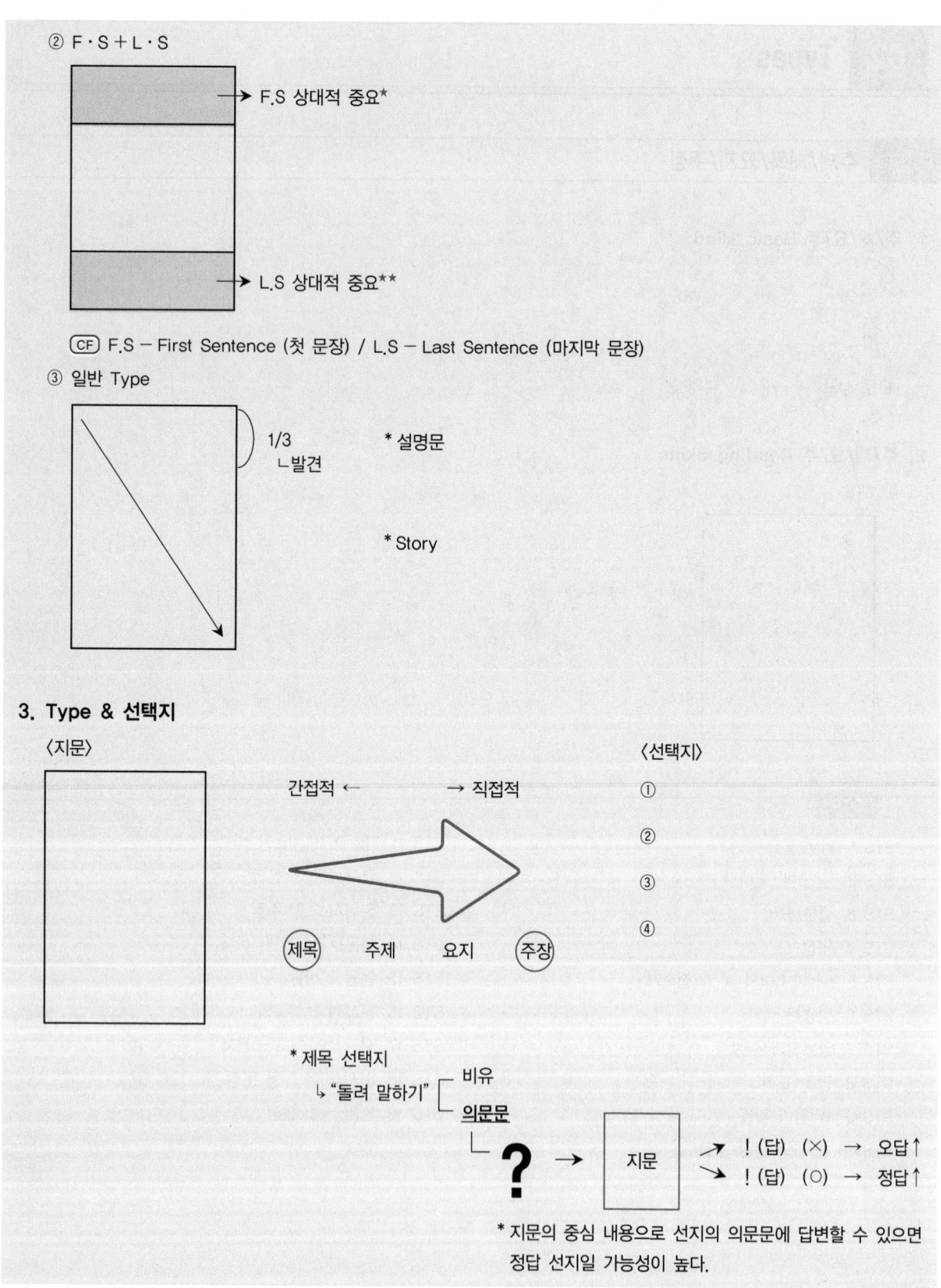

4. 오답 PXC + T
- 출제자가 주제/제목/요지/주장/빈칸추론 선택지 오답을 만드는 원리

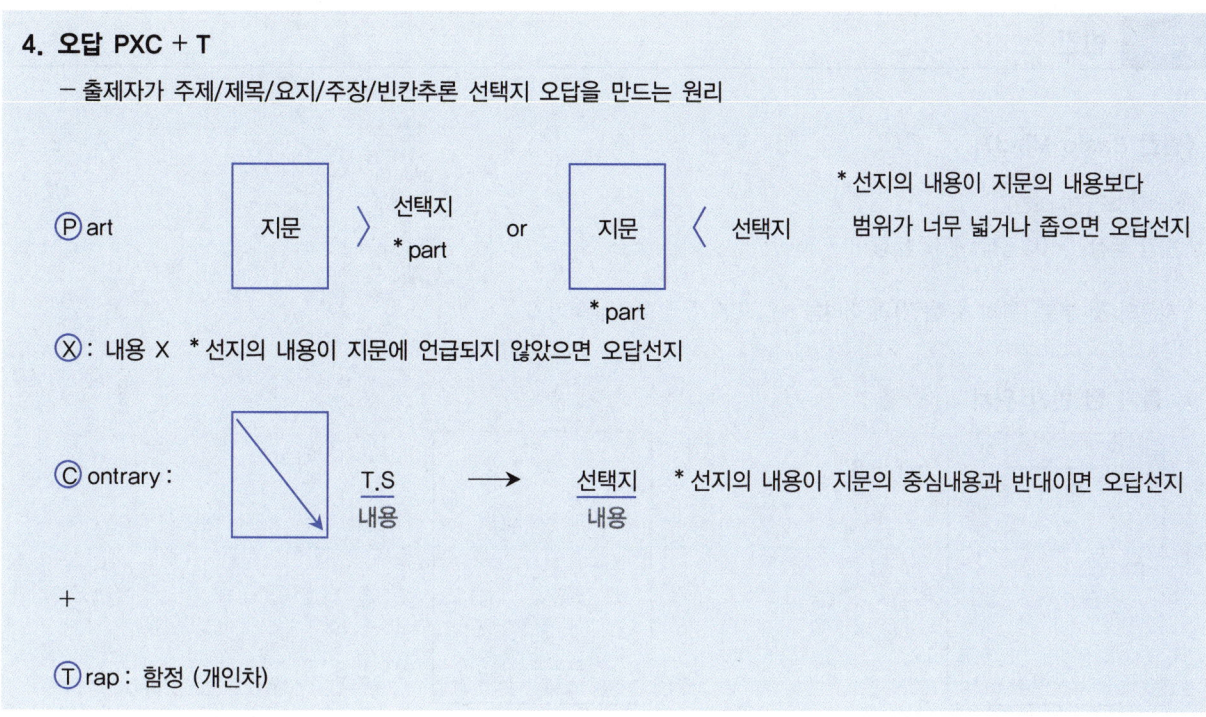

Ⓟart   지문 > 선택지 *part   or   지문 < 선택지   * 선지의 내용이 지문의 내용보다 범위가 너무 넓거나 좁으면 오답선지
                                                                       *part

Ⓧ : 내용 X   * 선지의 내용이 지문에 언급되지 않았으면 오답선지

Ⓒontrary :   T.S 내용 → 선택지 내용   * 선지의 내용이 지문의 중심내용과 반대이면 오답선지

+

Ⓣrap : 함정 (개인차)

2 빈칸

⟨빈칸 Basic Mind⟩

PREMISE (전제조건)

* 빈칸 문장 → (내용상) 중요 문장

* 지문의 첫 부분 (특히 첫 문장)의 어려움 → 2번째 문장으로 넘어가기

1. 풀기 전 빈칸 위치

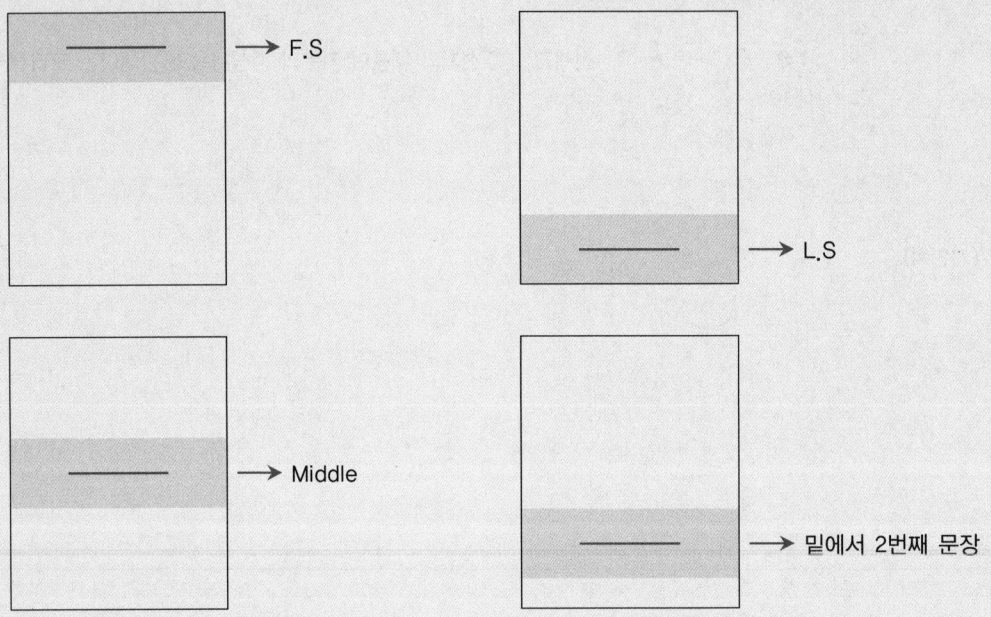

CF F.S – First Sentence (첫 문장) / L.S – Last Sentence (마지막 문장)

2. 풀면서 Discovering [Reading Skills]

① Types

ⓐ STS

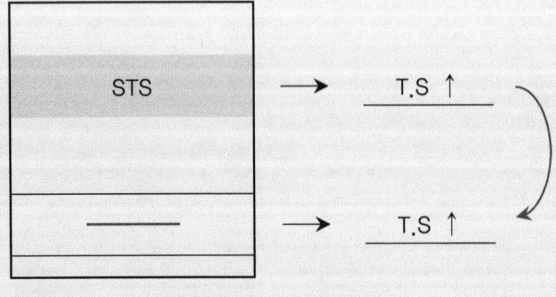

CF T.S – Topic Sentence (주제문)

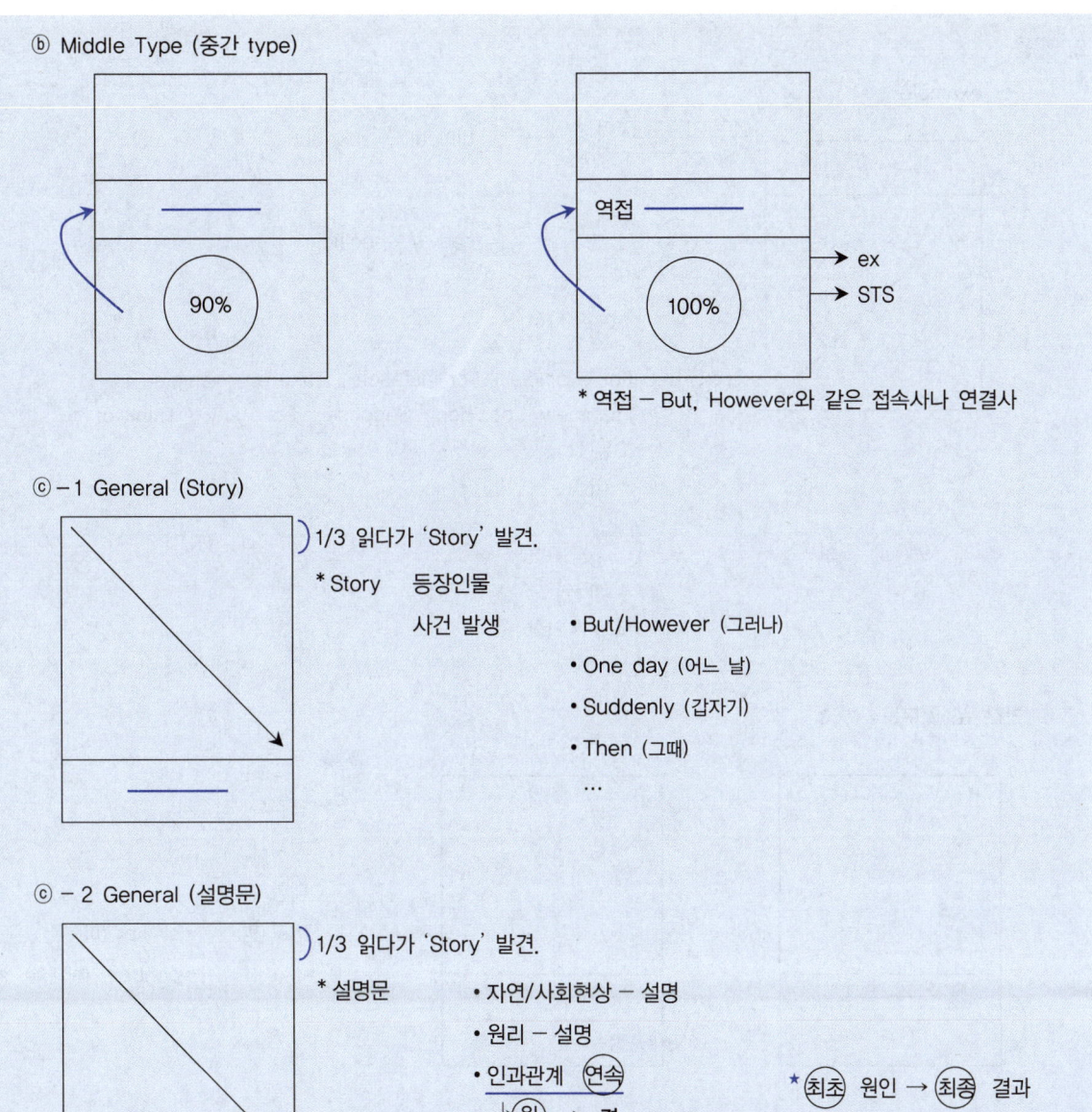

2. 활용

① For example

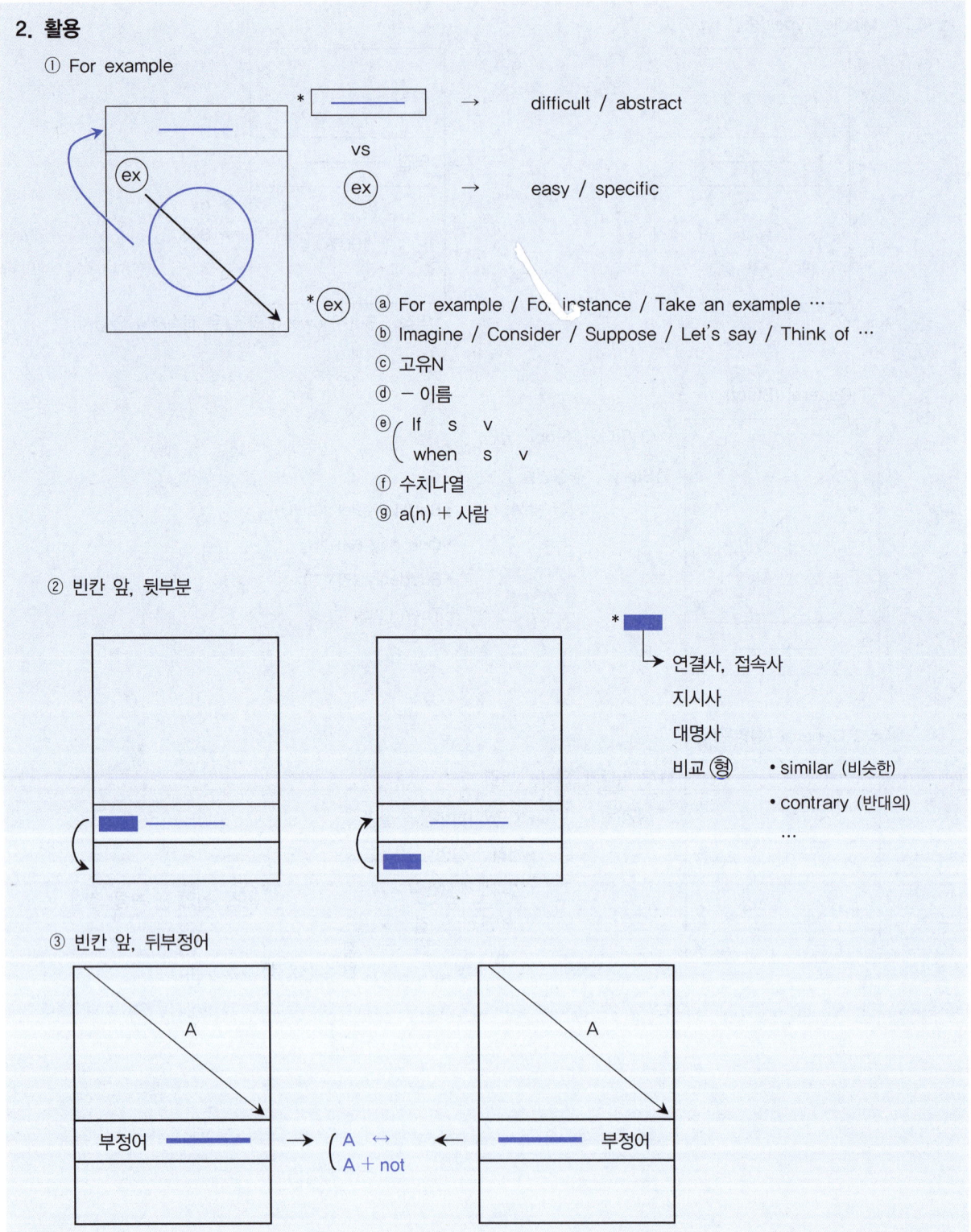

② 빈칸 앞, 뒷부분

③ 빈칸 앞, 뒤부정어

④ + / - pattern

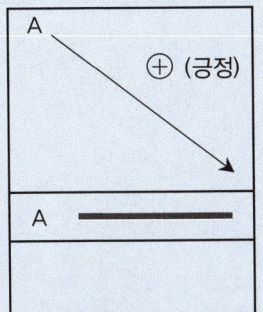

① = (중립)
② - (부정)
③ - (부정)
④ + (긍정)

지문의 내용이 A라는 소재에 대하여 '⊕(긍정)'의 내용이 나오면 A라는 소재로 시작하는 빈칸 문장의 빈칸에 '⊕(긍정)'의 내용을 담고 있는 선지가 정답 선지이다.

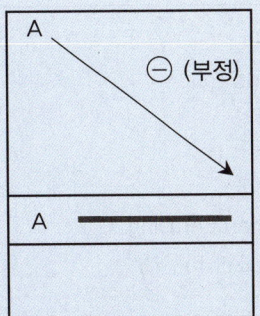

① - (부정)
② + (긍정)
③ = (중립)
④ + (긍정)

지문의 내용이 A라는 소재에 대하여 '⊖(부정)'의 내용이 나오면 A라는 소재로 시작하는 빈칸 문장의 빈칸에 '⊖(부정)'의 내용을 담고 있는 선지가 정답 선지이다.

⑤ 인과관계 (+선후관계)

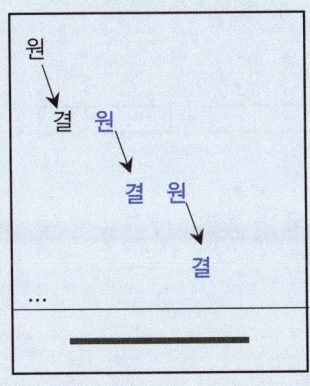

원 : 원인
결 : 결과

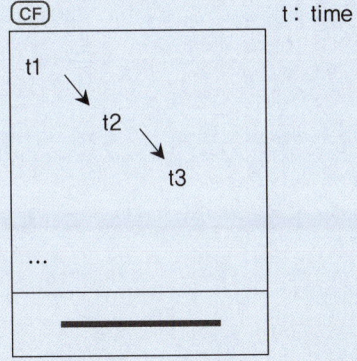

t : time

⑥ 나열식 구조

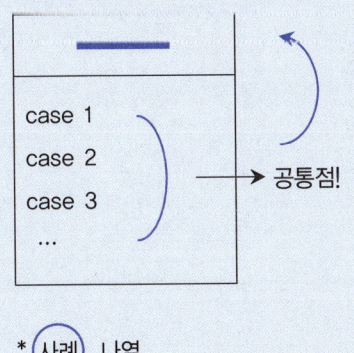

→ 공통점!

* 사례 나열

→ 공통점!

* 모양 나열

3 순서 배열

1. 순서 배열 Basic Mind

CLUES ┬ 연결사 □
       ├ 지시사 △
       └ 기타 / paraphrasing ○
          (표현 바꾸기)

2. 순서 배열 Approach [Reading Skills]

```
┌─────────────────┐
│                 │
└─────────────────┘
```

(A)

(B)

(C)

① 주어진 문장
  → [　　　] 특히 뒷 부분

② (A), (B), (C) 앞 부분 Scanning
  └ Clues를 찾는다.
   ⓐ □ 이용 → 짧게 해석
   ⓑ △ 이용
      the + N / such + N / this + N류
      └ 바로 소거
      대명사
      └ 짧게 해석
   ⓒ ○ 이용 → [　　　] + [　　　]

③ [　　　] → (A) ┐
              → (B) ┤ 결정
              → (C) ┘

4 문장 삽입

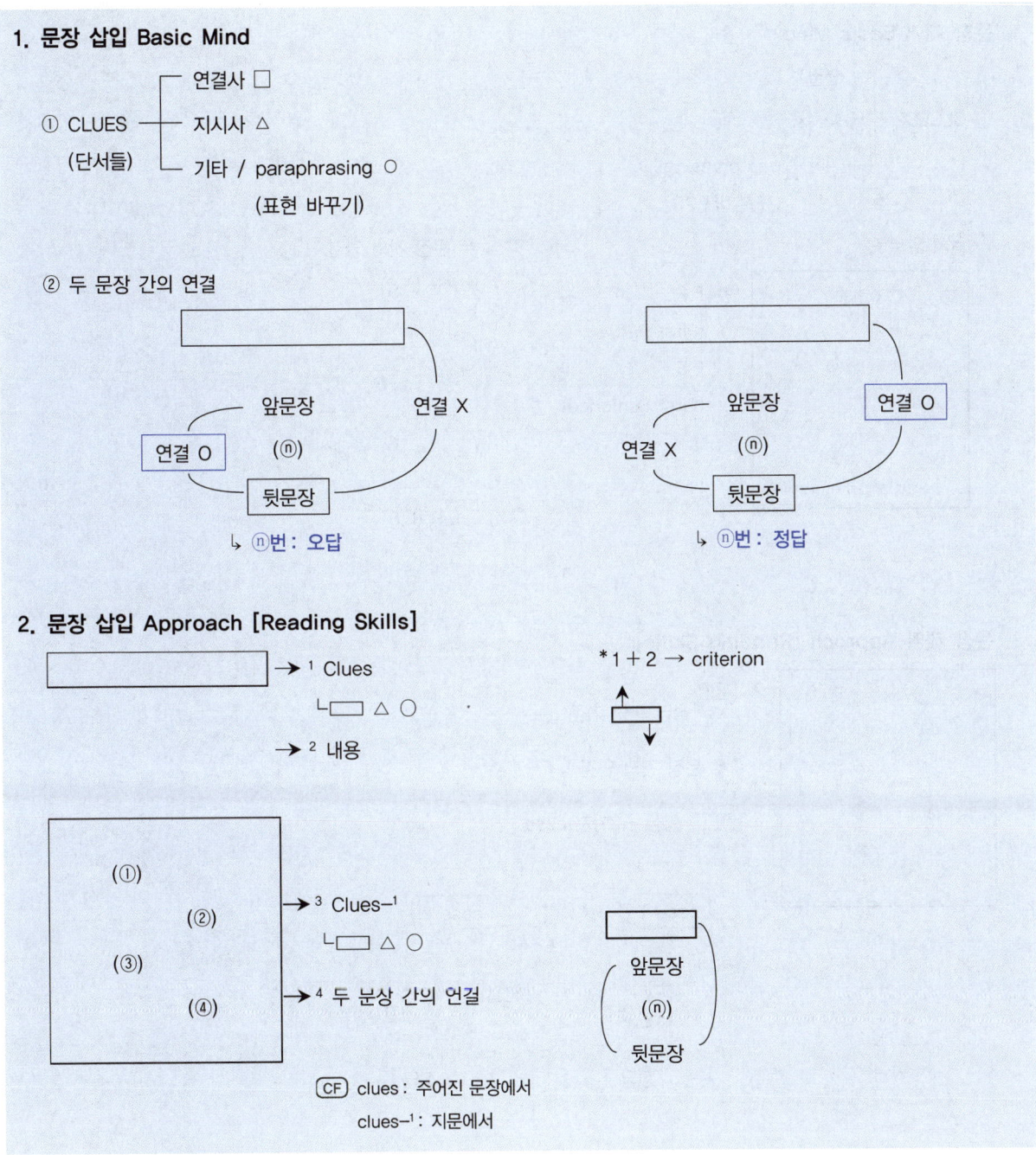

5 문장 제거

1. 문장 제거 Basic Mind

① CLUES ─┬─ 연결사 □
         ├─ 지시사 △
         └─ 기타 / paraphrasing ○
              (표현 바꾸기)

② 글의 앞부분

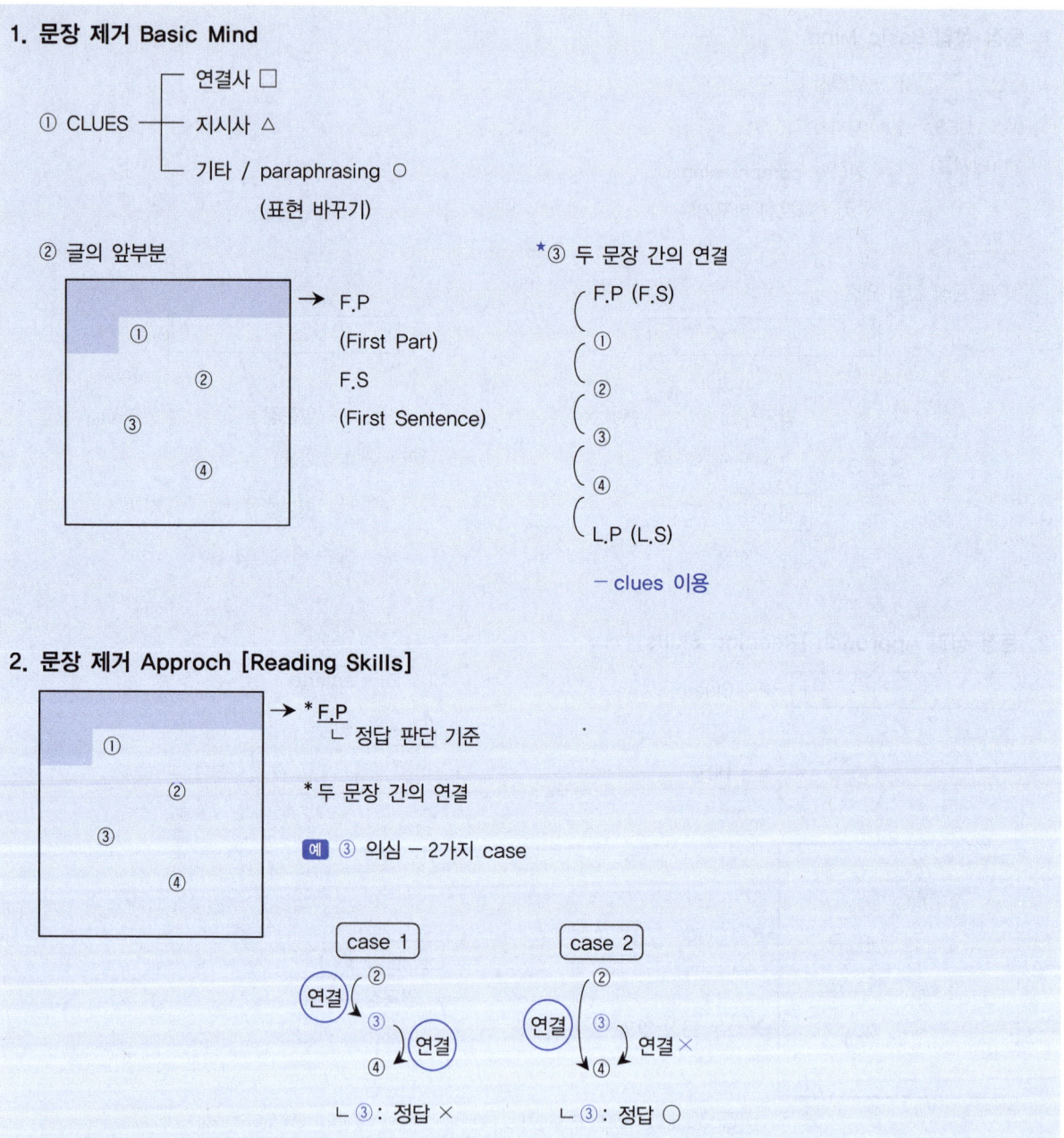

→ F.P (First Part)
　 F.S (First Sentence)

*③ 두 문장 간의 연결

F.P (F.S)
①
②
③
④
L.P (L.S)

─ clues 이용

2. 문장 제거 Approch [Reading Skills]

→ *F.P
　└ 정답 판단 기준

*두 문장 간의 연결

예 ③ 의심 – 2가지 case

case 1: 연결 ②→③, ③→④ 연결 → ③: 정답 ×

case 2: 연결 ②→③, ③→④ 연결× → ③: 정답 ○

Reading Theme ⇨ 빈칸 추론 1

001 다음 빈칸에 들어갈 말로 가장 적절한 것은?

Negativism isn't a philosophy, it's an attitude. It's the attitude of a player whose nerves aren't as strong as he'd like them to be. Attitudes can be changed, but first they have to be recognized. It's quite common for a player to think to himself, "I don't want to boot this ground ball," or "I don't want to walk this batter." The word "don't" will not get through to the body. The word carries no functional image. The phrase "boot this ground ball" does bring forth an image. The expression of a negative goal will therefore _____ — and the error or the walk is more apt to be made. The body tends to do what it hears most clearly; the mind tells the body what it sees most clearly. So, thinking about what you don't want to happen greatly increases the chance that it will happen.

* boot (땅볼을 처리하려다) 놓치다
** walk 볼넷으로 출루하게 하다

① annoy the competing team
② require more physical skills
③ make the player more firmly determined
④ emphasize an undesirable image

정답 및 해설

해설 부정주의는 철학이 아니고 태도이다. 그것은 자신이 바라는 것만큼 담력이 강하지 않은 선수의 태도이다. 태도는 변할 수 있지만 우선 인식되어야 한다. '나는 이 땅볼을 놓치고 싶지 않아.' 혹은 '나는 이 타자를 볼넷으로 출루시키고 싶지 않아.' 하고 선수가 마음속으로 생각하는 경우는 상당히 흔하다. 'don't'라는 말은 몸에 전달되지는 않을 것이다. 그 단어는 기능적 이미지를 갖지 않는다. '이 땅볼을 놓친다'라는 어구는 분명히 이미지를 낳는다. 따라서 부정적인 목표의 표현은 원하지 않는 이미지를 강화할 것이며, 실수나 볼넷으로 인한 출루가 생길 가능성이 너 크다. 몸은 가장 분명히 들은 것을 하려는 경향이 있으며, 전신은 가장 분명하게 본 것을 몸에게 말한다. 그러므로 여러분이 일어나기를 원하지 '않는' 것에 대해 생각하는 것은 그것이 일어나게 '될' 가능성을 굉장히 높인다.
① 경쟁하는 팀을 화나게 할
② 더 많은 신체적인 기술을 요구할
③ 그 선수를 더욱 단단히 결심하게 할
④ 원하지 않는 이미지를 강화할

해설 STS [but / have to]가 들어간 문장 'Attitudes can be changed, but first they have to be recognized.'
STS [so]가 들어간 문장 'So, thinking about what you don't want to happen greatly increases the chance that it will happen.'
이 답 도출 근거 문장들이다.

정답 ④

002 다음 빈칸에 들어갈 말로 가장 적절한 것은?

In the 1970s, some anthropologists began to accept that oral traditions are not repeated verbatim, like the performances of a literate culture. These researchers began to study the improvisational creativity of the performer, and began to emphasize the ways that folklore was a living, practiced tradition. These new perspectives have changed the way we look at early European theater. They've driven home the importance of a previously neglected fact: until at least the late medieval period, _____. Some scholars, for example, believe that Shakespeare didn't write scripts, but rather taught his actors their parts orally. Scholars argue that the scripts we have today are transcriptions of actual performances, done from memory by someone in Shakespeare's group.

* verbatim 글자 그대로
** improvisational 즉흥의

① play was a genre close to poetry
② drama lines were chanted rather than spoken
③ many European actors remained illiterate
④ collaboration between actors was the top concern

정답 및 해설

해석 1970년대에, 일부 인류학자들은 구전이 문자 문화의 공연처럼 글자 그대로 되풀이되지 않는다는 것을 받아들이기 시작했다. 이 연구자들은 공연자의 즉흥적인 창의성을 연구하기 시작했고 민속 문화가 살아 있는, 숙련된 전통이었던 방식을 강조하기 시작했다. 이러한 새로운 시각들은 우리가 유럽의 초기 극장을 바라보는 방식을 바꾸어 놓았다. 그것들은 이전에 무시되었던 사실의 중요성을 납득하게 만들었다. 즉, 적어도 중세 시기 말까지는, <u>많은 유럽 배우들이 문맹으로 남아 있었다</u>는 것이다. 예를 들어, 일부 학자들은 셰익스피어가 대본을 쓰지 않았고, 사실은 그의 배우들에게 그들의 역할을 구두로 가르쳤다고 믿는다. 학자들은 오늘날 우리가 가지고 있는 대본은 셰익스피어 집단에 속한 누군가의 기억으로부터 행해진 실제 공연의 필사본이라고 주장한다.
① 연극은 시와 가까운 장르였다
② 드라마 대사를 말로 하기보다는 노래로 불렀다
③ 많은 유럽 배우들이 문맹으로 남아 있었다
④ 배우들 사이의 협력이 최고의 관심사였다

해설 빈칸이 중간에 있고 / 빈칸 뒤에 'For example'(예시)가 나오고 있으므로 빈칸 뒷부분이 답을 도출할 수 있는 근거이다.

정답 ③

003 다음 빈칸에 들어갈 말로 가장 적절한 것은?

The Finnish consumer researcher and futurist Mika Pantzar talks about "taming technology" when he describes how we adopt new devices into our daily lives. In taming technology, the use of a technological innovation changes its _____ in the course of time. At first, the new technology product may be a toy-like, exciting object. In time, this toy or ego-booster perhaps becomes an essential part of our daily lives. This has happened to many familiar devices. For example, at the beginning of the twentieth century, the telephone was considered a miraculous device, and in the 1950s it became an everyday object — and these days the telephone is a necessary commodity, at the very least.

① nature
② structure
③ sequence
④ complexity

정답 및 해설

- 해석 ┃ 핀란드의 소비자 연구원이자 미래학자 Mika Pantzar는 우리가 어떻게 새로운 기기를 일상생활에 채택하는지를 묘사할 때 '기술 길들이기'에 관해 이야기한다. 기술 길들이기에서 기술 혁신 제품의 사용은 시간이 지남에 따라 그것의 본질을 바꾸어 놓는다. 처음에 새 기술 제품은 장난감과 같은 흥미로운 물건일지도 모른다. 이윽고 이 장난감 또는 자존감을 높여주는 물건은 아마 우리의 일상생활에서 필수적인 한 부분이 될 것이다. 이것은 많은 친숙한 기기에서 발생했다. 예를 들어, 20세기 초에 전화기는 기적적인 기기로 여겨졌고, 1950년대에 일상적인 물건이 되었으며, 요즘에 전화기는 적어도 없어서는 안 될 물품이다.
  ① 본질
  ② 구조
  ③ 순서
  ④ 복잡성

- 해설 ┃ 'For example'로 시작하는 예시 내용 – 20세기 초 전화기는 기적적인 기기 ⇨ 1950년대 일상적인 물건 ⇨ 요즈음 전화기는 필수품 – 을 보면 시간이 지남에 따라 그 본질(성격)이 바뀐다는 내용이다.

- 정답 ┃ ①

004 다음 빈칸에 들어갈 말로 가장 적절한 것은?

In the settlement of America, the government did not play a large role in property rights; rather, it was up to settlers to claim their property. Since water was a significant factor in the development of towns, the first settlements were usually located near bodies of water. This accounts for the curved shapes of states in the humid East and along the coasts where there are many rivers. The property rights regime associated with this type of settlement is called riparian rights, which give the right to use the water to the owner of the land adjacent to the body of water . This _____ made sense because those that owned land near the water had easy access.

* riparian rights 강기슭 토지 소유권

① change of land use
② urbanization of towns
③ method of allocation
④ classification of rivers

정답 및 해설

해석 미국의 정착 과정에서 정부는 재산권에서 큰 역할을 수행하지 않았다. 도리어 자신들의 재산에 대한 권리를 주장하는 것은 정착민의 책임이었다. 물은 마을 발달에서 중요한 요소였기 때문에, 최초의 정착지는 대개 수역 근처에 위치했다. 이것은 강이 많은 습한 동부와 해안을 따라 있는 주의 모양이 곡선인 것을 설명한다. 이 정착 유형과 관련된 재산권 제도는 강기슭 토지 소유권이라고 불리는데, 이는 수역에 인접한 토지의 소유주에게 그 물을 사용할 권리를 부여한다. 이러한 할당 방법은 물 근처에 땅을 소유한 사람들이 쉽게 접근할 수 있었으므로 타당했다.
① 토지 사용 변화
② 마을의 도시화
③ 할당 방법
④ 강들의 분류

해설 빈칸 문장이 지시사 'This'로 시작하였으므로, 빈칸 앞 문장 'The property rights regime associated with this type of settlement is called riparian rights, which give the right to use the water to the owner of the land adjacent to the body of water.' 이 답 도출 근거 문장이다.

정답 ③

Reading Theme ⇨ 빈칸 추론2

001 다음 빈칸에 들어갈 말로 가장 적절한 것은?

> The news media are hungry for new findings, and reporters often latch onto ideas from the scientific laboratories before they have been fully tested. Also, a reporter who lacks a strong understanding of science may misunderstand or misreport complex scientific principles. To tell the truth, sometimes scientists get excited about their findings, too, and leak them to the press before they have been through a thorough review by the scientists' peers. As a result, the public is often exposed to late-breaking nutrition news stories before the findings are fully _____. Then, when the hypothesis being tested fails to hold up to a later challenge, consumers feel betrayed by what is simply the normal course of science at work.
>
> *latch onto ~을 입수하다

① expected
② confirmed
③ accumulated
④ categorized

정답 및 해설

해석 뉴스 매체는 새로운 연구 결과를 갈구하고, 기자들은 종종 아이디어가 충분히 검증되기도 전에 과학 실험실에서 그것을 입수한다. 또한 과학에 대한 확실한 이해가 부족한 기자는 복잡한 과학 원리를 오해하거나 틀리게 보도할 수도 있다. 사실 때로는 과학자들도 자신의 연구 결과에 대해 흥분해서, 동료 과학자들에 의한 철저한 검토를 마치기 전에 언론에 유출하기도 한다. 그 결과 대중들은 연구 결과가 완전히 확인되기 전에 속보로 들어온 영양에 관한 뉴스 기사를 흔히 접한다. 그런 후 검증받고 있는 가설이 이후의 이의 제기를 견디지 못하면, 소비자들은 작동 중인 과학의 일상적인 과정에 불과한 것에 의하여 배신감을 느낀다.
① 예상된
② 확인된
③ 축적된
④ 분류된

해설 동어반복 – 첫 번째 문장 'before they have been fully tested'와 빈칸 문장 'before the findings are fully _____.' 반복되고 있어서 'tested'와 가장 match되는 단어는 'confirmed'이다.

정답 ②

002 다음 빈칸에 들어갈 말로 가장 적절한 것은?

The American emphasis on individualism, which was rooted in early American Puritanism, was _____ by the formative experience of the American western frontier. The "pioneer spirit" of striking out on one's own and staking a claim was captured in American author Horace Greeley's appeal to "Go West, young man." The absence of formal government on the frontier, including effective law enforcement, also undoubtedly contributed to feelings of independence and self-reliance. Historian Frederick Jackson Turner, in his classic book The Frontier in American History (1947), argued that the frontier was central to the development of American individualism. Turner further linked the rugged individualism of the pioneer with the ideals of democracy: "Quite as deeply fixed in the pioneer's mind as the ideal of individuals was the ideal of democracy. He had a passionate hatred for aristocracy, monopoly and special privilege; he believed in simplicity, economy and the rule of the people."

*stake a claim 권리[소유권]를 주장하다
** rugged 단호한

① ignored
② replaced
③ lightened
④ reinforced

정답 및 해설

해석 초창기 미국의 청교도주의에 뿌리를 두고 있는 미국의 개인주의에 대한 강조는 미국 서부 변경 지대를 만든 경험으로 강화되었다. 독립적이고 자신의 소유권을 주장하는 '개척자 정신'은 미국의 작가 Horace Greeley가 한 "젊은이들이여, 서부로 가라."라는 호소에 잘 담겨 있다. 유효한 법 집행을 포함하여 변경 지대에서의 공식적인 정부의 부재는 또한 의심의 여지 없이 독립심과 자립심에 기여했다. 역사가 Frederick Jackson Turner는 자신의 고전 The Frontier in American History (1947)에서 변경 지대는 미국의 개인주의의 발달에 중요하다고 주장했다. Turner는 더 나아가 개척자의 단호한 개인주의를 민주주의에 대한 이상과 연결지었다. "민주주의에 대한 이상은 개인에 대한 이상만큼이나 개척자의 마음속에 상당히 깊이 박혀 있었다. 그는 귀족 계층, 독점, 그리고 특권에 대해서 격렬한 증오감을 가졌고, 검소, 절약, 그리고 국민에 의한 통치를 신봉했다."
① 무시된
② 대체된
③ 완화된
④ 강화된

해설 STS [권위자의 주장]이 들어간 문장 'Historian Frederick Jackson Turner, in his classic book The Frontier in American History (1947), argued that the frontier was central to the development of American individualism.'을 보면 서부 개척지가 미국의 개인주의 발달을 강화(reinforced)시켰음을 알 수 있다. 따라서 정답은 ④이다.

정답 ④

003 다음 빈칸에 들어갈 말로 가장 적절한 것은?

Every puddle is a sign that the water has been blocked, stopped from travelling down through the ground. So if a puddle is persistent, then the first thing we can deduce is that the ground beneath the puddle is either nonporous or extremely wet. This is mainly interesting when we travel through a rural area and notice that the number of puddles suddenly increases, despite there not being any more rain in that area. This is a sign that the rocks beneath your feet have probably changed, even if the appearance of the mud has not changed. Since the rocks are responsible for a lot of the characteristics of the soil in an area and the soil strongly influences the types of plants and animals you will find, a sudden change in the number of puddles, without a very local downpour, is a sign that the rocks, soil, plants and animals all around you _____.

* puddle 물웅덩이
** nonporous 물이 스며들 수 없는

① will survive even in a heavy downpour
② are living fossils
③ will also have changed
④ are affected by the dry weather

정답 및 해설

- 해석 모든 물웅덩이는 물이 막혀 땅속으로 내려가는 것이 차단되었다는 표시이다. 그래서 물웅덩이가 되풀이하여 나타나면, 우리가 첫 번째로 추론할 수 있는 것은 물웅덩이 밑에 있는 땅에 물이 스며들 수 없거나 (그 땅이) 흠뻑 젖었다는 것이다. 이것은 우리가 시골 지역을 여행하다가 그 지역에 비가 조금도 더 오지 않았음에도 불구하고 물웅덩이의 수가 갑자기 많아지는 것을 알아차릴 때 주로 흥미롭다. 이것은 진흙의 외관이 변하지 않았다 하더라도 당신의 발밑에 있는 암석들이 아마도 바뀌었을 것이라는 표시이다. 암석은 한 지역에 있는 흙의 여러 특성을 생기게 하고, 흙은 당신이 보게 되는 식물과 동물의 종류에 강한 영향을 미치기 때문에, 국지성 호우가 없어도 물웅덩이의 수가 갑작스럽게 변화한 것은 당신 주변 사방에 있는 암석, 흙, 식물과 동물도 <u>또한 변해 있을 것</u>이라는 표시이다.
  ① 폭우 속에서도 생존할 것이다
  ② 살아 있는 화석들이다
  ③ 또한 변해 있을 것이다
  ④ 건조한 기후에 영향을 받는다
- 해설 물웅덩이는 아래에 있는 암석은 변화할 것이고 암석은 토양의 특징을 결정하는 것이고 토양은 식물과 동물에 영향을 미친다는 내용이 전개되고 있다. 따라서 물웅덩이 수의 변화는 암석, 토양, 식물, 동물에 모두 변하게 할 것이다.
- 정답 ③

004 다음 빈칸에 들어갈 말로 가장 적절한 것은?

We're sometimes unable to recognise people we've met, let alone recall their name. Most people take this as a sign that they have a bad memory. But this is probably not the case. Names can _____ _____. For one thing, they are abstract and unconnected to the person; while Mr. Baker used to be a baker, today his name is not related to his profession. For another, we usually hear names only once when a person is introduced to us, and often we don't even hear the name properly, but smile and shake hands anyway. Something commonplace, like a name, which is only encountered once, is unlikely to be stored as a strong memory. Finally, the worst possible scenario is being introduced to a large group of people at once. Any more than seven people at the same time and your short-term memory will be overloaded. Then there's almost no chance you'll remember them.

① be a particularly hard thing to remember
② change based on interactions with others
③ be mentioned repeatedly, in various ways
④ take their meanings from a range of sources

정답 및 해설

해석 우리는 때때로 우리가 만난 사람들의 이름을 기억하기는커녕 그들을 알아보지도 못한다. 대부분의 사람들은 이것을 자신들의 기억력이 나쁘다는 표시로 받아들인다. 그러나 이것은 아마도 사실이 아닐 것이다. 이름은 기억하기에 특히 어려운 것일 수 있다. 우선 첫째로, 그것들이 추상적이고 그 사람과 무관하다. Baker 씨는 한때 제빵사였지만, 오늘날 그의 이름은 그의 직업과 관련이 없다. 또 다른 이유로, 어떤 사람이 우리에게 소개될 때 우리는 보통 그 이름을 한 번만 듣고, 흔히 우리는 그 이름을 제대로 듣지도 못하는데, 그래도 어쨌든 미소 짓고 악수한다. 이름 같이, 오로지 한 번만 접하게 되는 평범한 것은 강한 기억으로 저장될 가능성이 없다. 마지막으로, 최악의 가능한 시나리오는 한 번에 큰 집단의 사람들에게 소개되는 것이다. 동시에 사람들의 수가 일곱 명을 넘기만 하면 당신의 단기 기억력은 과부하가 걸릴 것이다. 그러면 당신이 그들을 기억할 가능성은 거의 없다.
① 기억하기에 특히 어려운 것일 수 있다
② 다른 사람들과의 상호 작용에 기반을 두고 변화한다
③ 다양한 방식으로 반복적으로 언급되어진다
④ 다양한 원천들로부터 그것들의 의미를 가져온다

해설 이름들은 기억하기에 특히 어려울 수 있다는 것을 3가지 근거를 나열로 보여주고 있다. 이 세가지 나열된 내용의 공통점과 가장 match되는 선택지를 고르면 ①이다.

정답 ①

Reading Theme ⇨ 순서 배열

1 연결사
1) 대표 연결사 11

Not only	But also
연결사 추론 〈 독해 - 다른유형	
• 연결사 추론	• 순서 배열　　• 문장 삽입 • 문장 제거　　• 빈칸 • 독해 - 어휘

① For example / For instance

attribute
上 . 집합 For example 下 . 원소

② However

But / Yet / Still / Conversely / In contrast / By contrast / On the other hand
attribute
A+　A －　A 　　　However　　　반대 A －　A+　B

③ Likewise / Similarly

In the same way / In like manner
attribute
A Likewise　≒ A'

④ Therefore

Thus / Hence / Consequently / Accordingly / As a result / For this reason
attribute
A : 원인 Therefore　'A 때문에 B' B : 결과

⑤ Furthermore / Besides / In addition / Moreover

attribute
a   A Moreover A   A'

⑥ Instead

alternatively / as an alternative
attribute
A Instead A와는 다른 행동, 방법 (A - 대안책)

⑦ Otherwise

attribute
A Otherwise unless A → 결과

⑧ Nevertheless / Nonetheless

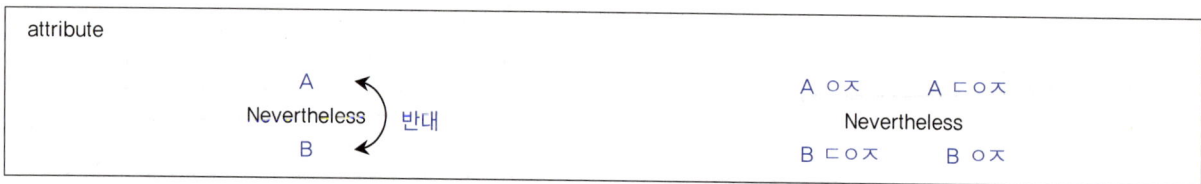

⑨ In other words / That is (to say)

Namely / So to speak / As it were
attribute

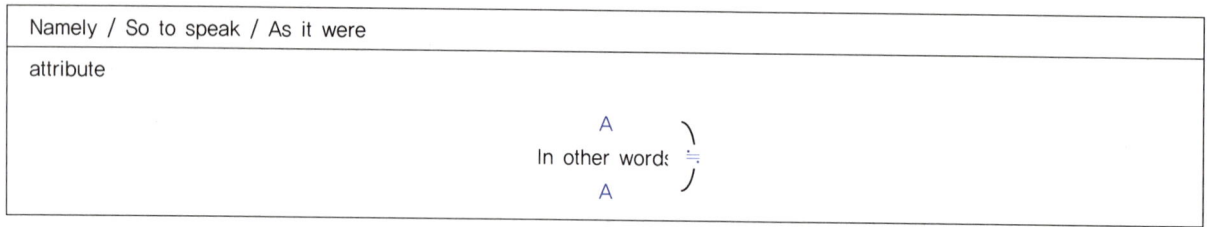

⑩ In short / In conclusion

In brief / to sum up / to summarize / ultimately / eventually
attribute
A In short A − 요약

⑪ In fact

coping method → '제일 나중에'
attribute 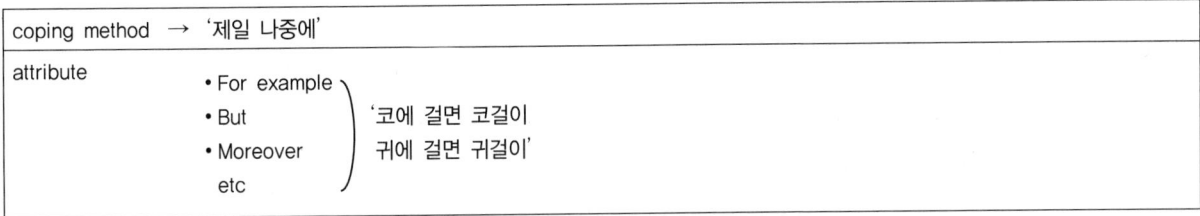

2 지시사

1) 대명사

└ 앞 명사

2) However

 └ 앞 (N 등장 (a(n) N)
         N 내용

3) this+N / that+N
   these+Ns / those+Ns

 └ 앞 (N 등장
         N 내용

4) Such+a(n)+N / Such+Ns

└ 앞 (N 등장
       N 내용

[예문]

There is an apple on the table.
[   ] is the thing that everybody can buy in the market.

① It   ② The apple
③ That apple   ④ Such an apple

+α1	+α2	+α3	+α4
another+N	there	the same	the former
other+Ns	then		the latter

5) 앞 V → 뒤 N

[예문]

He believed that she had lied during the critical period.
→ His belief is wrong.

Practice

001 주어진 글 다음에 이어질 글의 순서로 가장 적절한 것은?

Plot twists are major story elements that often prove to be the opposite of what was being seen or expected. Twists go back far into history, and a twist is frequently ironic and is caused occasionally by chance.

(A) The husband, in turn, has sold the watch to buy his wife the combs. It's a bitter, ironic twist, but it has a powerful impact; readers can relate to the story because things like that happen.

(B) The wife has long, beautiful hair, and has admired a set of combs in a shop window, and the husband's one possession is a pocket watch. For Christmas, the wife cuts off her hair, sells it for money, and buys a chain for her husband's watch.

(C) The Gift of the Magi, by O. Henry, is a classic example of a story that ends with a bitter twist. The story focuses on a very poor couple.

① (A) − (C) − (B)   ② (B) − (C) − (A)
③ (C) − (A) − (B)   ④ (C) − (B) − (A)

정답 및 해설

해석 줄거리 반전은 보고 있거나 예상하고 있던 것의 반대로 자주 드러나는 이야기의 주요한 요소이다. 반전은 역사적으로 아주 오래전으로 거슬러 올라가며 반전은 자주 반어적이며 가끔은 우연에 의해 유발된다.
(C) O. Henry가 쓴 The Gift of the Magi는 씁쓸한 반전으로 끝나는 이야기의 전형적인 사례이다. 그 이야기는 몹시 가난한 한 부부에게 초점을 맞추고 있다.
(B) 아내는 길고 아름다운 머리를 갖고 있으며 가게 유리창에 진열된 한 세트의 빗을 열망해 왔고 남편의 유일한 소유물은 회중시계이다. 크리스마스를 위해 아내는 머리카락을 잘라서 그것을 돈을 받고 팔아 남편의 시계를 위한 줄을 산다.
(A) 이번에는 남편이 아내에게 빗을 사 주기 위해 그 시계를 판다. 그것은 씁쓸한 반어적인 반전이지만 강력한 효과가 있다. 독자들은 그 이야기에 공감할 수 있는데, 그런 일이 일어나기 때문이다.

해설 주어진 문장
↓ (A) the husband로 탈락 / (B) the wife로 탈락
(C)
↓ (A) in turn으로 탈락+(B) the wife − OK!
(B)
↓ (A) in turn − OK!+the husband − OK!
(A)

정답 ④

002 주어진 글 다음에 이어질 글의 순서로 가장 적절한 것은?

Nineteenth-century writings about disease offer a window into earlier conceptions of the body. Perhaps less obviously, these same writings speak to earlier conceptions of the environment.

(A) This fear of distant and unfamiliar places generated large amounts of popular advice for would-be settlers and travelers. At the same time, existing medical and scientific practices brought the environmental sources of disease into focus.

(B) Different conceptions of illness point to differences in how people have understood the nonhuman world. When viewed from the perspective of health, the nineteenth-century environment was neither passive nor necessarily benign in its natural state.

(C) On the contrary, the "natural" environment, especially those environments least touched by the processes of civilization, acted on settlers' bodies in sometimes aggressive and unpredictable ways. Consequently, untested landscapes were always physically threatening.

① (A) − (C) − (B)
② (B) − (A) − (C)
③ (B) − (C) − (A)
④ (C) − (A) − (B)

정답 및 해설

해석 질병에 관한 19세기의 문서들은 신체에 대한 초창기의 개념을 들여다볼 수 있는 창을 제공한다. 아마도 덜 분명하지만, 이 동일 문서들은 환경에 대한 초창기의 개념에 대해 거론하고 있다.

(B) 질병에 대한 서로 다른 개념들은 사람들이 인간 이외의 세상을 이해해 온 방식에 있어서의 차이점을 보여준다. 건강이라는 관점에서 볼 때, 19세기의 환경은 자연 상태에서 순종적이지도 않았고 반드시 해가 없는 것도 아니었다.

(C) 그와는 반대로, '자연적인' 환경, 특히 문명 과정의 손을 가장 덜 탄 그런 환경이 때때로 공격적이고 예측할 수 없는 방식으로 정착민의 신체에 영향을 미쳤다. 결과적으로 검증되지 않은 지역은 항상 신체에 위협적이었다.

(A) 멀고도 낯선 지역에 대한 이러한 두려움 때문에 장차 정착하려는 사람들과 여행하려는 사람들을 위한 수많은 대중적인 조언이 생겨났다. 동시에, 기존의 의학 및 과학상의 행위도 질병의 환경적인 근원에 초점을 맞추었다.

해설 주어진 문장
↓ (A) this fear으로 탈락 / (C) On the contrary+context로 탈락
(B)
↓ (A) this fear으로 탈락
(C)
↓ (A) this fear − OK!
(A)

정답 ③

003 주어진 글 다음에 이어질 글의 순서로 가장 적절한 것은?

Although a number of definitions of social loafing are available, the one proposed by Steven Karau and Kipling Williams is arguably the most complete.

(A) Conversely, individuals working in coactive conditions work in the presence of others, but each individual's work remains separate from that of others at all times. People working individually do not work in the presence of others, and their work remains separate from that of others.

(B) Collective tasks are those that most people would intuitively call a group task. In collective conditions, individuals work with other group members toward a single goal. Thus, individual performance is pooled to produce the group's total performance.

(C) These authors define social loafing as the reduction in motivation and effort that occurs when individuals work on a collective task as opposed to coactive or individual tasks.

* social loafing 사회적 태만

① (A) − (C) − (B)
② (B) − (C) − (A)
③ (C) − (A) − (B)
④ (C) − (B) − (A)

정답 및 해설

해석 비록 사회적 태만에 대한 많은 정의가 이용될 수 있지만, Steven Karau와 Kipling Williams가 제안한 것이 거의 틀림없이 가장 완벽하다.
(C) 이 저자들은 사회적 태만을 개인이 공동 작업이나 개별 작업이 아닌 집합적인 작업을 할 때 발생하는 동기와 노력의 감소라고 정의한다.
(B) 집합적인 작업은 대부분의 사람들이 직관적으로 '집단 작업'이라고 부를 작업이다. 집합적인 환경에서는 개인들이 집단의 다른 구성원들과 함께 하나의 목표를 향해 일한다. 따라서 개별 성과는 집단의 전체 성과를 생산하기 위해 모아진다
(A) 반대로, 공동 작업 환경에서 일하는 개인들은 다른 사람들 앞에서 일을 하지만, 각각의 개인의 일은 항상 다른 사람들의 일과 분리되어 있다. 개별적으로 일하는 사람들은 다른 사람들 앞에서 일하지 않으며, 그들의 일은 다른 사람들의 일과 분리되어 있다.

해설 주어진 문장
↓   (A) conversely+context로 탈락 / (B) < (C) these authors − OK!
(C)
↓   (C) 뒷부분 → (B) 앞부분
(B)
↓   (A) conversely+context
(A)

정답 ④

004 주어진 글 다음에 이어질 글의 순서로 가장 적절한 것은?

Just as conditioning processes sometimes make foods aversive, such processes can also make foods more appetitive.

(A) Instead, parents often try to entice their children to eat a disliked food by offering dessert as a reward — a strategy that easily backfires in that the contrast between the disliked food and the subsequent dessert might result in the former becoming even more disliked.

(B) Similarly, in one study, college students developed increased preference for broccoli or cauliflower after eating it a few times with sugar. Unfortunately, few parents use such a method to improve their children's eating habits, possibly because they perceive sugar to be unhealthy and do not realize that the sugar can later be withdrawn.

(C) For example, a powerful way to increase our preference for a disliked food is to mix it with some food item or sweetener that we strongly prefer. This may be how some people grow to like black coffee: They first drink it with cream and sugar and then gradually eliminate the extra ingredients as the taste of the coffee itself becomes pleasurable.

① (A) − (C) − (B)   ② (B) − (C) − (A)
③ (C) − (A) − (B)   ④ (C) − (B) − (A)

정답 및 해설

해석 (음식을) 훈련시키는 과정이 때때로 음식을 싫어하게 만드는 것처럼, 그러한 과정은 또한 음식이 식욕을 더 증진시키도록 할 수도 있다.
(C) 예를 들어, 싫어하는 음식에 대한 우리의 선호도를 증가시키는 한 가지 강력한 방법은 그것을 우리가 매우 선호하는 어떤 음식이나 감미료와 섞는 것이다. 이것은 일부 사람들이 블랙커피를 좋아하게 되는 방법일 수 있다. 그들은 처음에 블랙커피를 크림과 설탕과 함께 마시고 그러고 나서 커피의 맛 자체가 즐겁게 됨에 따라 차츰 그 추가 재료들을 제거한다.
(B) 유사하게, 한 연구에 따르면 대학생들은 브로콜리나 콜리플라워를 설탕과 함께 몇 번 먹은 후에 그것들을 더 선호하게 되었다. 안타깝게도, 아이들의 식습관을 개선하기 위해 그러한 방법을 사용하는 부모들은 거의 없는데, 아마도 그들은 설탕이 건강에 좋지 않다고 인지하고, 나중에 설탕을 뺄 수 있다는 것을 깨닫지 못하기 때문일 것이다.
(A) 대신에, 부모들은 흔히 자녀들에게 디저트를 보상으로 제공함으로써 싫어하는 음식을 먹도록 유인하려고 시도하는데, 그것은 싫어하는 음식과 그 이후의 디저트 사이의 대조가 전자를 훨씬 더 싫어하게 만들 수 있다는 점에서 쉽게 역효과를 내는 전략이다.

해설
주어진 문장
↓
(C)   (C) for example+context − OK!
↓
(B)   (B) similarly+context − OK!
↓
(A)   (A) instead+context − OK!

정답 ④

Reading Theme ⇨ 문장 삽입

001 글의 흐름으로 보아, 주어진 문장이 들어가기에 가장 적절한 것은?

> This new efficiency in printing reduced the cost of printing documents and the cost of the documents themselves.

Mass communications require technology. Today, many forms of mass communications rely on electronics. However, the first important event in mass communications was movable type and the printing press, which was originally operated by hand. The German printer Johannes Gutenberg often is credited with inventing movable type around 1440. (①) While many scholars today believe that movable type originated in China about 600 years earlier, Gutenberg did popularize it in Europe. (②) Movable type was a significant improvement over earlier forms of bookmaking, which involved either handwritten manuscripts or the use of carved woodblocks. (③) Movable type made printing faster and easier, as a printer could quickly set up lines of type and quickly print documents. (④) When books became less expensive, more people could buy books.

정답 및 해설

- **해석** 매스컴은 기술을 필요로 한다. 오늘날 많은 형태의 매스컴은 전자 기기에 의존한다. 하지만 매스컴에 있어서 첫 번째로 중요한 사건은 가동(可動) 활자와 인쇄기였는데, 그것(인쇄기)은 원래 손으로 조작되었다. 1440년경에 가동 활자를 발명한 공은 흔히 독일의 인쇄업자 Johannes Gutenberg에게 돌아간다. 오늘날 많은 학자가 가동 활자는 약 600년 더 일찍 중국에서 생겼다고 믿지만, Gutenberg는 유럽에서 그것을 실제로 보급했다. 가동 활자는 손으로 쓴 원고나 글씨를 새긴 목판(木版)을 사용하는 것을 포함한 이전의 서적 제작업 형태보다 상당히 개선된 형태였다. 인쇄업자가 활자의 행을 신속히 만들어서 문서를 신속히 인쇄할 수 있었기 때문에 가동 활자는 인쇄를 더 빠르고 더 쉽게 만들었다. <u>인쇄술에 있어서 이러한 새로운 효율성은 문서를 인쇄하는 비용과 문서 그 자체의 비용을 줄였다.</u> 서적이 덜 비싸지자 더 많은 사람이 서적을 구입할 수 있었다.
- **해설** 앞에서 주어진 문장에서 'This+N'로 등장한 효율성에 대한 이야기가 언급되고 주어진 문장에서 'cost'로 등장한 비용의 문제가 주어진 문장 뒤에 나오는 ④의 위치가 가장 적절하다.
- **정답** ④

002 글의 흐름으로 보아, 주어진 문장이 들어가기에 가장 적절한 것은?

Green air also means ecologically friendly policies for protecting the quality of the air we must breathe.

Thinking green about air calls upon each one of us to limit our contributions to air pollution. Some obvious examples of how we can help are to walk, ride a bicycle, or use public transportation instead of driving, whenever possible. (①) Another example is to avoid wasting electricity in our homes. (②) Such policies have been put into practice in many parts of the world with varying degrees of success. (③) In the United States, many programs at the federal and state levels have been created to deal with air quality problems in need of solutions. (④) Much progress has been made in spite of fierce opposition by various industries with vested interests in keeping the situation as it is or even in rolling back environmental protection laws.

* vested interest 기득권

정답 및 해설

해석 공기에 대해 환경친화적으로 생각하는 것은 우리 각자가 공기 오염에 대한 원인 제공을 제한할 것을 요구한다. 우리가 어떻게 도움이 될 수 있는지를 보여주는 몇 가지 분명한 예는 운전하는 대신에 가급적 걷거나, 자전거를 타거나, 또는 대중교통을 이용하는 것이다. 다른 사례는 집에서 전기 낭비를 피하는 것이다. <u>또한 맑은 공기는 우리가 들이마셔야 하는 공기의 질을 보호하기 위한 생태 친화적인 정책들을 의미한다.</u> 그런 정책들은 성공의 정도는 서로 차이가 있지만 세계의 많은 지역에서 실행되어왔다. 미국에서는, 해결책을 필요로 하는 공기의 질 문제를 다루기 위해서, 연방과 또 주 정부 차원의 많은 프로그램들이 만들어져 왔다. 현 상태를 유지하거나 심지어 환경 보호법을 되돌리는 데 있어 기득권을 가지고 있는 다양한 기업들의 격렬한 반대에도 불구하고 많은 진보가 이루어졌다.

해설 주어진 문장에서 등장한 'friendly policies'를 ② 뒤에 있는 문장에서 'such policies'로 표현하면서 자세한 설명이 시작되고 있으므로 ②번에 들어가는 것이 가장 적절하다.

정답 ②

003 글의 흐름으로 보아, 주어진 문장이 들어가기에 가장 적절한 것은?

The reason is that landfills are not meant to encourage decomposition.

The remainder of your trash that cannot be recycled or repurposed in some way will need to go in the regular garbage and will likely end up in a landfill. This garbage should normally be all dry and fit in a small bag, or if possible in your area, directly in a trash bin with no bag at all. (①) You may think that a compostable garbage bag would be the best way to dispose of this rubbish, but the best is really not to use a bag at all if possible. (②) They are dry and anaerobic spaces that essentially "mummify" anything contained in them, including plastic. (③) Until it is full and closed, any decomposition that does occur in a landfill creates undesirable methane, a heat-trapping greenhouse gas that is roughly thirty times stronger than carbon dioxide. (④) The release of methane from open landfills contributes to global warming, and thus climate change. Of course, the best is to minimize your waste so you are not sending anything to landfills.

* decomposition 분해
** compostable 퇴비로 바뀔 수 있는
*** anaerobic (생물) 무산소성[혐기성]의

정답 및 해설

해석 어떻게 해서든 재활용되거나 다른 용도에 맞게 만들어질 수 없는 쓰레기 잔류물은 일반 쓰레기로 들어가야 할 것이며 아마 결국은 쓰레기 매립지로 가게 될 것이다. 이 쓰레기는 보통 모두 건조한 상태이어야 하며, 작은 봉투에, 혹은 여러분이 사는 지역에서 가능하다면, 아예 봉투 없이 쓰레기통으로 바로 들어가기에 적합해야 한다. 여러분은 퇴비로 바뀔 수 있는 쓰레기봉투가 이 쓰레기를 처리하는 가장 좋은 방법일 것으로 생각할 수도 있지만, 가장 좋은 것은 가능하다면 실제로 전혀 봉투를 사용하지 않는 것이다. 그 이유는 쓰레기 매립지가 분해를 촉진하게 되어 있지 않기 때문이다. 쓰레기 매립지는 플라스틱을 포함해서 그 안에 든 어떤 것이든 본질적으로 '미라처럼 만드는' 건조한 무산소성 공간이다. 쓰레기 매립지가 가득 차서 폐쇄될 때까지, 여기에서 정말로 발생하는 어떤 분해도 이산화탄소보다 약 30배는 더 강한, 열을 가두는 온실가스인 달갑지 않은 메탄을 만들어 낸다. 개방된 쓰레기 매립지에서의 메탄의 방출은 지구 온난화와 그에 따른 기후 변화의 원인이 된다. 물론 가장 좋은 것은 여러분의 쓰레기를 최소화하여, 쓰레기 매립지로 어떤 것도 보내지 않는 것이다.

해설 ②번 뒤에 나온 대명사 'They'가 주어진 문장에 나온 'landfills'를 가리키므로 ②번에 들어가는 것이 가장 적절하다.

정답 ②

004 글의 흐름으로 보아, 주어진 문장이 들어가기에 가장 적절한 것은?

> Above all these sources, however, is the pressure you put on yourself.

If you are a student athlete, you'll understand that pressure comes from a variety of sources. If you're involved in individual sports such as tennis or skiing, you might feel pressure to win every time you play or race. In a team sport, you might feel pressure to perform up to various expectations — a certain number of rebounds or strikeouts, for example. (①) If you're hoping to play in college, you might feel pressure to impress college scouts. (②) If you're a freshman or sophomore, you might feel pressure to impress the coach in order to earn a starting spot or move up to varsity. (③) If you have super-involved parents who have poured a lot of time and money into your sport, you might feel pressure to please them. (④) Some of you expect perfection from your selves every time you're out there — a super goal, but one that's guaranteed to stress you out since no one is perfect.

* varsity 대학의 대표팀

정답 및 해설

해석 당신이 학생 운동선수라면, 다양한 원인으로부터 스트레스가 생긴다는 것을 이해할 것이다. 당신이 테니스나 스키와 같은 개인 스포츠에 참여한다면, 당신은 경기하거나 경주할 때마다 이기기 위한 스트레스를 느낄 것이다. 팀 스포츠에서는 예를 들어, 특정한 수의 리바운드나 삼진처럼 다양한 기대에 부응해 수행해야 한다는 스트레스를 느낄 것이다. 당신이 대학에서 운동하기를 희망한다면, 당신은 대학의 스카우트 담당자들에게 깊은 인상을 주어야 한다는 스트레스를 느낄 것이다. 당신이 1학년이나 2학년이라면 당신은 선발 자리를 얻거나 대학의 대표팀으로 올라가기 위해 코치에게 깊은 인상을 주어야 한다는 스트레스를 느낄 것이다. 당신이 하는 스포츠에 많은 시간과 돈을 쏟아부어 온 엄청나게 관여하시는 부모님이 계시면 당신은 그들을 기쁘게 하려는 스트레스를 느낄 것이다. <u>그렇지만 당신이 자신에게 가하는 스트레스가 이 모든 원인을 능가한다.</u> 당신 중 몇몇은 운동 현장에 나갈 때마다 자신에게 완벽함을 기대하는데, 이것은 굉장한 목표이지만 완벽한 사람은 없으므로 틀림없이 당신들에게 매우 스트레스를 주는 목표일 것이다.

해설 주어진 문장에 나온 'these resources'를 받는 열거의 내용이 'if절'로 ④번 앞에서 5가지가 등장하므로 ④번에 들어가는 것이 가장 적절하다.

정답 ④

Reading Theme ⇨ 문장 제거

001 다음 글에서 전체 흐름과 관계 없는 문장을 고르시오.

In Mediterranean countries, ancient shipwrecks have long been treated like any other archaeological site. Regardless of its origin, an ancient shipwreck belongs to the nation in whose territorial waters it lies. ① To disturb it in any way, a foreign or national archaeologist must have the proper credentials to obtain official permission from the archaeological service of the government of that nation. ② Because in the last century so many antiquities were taken from these countries to foreign museums and collections, this approach developed as a safeguard. ③ Over the past few decades, museums have been undergoing significant changes in how they relate to their numerous publics. ④ Thus, there has been less treasure hunting in the Mediterranean than in many places, although illegal stealing of antiquities does occur under the Mediterranean as on surrounding lands.

* credential 증명서, 신임장
**antiquity 고대 유물

정답 및 해설

- **해석** 지중해 국가들에서 고대의 난파선은 오랫동안 다른 모든 고고학적 유적지처럼 다뤄져 왔다. 그것의 기원과는 상관없이, 고대의 난파선은 그것이 위치해 있는 영해의 국가에 귀속된다. 그것을 어느 방식으로든 건드리려면, 외국의 고고학자이든 자국의 고고학자이든 그 나라 정부의 고고학 관리 부서로부터 공식 허가를 받기 위해 적절한 증명서가 있어야 한다. 지난 세기에 매우 많은 고대 유물이 이 국가들에서 외국의 박물관과 수집품으로 탈취되었기 때문에, 이 접근법이 안전장치로 개발되었다. (지난 수십 년 동안 박물관은 수많은 대중과 소통하는 방법에 있어 중대한 변화를 겪어 왔다.) 그리하여 고대 유물의 불법적 약탈이 주변의 육상에서와 같이 지중해 속에서도 실제로 일어나기는 하지만, (다른) 많은 지역보다 지중해에서는 보물 사냥이 더 적게 있어 왔다.

- **해설** ③번 앞 내용이 증명서라는 고대 유물의 탈취를 막는 안전장치와 관련된 내용이 나오고, ④번 내용이 안전장치와 관련된 결과물(보물 사냥이 더 적어졌다)이 나오고 있다. 그리고 이를 연결하는 장치 'Thus'가 자연스럽다.
따라서, 박물관의 대중과의 소통을 언급하는 ③번 문장은 전체 내용상 어색하다.

- **정답** ③

002 다음 글에서 전체 흐름과 관계 없는 문장을 고르시오.

Consumers are bombarded with information about products or services from all imaginable media. To re-evaluate products or services every time they make a buying decision is impossible. ① To simplify their buying process, consumers organise products or services into categories; that is, they "position" the products, services and organisations in their minds. ② A brand's "position" is the complex set of perceptions, impressions and feelings that the consumer associates with the brand compared with competing brands. ③ The brand or product manager must determine which strategy is best suited in a given situation to position the brand or the firm. ④ These aspects may cover physical attributes of the brand, or lifestyle association, or use occasion, or the user's image, etc. Supposedly, if every consumer were to have a mental map of the product category, the location of a particular brand in that map, relative to those of its competitors, is the position of the brand under consideration.

정답 및 해설

해석 상상할 수 있는 모든 매체로부터 상품이나 서비스에 대한 정보가 소비자들에게 퍼부어진다. 그들이 구매 결정을 할 때마다 상품이나 서비스를 재평가하는 것은 불가능하다. 구매 과정을 단순화하기 위해 소비자들은 상품이나 서비스를 여러 범주들로 체계화한다. 즉 그들은 자신들의 마음속에 상품, 서비스, 그리고 체계화한 것의 '위치를 정하는' 것이다. 한 상표의 '(마음속에 정해진) 위치'는 해당 소비자가 경쟁 상표들과 비교해서 해당 상표와 연관 짓는 인식, 인상, 그리고 느낌의 복잡한 세트이다. (상표나 상품 관리자는 상표나 회사의 위치를 정하기 위해 어느 전략이 주어진 상황에 가장 적합한지를 결정해야 한다.) 이러한 면들은 그 상표의 물리적 특성이나 생활 방식과의 연관성이나 사용되는 시기 혹은 사용자가 갖는 이미지 등을 포괄할 수 있다. 아마도 모든 소비자가 상품의 범주에 대한 인식도를 가지게 된다면, 그 지도에서 어떤 특정 상표의 위치는 그 상표의 경쟁 상대(경쟁 상표)들의 위치와 관련해서 고려 중인 해당 상표의 (마음속에 정해진) 위치이다.

해설 ④번에 등장한 지시사 'These aspects'가 받는 내용이 앞에 있는 ③번 문장이 아니라, ②번 문장에 있는 perceptions, impressions, and feelings를 가리키고 있으므로, 그 사이에 있는 ③번 문장의 내용이 가장 부자연스러운 문장이다.

정답 ③

003 다음 글에서 전체 흐름과 관계 없는 문장을 고르시오.

As much as possible, punishment should be immediate rather than delayed. ① Unfortunately, in the real world, delayed punishment is often the rule rather than the exception. ② A child's misbehavior is frequently discovered only several minutes or hours after its occurrence, and the delivery of a reprimand following such a long delay may have little effect. ③ This is particularly the case with very young children and animals who, because they are unable to understand explanations, are unlikely to associate the punishment with the unwanted behavior. ④ The use of punishment within the family and school has been considered undesirable for a long time. For example, yelling at a dog for making a mess on the carpet several hours after the incident has occurred will probably only upset the animal and do little to prevent future mishaps.

정답 및 해설

- **해석** 벌은 가능한 한 지연되기보다는 즉각적이어야 한다. 불행하게도, 실생활에서 벌이 지연되는 것은 예외라기보다는 다반사일 때가 많다. 아이의 나쁜 행실은 그것의 발생 후 몇 분 또는 몇 시간 지나서야 발견될 때가 많은데, 그렇게 긴 지연이 있은 후에 질책을 하는 것은 거의 효과가 없을 수 있다. 이것은 매우 어린 아이들과 동물들의 경우에 특히 사실인데, 그들은 이유를 이해할 수 없기 때문에, 그 벌을 원치 않는 행동과 관련지어 생각할 가능성이 없다. (가정과 학교 내에서 벌을 사용하는 것은 오랫동안 바람직하지 않은 것으로 여겨져 왔다.) 예를 들어, 사건이 일어난 지 몇 시간 후에 카펫을 어지럽혔다고 개에게 소리를 지르는 것은 아마도 그 동물을 당황하게만 할 뿐 미래의 사고를 막는 데는 거의 도움이 되지 않을 것이다.
- **해설** 전반적으로 지연된 처벌이 좋지 않다는 내용이고, ④번 문장 뒤에 있는 이 글의 마지막 문장에서 들고 있는 예시가 ④번이 아닌 ②번 문장의 내용이다. 따라서 '가정과 학교 내에서의 처벌이 부정적이다'라는 ④번 문장이 전체 내용상 가장 부자연스러운 문장이다.
- **정답** ④

MEMO

MEMO

MEMO

장대영

주요 약력
중앙대학교 사범대학 졸업 (영어교육, 교육학 전공)
정교사 2급 자격증
전) 메가 공무원 온라인 오프라인 강사
전) 메가 스터디 러셀 수능 강의
전) 메가 스터디 노량진 단과 강의
전) 대치 명인학원
현) 박문각 공무원 온라인 오프라인 강사

주요 저서
박문각 공무원 장대영 영어 Graphic 구문
박문각 공무원 장대영 영어 Graphic 독해
박문각 공무원 장대영 영어 Graphic 문법
박문각 공무원 장DAY 영어 기출문제집
박문각 공무원 장대영 영어 트로이 목마(문법/구문/독해)

장대영 영어 트로이 목마 문법/구문/독해

초판 인쇄 | 2025. 12. 5. **초판 발행** | 2025. 12. 10. **편저자** | 장대영
발행인 | 박 용 **발행처** | (주)박문각출판 **등록** | 2015년 4월 29일 제2019-000137호
주소 | 06654 서울시 서초구 효령로 283 서경 B/D 4층 **팩스** | (02)584-2927
전화 | 교재 문의 (02)6466-7202

저자와의
협의하에
인지생략

이 책의 무단 전재 또는 복제 행위를 금합니다.

정가 24,000원
ISBN 979-11-7519-459-5